会计专业“理实一体”规划教材

财务管理实务与实训教程

冯　香　石　磊　主编

上海财经大学出版社

图书在版编目(CIP)数据

财务管理实务与实训教程/冯香,石磊主编.—上海:上海财经大学出版社,2019.2

ISBN 978-7-5642-3196-5/F·3196

Ⅰ.①财… Ⅱ.①冯…②石… Ⅲ.①财务管理-高等学校-教材 Ⅳ.①F275

中国版本图书馆CIP数据核字(2019)第021182号

□ 责任编辑 施春杰

□ 封面设计 华 泽

财务管理实务与实训教程

冯 香 石 磊 主编

上海财经大学出版社出版发行

(上海市中山北一路369号 邮编200083)

网 址:http://www.sufep.com

电子邮箱:webmaster @ sufep.com

全国新华书店经销

上海新文印刷厂印刷装订

2019年2月第1版 2019年2月第1次印刷

787mm×1092mm 1/16 15印张 374千字

印数:0 001—3 000 定价:45.00元

《财务管理实务与实训教程》

编审委员会

主　编　冯　香　石　磊

编　委　杨　群　吴晓燕　陈莹莹　唐伶俐

冯　香　何克理　蒋　慧　李慧君

潘晓晴　潘远才　石　磊　杨衍莹

毛启丰　王　瑾　苏　芯

前　言

《财务管理实务与实训教程》作为会计专业"理实一体"规划教材系列之一，是为满足高等职业院校财务会计等经济管理类专业培养技能型、应用型人才的需要而组织编写的。本书通过系统阐述财务管理的基本理论、基本方法和基本技能，帮助学生建立现代理财观念、熟悉现代理财方法、掌握理财业务内容、精通理财技能和技巧、培养理财能力，为学生今后走向社会、从事财务管理及相关工作打下坚实的基础。本教材具有以下几个特点：

1."基础＋实务"，循序渐进

本书体系上具有系统性、方法上强调逻辑性、内容上侧重应用性，并充分考虑高等职业院校学生的特点，深入浅出，循序渐进。全书共分两大篇章：第一篇为基础篇，主要介绍财务管理的基本原理，包括财务管理基础认知、财务管理体制与环境的适应性、财务管理的价值观等内容，为财务管理实务部分的学习打下基础；第二篇为实务篇，主要从企业基本的财务活动出发，对企业的筹资活动、投资活动、营运活动和利润分配活动进行分解，使理论与实务更好地结合。

2."目标＋任务"，能力本位

本书在编写过程中坚持"以目标为引导、以任务为驱动、以能力为本位"的原则，突出高等职业教育的特色，摒弃传统空洞的理论说教，根据理财人员应具备的能力与素质要求，按照企业财务管理活动过程和任务组织材料内容，并结合例题解析，从而潜移默化地使学生学会财务管理的方法与技巧。

3."案例＋习题"，易教利学

本书在编写体例上，突破同类教材单纯理论知识叙述的老框架，在每一项目前增加"案例导入"专栏；在每项正文中配合学习内容设置"小思考""知识归纳"

“项目小结”等提示归纳性专栏；在每一项目最后设置“课后习题与实训”等实操性专栏，引导学生学而思、思而练。在版式上，本书运用不同栏目字符底纹和各种字体交叉使用等形式，力求内容丰富、形式活泼，符合高等职业院校学生探求欲强烈和好奇心旺盛的特点，增强他们的学习兴趣。

关于本书二维码的使用说明：

听课方式：用手机(安卓/IOS)扫描华泽微课 APP 二维码，下载听课 APP。安装完成后，进入 APP，点击右下角“学习中心”，在界面中选择“扫一扫”，就可以扫描书中的二维码听课了。

(华泽微课 APP)

(请先用电脑进入华泽网校 www.ablesky.com/huaze 进行注册，然后再用手机 APP 登录，扫码学习。请勿使用手机 APP 注册！)

本书由黔东南民族职业技术学院冯香老师和石磊老师主编。本书共七个项目，项目一、项目三、项目四和项目六由冯香老师编写；项目二、项目五和项目七由石磊老师编写。本书编写大纲由冯香拟定，石磊、杨群、吴晓燕等参加了讨论和修改。

本书在编写过程中得到各有关院校领导和老师的大力支持，许多兄弟院校老师提出了宝贵意见和建议，在此一并致谢。

由于编者水平有限，书中错谬难免，恳请批评指正。

编　者

2019 年 1 月

目　录

第二部分 实务篇

第一部分

基 础 篇

项目一　财务管理基础认知

知识导航

- 财务管理基础认知
  - 任务一　财务管理理论的认知
    - 财务管理的概念
    - 财务管理的内容
    - 财务管理的职能
    - 财务管理的特点
  - 任务二　财务管理目标的认知
    - 财务管理目标的种类
    - 相关者的利益冲突与协调
  - 任务三　财务管理原则与方法的认知
    - 财务管理的原则
    - 财务管理的方法
  - 任务四　财务管理发展的认知
    - 以筹资为重心的财务管理阶段
    - 以法律法规为重心的财务管理阶段
    - 以资产为重心的财务管理阶段
    - 以投资为重心的财务管理阶段
    - 财务管理发展的新阶段

资源宝库

学习目标

⊙ 知识目标：

了解财务管理的发展历程；了解财务管理的概念与内容；了解财务管理不同目标的内涵；理解财务活动、财务关系的基本内容；掌握财务管理的原则和方法。

⊙ 能力目标：

能根据企业的规模、管理体制和所处的具体环境，确定财务管理目标；能正确区分财务管理各环节的工作任务，明确财务管理的基本工作程序；能协调各种财务关系；能描述企业的主要财务活动。

案例导入

贵州百灵的财务管理

贵州百灵企业集团制药股份有限公司(以下简称“贵州百灵”)是一家从事苗药研发、生产、销售的医药上市公司,注册资本14.112亿元,总资产42.3亿元,员工4 928人。2010年6月,公司在深圳证券交易所成功上市(股票代码:SZ 002424)。

公司明确围绕“强化公司在苗药领域的优势地位,力争成为中成药领域具有核心竞争优势的企业”这一战略发展目标,以实施“科技苗药、文化苗药、生态苗药”为抓手,致力于打造拥有大健康全产业链的企业集团。

贵州百灵先后荣获“国家知识产权优势企业”“国家认定企业技术中心”“创新型企业”“全国守合同重信用企业”“贵州民营50强企业”、医药行业百强、2015年中国医药上市公司20强、2016年度中国制药工业百强、2016年度贵州首届“省长质量奖”等荣誉。

公司拥有片剂、硬胶囊剂、颗粒剂、糖浆剂、软胶囊剂、丸剂、酊剂、喷雾剂、煎膏剂等21个剂型的GMP生产线,167个“国药准字”批准文号药品,17个“国药准字”的苗药文号,占全国苗药文号的11%。

公司一贯重视产品研发工作,将其视为推动自身发展的原动力,已建立了较为完善的技术创新体系。

公司已获得国家认定企业技术中心、全国创新型企业、国家火炬计划重点高新技术企业、国家级技术创新示范企业、国家知识产权优势企业、贵州省创新型领军企业培育企业、贵州省知识产权优势企业等荣誉,同时建立了现代苗药创制技术国家地方联合工程研究中心、全国博士后科研工作站、院士工作站、贵州省民族药(中药)复方制剂工程技术研究中心、贵州西南民族药(中药)口服制剂制造技术产学研合作创新联盟、现代苗药创新技术研究院等研发平台。通过结合科研院所、高等院校和企业在“产、学、研、用”方面的资源,持续增强了公司在药物研发方面的核心竞争力。

截至2017年底,公司拥有授权发明专利56项,实用新型专利30项,外观专利48项。公司生产的17个苗药品种全部拥有发明专利。

为充分发挥企业的优势,以建立优质药源供应基地为目的,公司实施药材种植基地的建设布局。先后建立了中药材(民族药材)种质资源优选优育基地、良种繁育及规范种植基地、苗药材吉祥草GAP基地三个核心药材基地,及五个中药材规范化推广种植基地,形成了吉祥草、虎耳草、山银花等20余个品种、20万亩的中药材种植规模,年培育扩繁各类中药材种苗达10亿株,带动农户数30万余人,人均增收3 000元,助力精准扶贫。

2017年,公司销售稳定增长,盈利能力继续提升。公司实现营业收入25.92亿元,同比增长17.05%;归属于上市公司股东的净利润5.26亿元,同比增长9.08%,实现上市8年以来营收、净利持续增长,净利润突破5亿元。

贵州百灵紧跟“健康中国”战略,秉承“专精于药、专注于人”的企业理念,围绕全面建成小康社会的战略目标,以提升全民健康为己任,坚持以成熟品牌为依托、以优势品种为核心,不断加强研发创新体系的建设与研发投入,以实现公司可持续发展。

未来,公司仍将采取以民族药和苗药为核心、以化学药和生物药为两翼的发展战略,致力于打造拥有大健康全产业链的企业集团。

贵州百灵的成长不仅给公司带来了收入，而且给股东带来了财富的增值，同时增加了政府的财政收入，也使管理层、员工和社会都得到了益处，这都是在公司准确的财务管理目标指导下实现的。企业经营需要确定合适的财务管理目标，用来指导各种财务管理活动、评价财务行为。

通过上述引例，使你对企业财务管理有一个初步的认识，结合本章内容的学习，让你对财务管理目标、财务管理活动、财务管理的关系以及财务管理的原则和方法有一个全面的认识。

任务一 财务管理理论的认知

任何企业的生产经营活动，都是运用人力、资金、物资与信息等各项生产经营要素进行的，其中包含了生产经营的业务活动和财务活动两个方面，与之对应的，在企业中必然存在两种基本管理活动，即生产经营管理和财务管理。企业财务是指企业生产经营过程中的资金运动及其所体现的各种财务关系。

一、财务管理的概念

财务管理是指在企业总体目标的指导下组织企业财务活动、处理财务关系的一项综合性的经济管理工作。财务管理是企业管理工作的重要组成部分，财务管理水平、管理效率的高低，直接影响到企业的经营效益，因此，加强企业财务管理至关重要。

二、财务管理的内容

财务管理的内容是由财务管理的对象即企业资金运动的内容所决定的。现代企业财务管理的基本内容包括组织财务活动和处理财务关系两个方面。

(一)企业的财务活动

企业的财务活动是指资金的筹集、投放、使用、收回以及分配等一系列行为。由于企业的生产经营活动是连续不断地进行的，因此，资金进入企业后是不断运动的，其运动过程的各个阶段与财务活动是相适应的，并且其运动形式是通过一定的财务活动来实现的。财务活动的内容主要包括以下四个方面：

名师精讲

1. 筹资活动

筹资活动是指企业根据一定时期内资金投放和资金运用的需要，运用各种筹资方式从金融市场和其他来源渠道筹集所需资金的活动。企业无论是新建、扩建，还是组织正常生产经营活动，都必须以占有和能够支配一定数量的资金为前提。企业以各种筹资方式从各种筹资渠道取得资金，是资金运动的首要环节。企业通过筹资可以形成两种不同性质的资金：一种是权益性质的资金，另一种是负债性质的资金。企业在筹资过程中，既要满足企业对资金的各种需要，又要降低筹资的成本和风险。

2. 投资活动

投资活动可分为广义的投资和狭义的投资。广义的投资是指企业筹集的资金投入使用的过程，包括企业将资金投入企业内部使用的过程（如购置流动资产、固定资产、无形资产等）和对外投放资金的过程（如投资购买其他企业的股票、债券或与其他企业联营）；而狭义的投资仅指企业对外的投资。

企业投资活动的结果是形成各种形态的资产及一定比例的资产结构。企业在投资过程中，必须考虑投资规模，以提高投资效益和降低投资风险为原则，选择合理的投资方向和投资方式。所有这些投资活动的过程和结果都是财务管理的内容。

3. 资金营运活动

企业正常的生产经营过程中，会发生一系列的资金收付。一方面，企业要采购材料或商品，以便从事生产和销售活动，同时还要保证正常的生产经营而支付工资和其他的营业费用；另一方面，当企业把产品或商品售出后，便可取得收入，收回资金。另外，如果现有资金不能满足企业的需要，企业还要采用短期借款和利用商业信用等形式筹集所需资金。上述各方面都会产生资金的流入或流出，这是因为企业经营而产生的财务活动，又称为资金营运活动。资金周转越快，资金的利用效率就越高，就可能生产出更多产品，取得更多收入，从而获得更多利润。所以，企业如何加速资金周转，提高资金利用效率，这也是财务管理的主要内容之一。

4. 利润分配活动

利润分配是指对投资收入和利润进行分割和分派的过程。企业将资金投放使用后，会取得收入并实现增值，即产生利润。企业的利润要按规定的程序和比例进行分配，包括纳税、弥补亏损、提取公积金、向投资者分配利润等。所以，从广义来看，利润分配包括对收入的分配和对利润的分配。狭义的分配仅指对利润的分配。利润分配过程实际是利润在国家（税收）、企业（留存收益）和投资者（股利）之间的划分。这种划分既要遵守相关法律法规和章程，又要结合企业当时的外部环境和内部条件来决定留存比例。

上述财务活动的各个方面不是孤立的，而是相互联系、相互依存的。正是上述相互联系又有一定区别的各个方面，构成了完整的企业财务活动。

小 思 考

财务管理与财务会计有什么区别和联系？

（二）企业的财务关系

企业的财务活动是以企业为主体所进行的管理活动，企业作为法人在组织财务活动过程中，必然与企业内部、外部有关各方发生广泛的经济利益关系，这就是企业的财务关系。企业的财务关系可概括为以下几个方面：

1. 企业与政府部门之间的财务关系

政府作为行政管理部门，肩负着维护社会秩序、保卫国家安全、组织和管理社会公共活动等任务。而政府为了完成其使命，必然会强制性地无偿地取得一定的经济利益，包括按照国家税法规定向企业征收各种税款，如所得税、消费税、增值税、资源税、印花税、城建税、教育费附加等。企业在税法的规定下无偿缴纳的各种税费，体现了政府管理部门强制性、无偿性地参与企业分配关系。

2. 企业与投资者之间的财务关系

企业与投资者之间的财务关系，主要是指企业的投资者向企业投入资本形成的所有权关系，投入企业的资本来源主要包括国家资本、个人资本、法人资本及外商资本。企业作为独立的经营组织，按照独立经营、自负盈亏的原则进行经济管理活动，从而实现企业资本的保值与增值。投资者按照其出资的份额，以所有者的身份参与企业税后利润的分配，体现为所有权性质的投资与受资的关系。

3. 企业与债权人之间的财务关系

企业与债权人之间的财务关系，主要是指债权人贷款给企业所形成的债权债务关系，即债权人按照合同约定贷款给企业，企业按照合同规定定期偿还本金和利息所形成的债权债务关系。借款给企业或因结算而形成的由企业承担债务的主体都是企业的债权人，主要包括金融机构、法人企业、非法人企业和自然人等。企业的生存和发展，一部分资本来源于投资者投入的资本，即所有者权益资本；另一部分来源于债权人借给企业的资本，即债务资本。企业通过运用所有者权益资本和债务资本，促进企业的稳定、快速发展。现实中，企业利用债务资本，可以实现财务杠杆的效果，达到四两拨千斤的作用。实际上，企业与债权人的财务关系在性质上属于债务与债权关系。一般来说，债权人不直接参与企业经营管理，对企业的经济活动没有表决权，也不参与企业净利润的分配；但是，在企业破产清算的时候，债权人比投资者优先分配清算财产，因此，债权人投资的风险相对较小，收益也较低。

4. 企业与受资者之间的财务关系

企业与受资者之间的财务关系，主要是指企业以直接或者间接的方式向其他企业投资所形成的经济关系。在企业的发展过程中，随着企业经营效益的提高、规模的扩大，企业不断地对外扩张，进行资本运作，获取更多经济利益（如李嘉诚的商业帝国、马云的商业帝国等）。企业将资本投资到其他企业，就形成了企业与受资者之间的财务关系，这种关系体现为所有权性质的投资与受资关系。企业根据既定的战略向其他单位投资，根据其出资额，可形成独资、控股和参股等投资情况，并根据其享有的股权参与受资方的重大决策和利润分配等活动。企业的目标是获取经济利益，投资既有收益也有风险。一般来说，收益与风险是成正比的，收益越多，风险越大；反之，收益越少，风险越小。因此，处理企业与受资者之间的财务关系要把握风险与收益的均衡。

5. 企业与债务人之间的财务关系

企业与债务人之间的财务关系，主要是指企业通过用资本购买债券、提供借款或结算等形式与其他单位所形成的债权债务关系。企业将资本借给债务人，有权要求债务人按照合同约定的条款定期支付利息和归还本金。企业在提供信用的过程中，一方面会形成一定数额的信用收入，另一方面会产生一定数额的机会成本和坏账损失风险。因此，企业处理与债务人之间的财务关系，应当考虑风险与收益的均衡。

6. 企业内部各单位之间的财务关系

企业内部各单位之间的财务关系，主要是指企业内部各单位之间在生产经营各环节中相互提供产品或劳务所形成的经济关系。在企业内部实行责任预算和责任考核与评价的情况下，企业内部各责任中心之间相互提供产品与劳务，应以内部转移价格进行核算。这种在企业内部形成的资金结算关系，体现了企业内部各单位之间的利益均衡关系。

7. 企业与职工之间的财务关系

企业与职工之间的财务关系，主要是指企业向职工支付劳动报酬过程中所形成的经济关系。职工是企业的劳动者，他们以自身提供的劳动作为参加企业分配的依据。企业根据劳动者的劳动情况，用其收入向职工支付工资、津贴和奖金，并按规定提取公积金等，体现职工个人与集体在劳动成果上的分配关系。

三、财务管理的职能

财务管理职能是指财务管理作为一项综合性的经济管理活动本身所固有的职责和功能。财务管理工作的内容告诉我们应该去做什么，至于怎么去做，就得借助于财务管理的职能。财务管理职能有一般职能和特有职能之分。

(一)财务管理的一般职能

财务管理是一项经济管理活动，必然与其他管理活动一样，具有管理的共同职能。管理的基本职能一般概括为计划、组织、指挥、协调、控制五项。计划指的是规划未来，探索未来，为未来的行动提供方向；组织是指按计划对企业的活动及其生产要素进行分派和组合；指挥就是使有关人员发挥作用；协调是指正确处理组织内外各种关系，为组织正常运转创造良好的条件和环境；控制就是使一切按规定的章程和下达的命令进行。

(二)财务管理所特有的职能

财务管理特有的职能包括筹资职能、调节职能、分配职能和监督职能。它们分别与财务管理活动的工作内容相适应，彼此相对独立，又相互依存。

1. 筹资职能

筹资职能的内容主要包括筹资数量的确定、筹资渠道和方式的选择，及相关目标资本结构的优化，既能满足资金的需要，又使资本成本最低。

2. 调节职能

财务管理的调节职能是指企业通过资金投向与投资数量的调整，优化企业原有的生产规模与经济结构，从而实现调整结构决策的目的。

3. 分配职能

企业通过一系列财务活动，通常会取得收入，获得利润，然后需要按照相关程序缴纳税款、补偿成本、提取公积金、向投资者分配利润等。

4. 监督职能

财务监督是保证财务活动组织的有效性和合理处理财务关系的重要手段，是国家财税监督、信用监督和其他宏观经济监督措施得以落实到企业的重要途径。

四、财务管理的特点

企业管理包括生产管理、技术管理、人力资源管理、设备管理、销售管理、财务管理等多方面内容。财务管理作为企业管理的一个重要组成部分，与其他管理相比具有自身的特点。

(一)价值管理

财务管理最基本的特点是价值管理，它通过价值形式贯穿于企业生产经营的各个方面，目的是提高经济效益，实现企业的财务目标。

(二)涉及面广

企业在生产经营中，每一项活动都要涉及资金的收支，每一个部门都要通过资金的使用与财务部门发生关系，财务部门对各个部门在合理使用资金、节约资金等方面进行指导和监督。同时，财务部门需要各个部门的密切配合，来实现企业的财务管理目标。由于企业管理的任何内容都反映在资金运动和价值变化上，因此决定了财务管理具有广泛性。

(三)灵敏度高

企业的一切活动都会通过财务指标反映到财务部门。财务部门通过对这些财务指标进行计算、分析、整理、综合，就可以掌握各个部门的动态，能够及时发现问题，从而促进问题的及时解决。

(四)综合性强

财务管理主要是围绕资金运动来进行的，企业生产经营活动的状况大多可以通过资金运动的过程与结果反映出来。资金运动具有综合性，从而决定了财务管理具有综合性。

小思考

财务管理的职能与会计的职能有什么不同？

任务二　财务管理目标的认知

财务管理目标又称理财目标，是指企业进行财务活动和处理财务关系所要达到的根本目的，它决定着企业财务管理的基本方向。财务管理目标是一切财务活动的出发点和归宿，是评价企业理财活动是否合理的基本标准，也是企业经营目标在财务上的集中体现和概括。

一、财务管理目标的种类

目前，对财务管理目标的认识尚未统一，常见的财务管理目标有利润最大化、资本利润率最大化或每股利润最大化、股东收益最大化和企业价值最大化等。

(一)利润最大化目标

利润最大化目标就是假定企业的财务管理以实现利润最大化作为管理的目标。企业属于自负盈亏的经济组织，获取利润是企业开展经营活动的直接动机，只有获取一定的利润，企业才可以生存、发展,只有生存、发展起来的企业,才能获得更多利润,因此,选择利润最大化作为财务管理的目标具有很重要的现实意义。很多企业在起步阶段、发展阶段都考虑采用利润最大化作为财务管理的目标。

1. 利润最大化目标的优点

在市场经济时代,企业拥有或者控制的经济资源都可以通过货币来反映,资源的价值是直接通过货币的多少来体现的;而实现的利润代表着企业拥有或者控制的经济资源,实现的利润越多,表示企业拥有或者控制的经济资源就越多,实力也越强。因此,采用利润最大化作为财务管理目标具有以下两个方面的优点:

(1)以利润最大化为目标,就必然会促进企业开源节流,一方面充分研究市场竞争态势,选择合适的时间推出新产品和新服务,占领更多市场,获得更多收入;另一方面加强经营管理过程的管控,提高管理水平,开发新技术,降低产品和服务的成本。这些措施都有利于企业开源节流,合理配置资源,实现企业的目标。

(2)以利润最大化为目标,通过利润指标可以衡量企业拥有或者控制的经济资源,直观反映企业的实力;在自由竞争的资本市场中,获利最多的企业将会获得更多资本的使用权。利润这个指标可以直观地反映竞争的优胜劣汰,获利越多,竞争能力越强,生存、发展的机会就越多。

2. 利润最大化目标的缺点

以利润最大化为目标,虽然可以促进企业开源节流,可以直观地反映企业的实力,但是,以利润最大化作为目标有以下几个方面的缺点:

(1)以利润最大化为目标没有考虑利润实现时间和货币时间价值。根据货币时间价值原理,现在的一元钱和 1 年后的一元钱是不相等的。如今年 1 万元利润和 10 年后 1 万元利润的实际价值是不一样的,10 年间会有时间价值的增加,而且这一数值会随着贴现率的不同而有所不同。

(2)以利润最大化为目标没有考虑风险问题。比如,两个规模相当的企业今年的账面利润都是 300 万元,其中一个企业的利润已转化为现金,另一个企业全部是应收账款,哪个更符合企业的目标?若不考虑风险因素,就难以做出判断。不考虑风险,可能使企业陷入困境,甚至破产。

(3)以利润最大化为目标没有反映实现的利润与投入的资本之间的关系。有些企业投入资本少,有些企业投入资本多,在投入不相同的情况下,简单的利用利润数字来比较是不科学的。如 A 方案投入资本 100 万元,本年实现利润 70 万元;B 方案投入资本 200 万元,实现利润 80 万元。以利润最大化为目标必然会选择 B 方案,然而,B 方案真的比 A 方案好吗?答案显然是不确定的。

(4)以利润最大化为目标容易导致企业财务决策短期化。实务中,利润一般按月度、季度、半年度、年度计算,而利润又是一个直观的获利指标,容易导致管理层财务决策的短期化,为了短期的利润而忽视了长期利润,影响企业的长远发展。

(5)利润最大化目标中的利润额容易被人为操纵。利润是会计概念,是通过一系列会计核算得出来的数字。同一项经济活动,如果选择不同的会计处理方式,便会得出不同的利润结果。所以,有时利润的增加并不能反映企业的真实情况。

综上所述，将利润最大化作为财务管理的目标，只是对经济利益浅层次的认识，存在一定的局限性。所以，利润最大化并不是财务管理的最优目标。

（二）资本利润率最大或每股利润最大化目标

资本利润率是企业一定时期净利润与资本的比率。每股利润是企业一定时期税后净利润与普通股股数的比率。资本利润率和每股利润反映了所有者投入资本的收益情况。该种目标把企业的利润与所有者投入的资本联系起来，考虑了投入与产出之间的关系，能够比较不同资本规模或同一企业不同时期的盈利水平。

1. 资本利润率最大或每股利润最大化目标的优点

（1）考虑了投入产出关系。把企业实现的利润与投入的资本或股本对比，能更好地说明企业的盈利水平。

（2）能够克服利润最大化的缺点，能够对不同资本规模或同一企业不同时期的盈利水平进行比较。

2. 资本利润率最大或每股利润最大化目标的缺点

（1）没有考虑货币的时间价值。

（2）没有考虑风险问题。

（3）容易导致短期行为。

（三）股东收益最大化目标

股东收益最大化目标就是假设企业财务管理以实现股东收益最大化为目标。股东是企业的投资者，股东在企业中具有最大的话语权，企业的财务管理目标自然要为股东服务。股东作为企业的投资者，其收益主要体现在两个方面：一是资本溢价，二是股利分配。一般对上市公司而言，股东的收益是由其所拥有的股票数量和股票的市场价格决定的，在拥有股票数量不变的情况下，股票的价格越高，股东的收益就越大。

1. 股东收益最大化目标的优点

以股东收益最大化作为财务管理目标，充分考虑了股东的经济利益，具有以下优点：

（1）考虑了风险因素。在证券市场上，股票的价格是对股票的价值与风险的权衡，股票的价格是股票的价值反映，同时也会对股票风险做出较敏感的反应。在一定的收益条件下，要衡量风险的大小。

（2）考虑了货币的时间价值。该种目标相对于利润最大化目标，考虑了资金的时间价值。

（3）有利于财务决策的长期化。证券市场上，影响股票价格的因素很多，利润是其中一个重要的影响因素，不仅当前的利润会影响股票的价格，而且预期未来的利润会对股票的价格产生重要影响。因此，企业决策的时候不仅要考虑当前的利润，而且要考虑未来的利润，把目光放长远，获取长期稳定的经济利益。

（4）股东收益容易量化，有利于分析考核企业的经营业绩。对上市公司来说，在股东股票数量不变的情况下，股票的价格可以直观地反映股东的收益水平。证券市场上，企业股票的价格越高，股东的收益就越高；股票的价格越低，股东的收益就越低。通过股票的价格高低还可以分析考核企业的经营业绩，一般来说，股票的价格越高，表明企业的经营业绩越好。

2. 股东收益最大化目标的缺点

股东收益最大化目标充分考虑了股东的收益，然而却忽略了其他相关者的利益，具有以下几个方面的缺点：

（1）股东收益最大化目标对上市公司而言，容易衡量出股东的收益水平，但是，对非上市公司而言，就很难获取股东所持股票的市场价值，很难反映出股东的收益水平。上市公司可以通过股票的价格衡量股东的收益，然而，非上市公司的股票没有公开流通，市场上很难获得非上市公司的股票价格，需要通过评估机构的一系列评估才能获得股东收益的相关数据，操作难度大。

（2）股票的价格受到很多因素的影响，尤其是外部因素的影响，还有一些是非正常因素（如全球经济危机）。市场经济是一个由众多因素相互影响的错综复杂的主体，不断地受各种因素的左右。在外部环境的急剧变化中，股票的价格不能准确地反映企业真实的财务管理状况、经营成果、现金流量等信息，导致股票的价格偏离实际情况而误导投资者决策。

（3）过多地强调股东利益，而忽视了其他相关者的利益。在市场经济条件下，企业与供应商、经销商、客户、员工、债权人等都存在密切的关系，忽视其他相关者的利益甚至损害相关者利益，会导致商业合作不能持续和长久，不利于企业的长期发展。

（四）企业价值最大化目标

企业价值最大化目标就是假设企业财务管理以实现企业的价值最大化为管理目标。企业价值实际上就是企业所有者权益的市场价值，即企业所有者权益的未来现金流量，企业价值最大化就是企业所有者权益的未来现金流量达到最大。未来现金流量的确认包含了资金的时间价值和风险价值两个方面的因素。因为未来现金流量的预测包含了不确定性和风险因素，而现金流量的现值是以资金的时间价值为基础对现金流量进行折现计算得出的。

企业价值最大化目标要求企业采用最优的财务决策，充分考虑资金的时间价值和风险与报酬的关系，在保证企业长期稳定发展的基础上使企业总价值达到最大。

1. 企业价值最大化目标的优点

企业价值最大化目标充分考虑资金的时间价值和风险与报酬的关系，具有以下优点：

（1）考虑了资金的时间价值。企业价值最大化计算的一个重要依据是资金时间价值的衡量，通过计算资金的时间价值来确定企业的价值。相同金额的资金在不同的时间点上具有不同的价值。因此，考虑资金时间价值可以更加准确地反映企业的实际价值，有利于企业价值实现最大化。

（2）考虑了风险与收益的关系。在市场经济中，风险与收益是并存的，企业的生存和发展总是在一定的风险环境中进行的。企业冒着风险开展经营活动，应当重视风险与收益的平衡，在风险一定的情况下谋求更多经济收益。

（3）将企业长期、稳定的发展和持续的获利能力放在第一位。企业价值体现在长期发展中实现的价值，需要在未来一段较长的时间内衡量，有利于企业财务决策的长期化，避免决策的短期化。实务中，不仅现在的利润会影响企业的价值，而且未来的利润也会影响企业的价值。

（4）通过价值指标替代价格指标，克服了过多受外界市场因素影响的问题。市场是多种因素相互影响的主体，股票价格易受外界因素的影响，用价值指标替代价格指标，可以避免外界因素的影响，实现企业价值的有效评估。

2. 企业价值最大化目标的缺点

企业价值最大化目标有利于企业的长远发展，然而，也存在以下缺点：

(1)企业价值适用于理论研究，在实际管理工作中很难衡量。虽然上市公司的股票价格变动在一定程度上反映了企业价值的变化，但是，股票的价格受到很多因素的共同作用，容易导致股票的价格很难反映企业的实际价值(如在资本市场效率低下的情况下，股票价格很难反映企业的价值)。

(2)无法通过证券市场获取非上市公司的价值信息。非上市公司无法在证券市场上获得有效的价值评估数据和资料，只有通过评估机构进行专门的评估才能确定其价值。然而，在评估公司的资产时，由于受评估标准和评估方式的影响，很难做到客观和准确。

近年来，随着上市公司数量的增加，以及上市公司在国民经济中地位、作用的增强，企业价值最大化目标逐渐得到了广泛认可。

以上各种财务管理目标不是相互分割、互不联系的，它们之间是相互包容和相互作用的。一般来说，利润的增加特别是每股利润的增加，通常会促进股票市场价格的上升，从而带来股东收益和企业价值的增加。本书以企业价值最大化作为财务管理目标。

小思考

以上各种财务管理目标分别适用于什么样的企业？

二、相关者的利益冲突与协调

名师精讲

在所有权和经营权相分离的现代企业里面，企业的所有者(股东)、经营者、债权人、职工等都是企业利益的相关者，他们之间的目标并非完全一致，协调这些相关者的利益冲突，要以尽可能使这些相关者的利益分配在数量上和时间上达到动态平衡为原则。而在所有的利益冲突协调中，最为重要的是股东与经营者、所有者与债权人之间的利益冲突与协调。

(一)股东与经营者之间的利益冲突与协调

股东作为公司的所有者，拥有所有权，追求的目标是资本的保值、增值，最大限度地提高资本收益，增加股东财富；拥有公司经营权的经营者作为股东的代理人，追求的是高工资、高奖励，此外，还有舒适的办公条件、个人声誉及社会地位等。股东与代理人目标不一致，代理人对自身利益的追求是以牺牲股东利益为代价的。因此，如果没有适当的激励约束机制，经营者就有可能利用股东的授权谋求更多自身利益，使股东的财富最大化难以实现。

为了协调股东与经营者之间的利益冲突，可以采取以下措施：

1. 解聘

解聘是一种股东约束经营者的办法，是指所有者不再聘任经营者为其服务，结束之前的聘任合同或者协议。这种方法是利用所有者的特权约束或者控制经营者的直接手段。当所有者发现经营者没有实现合同或协议约定的经营业绩或预期的目标时，就可以按照约定条款解聘经营者;经营者为了职业前途,就会努力工作,积极实现既定的目标。

2. 市场接收

市场接收,是指一个企业被其他企业强行收购或吞并的行为。市场接收是一种间接约束经营者的方法。

如果企业经营业绩不好,所有者无法获得预期收益,就有可能将企业转让或者企业被强行收购,这样经营者就很可能被解聘,从而失去工作,影响职业前途。所以,经营者为了避免市场接收,就会努力工作,提高经营业绩,实现财务目标。

3. 激励

激励,是将经营者的报酬与其经营绩效直接挂钩,以使经营者自觉采取能提高所有者财富和企业价值的措施。激励通常有两种方式:

(1)股票期权。

股票期权,是指企业的所有者允许经营者在特定的条件下以约定的价格购买一定数量本企业股票的行为。股票的市场价格高于约定价格的部分就是经营者所得的报酬。经营者为了获得更大的股票涨价好处,就必然主动采取能够提高股价的行动,从而增加所有者财富。

(2)绩效股。

绩效股,是指企业运用每股收益、资产收益率等指标来评价经营者业绩,并视其业绩大小给予经营者数量不等的股票作为报酬。如果经营者未能达到规定目标,经营者将丧失原先持有的部分绩效股。这种方式既能使经营者为了多得绩效股而不断采取措施提高经营业绩,还能使经营者采取各种措施来促进股票价格稳定上升,从而使每股市价最大化,增加所有者财富。但即使由于客观原因股价并未提高,经营者也会因为获取绩效股而获利。

(二)所有者与债权人之间的利益冲突与协调

当股东从债权人处借入资金后,就与债权人形成了一种委托代理关系。所有者追求财富最大化,而债权人希望到期收回本金和利息,双方期望实现的目标发生冲突。一方面,所有者可能要经营者改变举债资金的原定用途,将其用于高风险项目,增大偿债风险,债权人的负债价值也必然会降低,造成债权人风险与收益的不对等。因为高风险的项目一旦成功,额外的利润就会被所有者独享;但若失败,债权人却要与所有者共同承担由此造成的损失。另一方面,所有者可能在未征得现有债权人同意的情况下,再借新债或发行新债券,从而使偿债风险增大,致使原有债权的价值降低。

所有者与债权人之间的利益冲突,可以通过以下方式解决:

1. 限制性借款

债权人通过事先规定借款用途、借款担保条款和借款信用条件等,使所有者不能通过以上方式削弱债权人的债权价值。通过限制性借款条款的限制,债权人发现企业有背离合同条款的高风险投资或资金用途偏离合同约定的,可以追究企业的违约责任。

2. 收回借款或停止借款

当债权人发现企业有侵蚀其债权价值的意图时,采取收回债权或不再给予新的借款等措施,来保护自身权益。按照借款合同约定的条款,当企业出现损害债权人合法权益的行为时，债权人可以停止借款发放，并将已经发放的借款提前收回，必要时可以强制收回，从而保证其合法权益。

任务三　财务管理原则与方法的认知

一、财务管理的原则

财务管理原则，是指企业组织财务活动、处理财务关系的准则与规范。它是人们对财务活动与财务关系共同的、理性的认识，它是理论联系实践的桥梁，是为多数财务人员所接受的财务管理准则。

（一）系统性原则

企业是一个由若干分支机构组成的整体，由此成为一个完整的经济信息系统。企业财务管理是企业经济信息系统的一个重要组成部分，属于企业管理的子系统。企业财务管理又包含筹资管理、投资管理、营运资金管理和利润分配管理等子系统。坚持系统性原则是财务管理工作的出发点，主要包括以下几个方面：

1. 整体优化原则

财务管理必须从企业的整体战略出发，各财务管理子系统必须围绕整个企业的战略目标进行，不能"各自为政"；实行分权管理的企业，各部门的利益应服从企业的整体利益。只有从企业的整体利益出发，各部门密切配合，才能应对激烈的市场竞争，实现预期目标。

2. 结构优化原则

在企业资源配置方面，应注意结构比例优化，从而保证整体优化，如进行资金结构、资产结构优化等。合理的系统结构有利于资源的合理配置，有利于实现资金快速周转，有利于实现预期目标。

3. 适应力优化原则

财务管理系统所处的环境是不断变化的，为了应对环境变化带来的问题，企业财务管理必须保持适当的弹性，从而实现预期目标。

（二）平衡性原则

在财务管理中，贯彻的是收付实现制，而非权责发生制，客观上要求在财务管理过程中做到现金流入与现金流出在数量上、时间上达到动态平衡，即现金流转平衡。企业的现金流入与流出，是伴随着营业收入与营业支出产生的，同时又受到企业筹资与投资活动的影响。要想获得收入，就必然会有支出的发生；只有先有筹资的发生，才能进行投资；负债本息的偿还及股利分配要求企业经营获利或获得新的资金来源。因此，企业就要在这一系列复杂的业务关系中保持现金的收支平衡。

（三）风险与收益均衡原则

在财务管理过程中，要获取收益，就得付出成本，同时也面临风险。因此，成本、收益、风险之间总是相互联系、相互制约的。财务人员必须牢固树立成本、收益、风险三位一体的观念，以指导各项具体财务管理活动。

1. 成本与收益权衡

在财务管理中，时刻要进行成本与收益的权衡。在筹资管理中，要进行筹资成本与筹资收益的权衡；在投资管理中，要进行投资成本与投资收益的权衡；在运营资金管理中，收益难以量化，但应追求成本最小化；在分配管理中，应在追求分配管理成本最小的前提下，妥善处理各种财务关系。

2. 收益与风险权衡

收益与风险的基本关系是对等关系，高收益伴随高风险，低收益伴随低风险。但应注意的是，高风险并不必然带来高收益，有时甚至是高损失。可见，认真权衡收益与风险是很重要但也是很困难的。在整个理财过程中，收益与风险权衡的问题无处不在。一般情况下，为追求较高收益，往往要冒较大风险，如果风险过大，会减弱企业未来的获利能力，如果收益过小，也会增加企业未来的风险。因此，财务管理的原则是在风险一定的情况下，使收益达到较高水平；在收益一定的情况下，将风险维持在较低水平。

3. 成本、收益、风险三者综合权衡

在理财过程中，不能割裂成本与收益权衡、收益与风险权衡，而应将成本、收益与风险三者综合权衡，用以指导各项财务活动。权衡的过程，就是决策的优化过程。财务管理中，各种方案的优选、整体(总量)优化、结构优化等，都体现了成本、收益与风险三者的综合权衡。

(四)货币时间价值原则

财务管理最基本的观念是货币具有时间价值，但并不是所有货币都具有时间价值，货币只有被当作资本投入生产流通环节后才具有时间价值。在经济学中，货币时间价值是用机会成本来表示的。运用货币时间价值观念要把项目未来的成本和收益都以现值表示，如果收益现值大于成本现值，则项目应予接受，反之则应拒绝。把未来收益和成本折现，必须确定相应的利率(折现率)。具体的利率是权衡风险后决定的。因此，风险投资的收益应当高于无风险投资的收益。如购买股票的风险肯定大于将货币存入银行的风险，因此，股票投资收益率必定高于存款收益率。

二、财务管理的方法

财务管理方法是实现企业财务管理目标的重要手段，它作为财务管理的重要组成部分，贯穿于财务管理全过程。无论选择哪种财务管理目标，都需要用一定的方法去实现，企业为了有效地组织、指挥、监督和控制财务活动，更好地处理各种财务关系，就需要运用一系列科学的财务管理方法，主要包括财务预测、财务决策、财务预算、财务控制、财务分析与业绩评价，这些相互联系、相互配合的方法构成了一个完整的财务管理方法体系。财务管理方法也可以称为财务管理环节。

(一)财务预测

财务预测是指根据财务活动的历史资料，考虑现实的条件与要求，运用科学的预测方法，对企业未来的各种财务活动、发展趋势及其成果进行全面分析，从而作出科学的预计与推断。它是财务决策的基础，同时为编制财务预算做准备。财务预测的内容主要包括营运资金需要量预测、投资收益预测、成本费用预测、收入预测和利润预测等。财务预测的方法主要有定性预测法和定量预测法两大类。定性预测法主要是由熟悉情况和业务的专职人员,根据其过去的经验和专业知识断;定量预测法主要有时间序列法、因果分析法、回归分析预测法等。

财务预测的一般程序为:明确预测目标,收集整理相关资料,确定预测方法,建立预测模型,论证预测结果。

(二)财务决策

财务决策是指在财务预测的基础上,在满足财务目标的总体要求下,运用专门方法,对不同备选方案进行分析比较,从中选择最优方案的过程。它是财务管理的核心。财务决策的内容一般包括筹资决策、投资决策、收入决策和利润决策等。财务决策所采用的具体方法主要有概率决策法、平均报酬率法、净现值法、现值指数法、内含报酬率法等。

财务决策的一般程序为:确定决策目标,收集资料,提出方案,评价选择方案。

(三)财务预算

财务预算是指以财务决策的结果为依据,运用科学的技术手段和方法对企业生产经营活动的各个方面进行规划的过程。它是组织和控制企业财务活动的依据。财务预算的主要内容有销售预算、现金预算、生产预算、成本费用预算和利润预算等。财务预算所采用的具体方法主要有增量预算法、固定预算法、弹性预算法、零基预算法、定期预算法和滚动预算法等。

财务预算的一般程序为:制定预算指标,提出保证措施,选择预算方法,编制财务预算。

(四)财务控制

财务控制是指以财务预算为依据,按照一定的程序与方法,对财务活动脱离预定目标形成的偏差进行干预和校正的过程。通过财务控制以确保财务预算的完成。财务控制可按不同标准进行分类:按时间分为事前控制、事中控制和事后控制;按控制依据不同分为预算控制和制度控制;按控制对象分为收支控制和现金控制;按控制手段分为相对数控制和绝对数控制;等等。

财务控制的一般程序为:制定控制标准,建立控制系统,信息传递与反馈,分析差异,考核控制结果。

(五)财务分析

财务分析是指以会计信息为依据,对一定期间的财务活动过程及其结果进行分析和评价的过程。财务分析是财务管理的重要步骤和方法,通过财务分析,可以掌握财务活动的规律,为以后进行财务预测和制定财务预算提供资料。财务分析的内容主要有偿债能力分析、营运能力分析、获利能力分析和综合财务分析等。财务分析所采用的具体方法有比较分析法、比率分析法、趋势分析法、因素分析法等。

财务分析的一般程序为:收集整理资料,进行对比分析,明确责任,提出改进措施,改进工作。

(六)财务考核

财务考核是指将报告期实际完成数与规定的考核指标进行比较,确定有关责任单位和个人完成任务的情况。财务考核与奖惩紧密相连，是贯彻责任制原则的要求，也是构建激励与约束机制的关键环节。财务考核的形式多种多样，可以用绝对指标、相对指标、完成百分比考核，也可以采用多种财务指标进行综合评价考核。

以上各种财务管理方法是相互联系、密切配合的。财务预测是财务管理的基础与前提，财务决策是财务管理的核心，财务预算是财务决策的价值反映，财务控制是财务目标实现的保障，财务分析与财务考核是对企业财务活动过程和结果的汇总与评价。

小思考

财务管理方法与会计的核算方法有什么区别？

任务四　财务管理发展的认知

在现代企业中，财务管理变得越来越重要，但它并非一开始就是这样的，它是伴随着经济社会的变迁而发展起来的。在很长一段时间里，财务都停留在基础的记账、算账、报账活动。随着社会的发展，资本主义开始萌芽，形成了新的经济形势，相应的管理手段也发展起来了。据资料记载，企业财务管理大约起源于15、16世纪。当时正处于资本主义萌芽时期，地中海沿岸慢慢地出现了一些商业组织，并且在一段时间内发展成了许多大小不一的商业组织，老板既有商人、平民，也有王公、大臣等，投资热情非常高。在这段时期里，商业组织整体对外投资和扩张规模有限，需要的资本很少，基本是投资者本身的投入和商业组织的积累，整体的筹资渠道很窄、筹资方式单一，筹集资本主要为商业组织的经营提供服务，没有形成独立的财务管理职能。直到19世纪末20世纪初工业革命的出现，这种单一的筹资方式和筹资渠道才发生根本变化。

一、以筹资为重心的财务管理阶段

19世纪末20世纪初，工业革命的成功促进了企业规模的不断发展扩大、生产技术的改进和不断提高，原来简单落后的传统生产经营模式已经不能适应新时期的需要。企业为了获取更多经济利益，不断地引入新的生产经营模式，不断地吸收新的商业组织，这个时期，股份制公司迅速发展起来，很快成为占主导地位的企业组织形式。股份制公司的大量出现和发展需要大量资金，依靠以前单一狭窄的筹资渠道与筹资方式无法满足股份制公司的需求。因此，大多数股份制公司重点关注的是如何筹集到大量资金。此时，许多股份制公司纷纷成立财务管理部门，专门负责筹集企业所需要的资本。当时企业财务管理的职能主要是预测资金的需要量和筹措资金，筹资是这个时期企业财务管理的主要任务。所以，这个阶段的财务管理是以筹资为重心的。

二、以法律法规为重心的财务管理阶段

伴随着第二次工业革命的成功，股份制公司得到了突飞猛进的发展。在发展过程中，有些公司为了掩盖自己真实的财务状况，采用非法手段对财务报表进行修改，从而欺骗投资

者、债权人等。慢慢地，这种粉饰财务报表、提供虚假信息的公司越来越多，危害了广大投资者的利益。

1929 年爆发了全球性经济危机，使整个西方经济陷入困境，造成很多企业亏损、破产，广大投资者血本无归、损失惨重。为了保护广大投资者的合法权益，西方各国政府加强了证券市场的法制管理，先后出台了相应的法律法规来规范市场，比如美国在 1933 年和 1934 年分别出台了《联邦证券法》和《证券交易法》，对公司证券融资作出非常严格的规定。这个阶段企业财务管理的重点是建设法律法规及企业内部管理体制，主要成果有：美国洛弗（W. H. Lough）的《企业财务》，首先提出了企业财务除筹措资本外，还要对资本周转进行有效的管理；英国罗斯（T. G. Rose）在他的《企业内部财务论》中，特别强调企业内部财务管理的重要性，认为资本的有效运用是财务研究的重心。20 世纪 30 年代后，财务管理的重点开始从扩张性的外部融资向防御性的内部资金控制转移，各种财务目标和预算的确定、债务重组、资产评估、保持偿债能力等问题开始成为这一阶段财务管理研究的重要内容。

三、以资产为重心的财务管理阶段

随着经济社会的不断发展，市场竞争越来越激烈，到了 20 世纪 50 年代，市场竞争愈发激烈，买方市场趋势明显。企业管理层普遍认识到，单纯靠扩大融资规模和增加产品数量已经无法适应市场新形势，财务管理的主要任务应是解决资金利用效率问题，从而公司内部的财务决策上升为最重要的问题。同时，企业管理层开始关注货币的时间价值，以固定资产投资决策为研究对象的资本预算方法逐渐成熟，财务管理的重心由重视外部融资转向注重资金在公司内部的合理配置，使财务管理发生了质的飞跃。这个阶段资产管理成为财务管理的核心，形成了以研究财务决策为主要内容的“新财务论”，将财务管理理论向前推进了一大步。

四、以投资为重心的财务管理阶段

第二次世界大战以后，企业规模进一步扩大，外部环境越来越复杂，各种自然科学成果、社会科学成果得到广泛应用，财务管理的重点转移到投资问题上。这个阶段的财务管理形式多样、内容丰富、方法多样，主要表现在：注重资产负债表中的资产项目（比如现金、应收账款、存货和固定资产等）；强调决策程序的科学化；对投资决策进行指标分析（静态指标，如投资回收期、会计收益率等；动态指标，如净现值、净现值率、现值指数、内部报酬率等）；建立相应的系统风险理论和方法，为投资决策提供科学依据。1972 年，法玛（Fama）和米勒（Miller）出版了《财务管理》一书，这部集西方财务管理理论之大成的著作，标志着西方财务管理理论已经发展成熟。

五、财务管理发展的新阶段

20 世纪 80 年代以后，随着科学技术的不断进步，企业财务管理进入新的发展阶段，朝着综合性管理和国际化、精确化、电算化、网络化方向发展。

可见，财务管理的发展是一个动态的过程，是从低级到高级、从简单到复杂、从不完善到完善的发展过程。我们可以预料，随着科学技术的进步，必然会引起财务管理思想、理论和方法的不断变革，财务管理将朝着现代化的方向不断迈进。

项目小结

⊙ 财务管理是企业管理的核心，企业财务管理能力的强弱直接关系到企业的兴衰成败。

⊙ 财务管理是指在企业总体目标的指导下组织企业财务活动，处理财务关系的一项综合性的经济管理工作。

⊙ 财务管理的内容反映企业资金运动的全过程，包括筹资管理、投资管理、营运资金管理和利润分配管理。

⊙ 财务管理具有价值管理、涉及面广、灵敏度高、综合性强等特点。

⊙ 财务管理的目标是企业财务活动的出发点和归宿。目前最具代表性的财务管理目标有以下几种观点：利润最大化、每股利润或资本利润率最大化、股东权益最大化、企业价值最大化等。企业价值最大化是现代企业财务管理的最优目标。

⊙ 相关者的利益冲突与协调，主要有股东与经营者之间的利益冲突与协调、所有者与债权人之间的利益冲突与协调。

⊙ 财务管理方法（也是财务管理工作的基本环节）主要包括财务预测、财务决策、财务预算、财务控制和财务分析等。

⊙ 财务管理发展主要分为以筹资为重心的财务管理阶段、以法律法规为重心的财务管理阶段、以资产为重心的财务管理阶段、以投资为重心的财务管理阶段和财务管理发展的新阶段。

课后习题与实训

一、单项选择题

1. 企业购置固定资产属于企业的（　　）。

A. 投资活动　　B. 筹资活动　　C. 营运活动　　D. 分配活动

2. 相对于每股收益最大化目标而言，企业价值最大化目标的不足之处是（　　）。

A. 没有考虑资金的时间价值　　B. 没有考虑投资的风险价值

C. 不能反映企业的获利能力　　D. 某些情况下确定比较困难

3. 下列各项中，从甲公司的角度看，能够形成“本企业与债务人之间财务关系”的业务是（　　）。

A. 甲公司从丁公司赊购商品　　B. 甲公司购买乙公司发行的债券

C. 甲公司归还所欠丙公司的货款　　D. 甲公司向戊公司支付利息

4. 下列各项经济活动中，属于企业狭义投资的是（　　）。

A. 购买设备　　B. 购买零部件　　C. 购买专利权　　D. 购买国库券

5. 下列各项中，能够用于协调企业所有者与企业债权人矛盾的方法是（　　）。

A. 解聘　　B. 接收　　C. 激励　　D. 停止借款

6. 在下列各种观点中，既能够考虑资金的时间价值和投资风险，又有利于克服管理上的片面性和短期行为的财务管理目标是(　　)。

A. 利润最大化　　B. 企业价值最大化

C. 每股收益最大化　　D. 资本利润率最大化

7. 以企业价值最大化作为财务管理的目标，它具有的优点不包括(　　)。

A. 考虑了资金的时间价值　　B. 反映了投资的风险价值

C. 有利于社会资源合理配置　　D. 上市公司股价可直接揭示公司价值

8. (　　)在企业中承担着最大的权利、义务、风险和报酬，地位也最高。

A. 经营者　　B. 股东　　C. 债权人　　D. 政府

9. 财务管理的核心是(　　)。

A. 财务预测　　B. 财务决策　　C. 财务预算　　D. 财务控制

10. (　　)就是对预算和计划的执行进行追踪监督、对执行过程中出现的问题进行调整和修正，以保证预算的实现。

A. 财务预算　　B. 财务决策　　C. 财务控制　　D. 财务分析

11. 企业财务活动是以(　　)为主的企业资金收支活动的总称。

A. 货物收发　　B. 产品生产经营　　C. 资金收支　　D. 现金收支

12. 下列各项中，属于筹资引起的财务活动的是(　　)。

A. 购买固定资产　　B. 支付工资　　C. 支付利息　　D. 购买债券

13. 财务管理主要是通过(　　)形式对生产经营活动进行管理的。

A. 实物　　B. 价值　　C. 成本　　D. 价格

14. 企业在财务管理过程中，通常会考虑收益与风险之间的均衡关系，这是财务管理的(　　)。

A. 系统性原则　　B. 平衡原则

C. 收益与风险均衡原则　　D. 时间价值原则

15. 下列各项中，不属于协调企业所有者与经营者之间矛盾的方法的是(　　)。

A. 解聘　　B. 接收　　C. 激励　　D. 停止借款

二、多项选择题

1. 下列各项中，属于企业筹资引起的财务活动的有(　　)。

A. 发行股票　　B. 偿还借款　　C. 购买国库券　　D. 支付利息

2. 利润最大化不是企业最优的财务管理目标，其原因包括(　　)。

A. 不能直接反映企业创造剩余产品的多少

B. 没有考虑利润与投入资本额的关系

C. 没有考虑风险

D. 没有考虑资金的时间价值

3. 以企业价值最大化作为财务管理目标，它具有的优点有(　　)。

A. 考虑了资金的时间价值　　B. 反映了投资的风险价值

C. 有利于社会资源合理配置　　D. 上市公司可直接揭示公司价值

4. 下列各项中，属于投资引起的财务活动的有(　　)。

A. 偿还借款　　B. 购买设备
C. 购买债券　　D. 购买其他公司的股票

5. 由企业筹资活动引起的财务关系主要有(　　)。
A. 企业与投资者之间的财务关系　　B. 企业与债务人之间的财务关系
C. 企业与受资者之间的财务关系　　D. 企业与债权人之间的财务关系

6. 以企业价值最大化作为财务管理目标的优点有(　　)。
A. 反映了对企业资产保值增值的要求
B. 有利于克服管理上的片面性和短期行为
C. 有利于社会资源的合理配置
D. 有利于精确估算非上市公司价值

7. 为确保企业财务目标的实现,下列各项中,可用于协调所有者与经营者矛盾的有(　　)。
A. 解聘经营者　　B. 所有者向企业派遣财务总监
C. 所有者给经营者“股票期权”　　D. 公司被其他公司接收或吞并

8. 企业的财务活动可分为(　　)。
A. 筹资活动　　B. 投资活动　　C. 营运活动　　D. 收益分配活动

9. 企业的财务关系可以概括为(　　)之间的财务关系。
A. 企业与所有者　　B. 企业与债权人　　C. 企业与职工　　D. 企业内部单位

10. 财务管理的特点有(　　)。
A. 涉及面广　　B. 综合性强　　C. 灵敏度高　　D. 不变性

三、判断题

1. 在协调所有者与经营者利益冲突的方法中,“解聘”是一种通过所有者来约束经营者的方法。(　　)

2. 在企业的财务活动中,广义的分配活动是指对企业利润总额的分配,而狭义的分配活动仅指对于企业税后净利润的分配。(　　)

3. 财务决策就是指企业管理人员应当按照财务战略目标的总体要求,利用专门的方法对各种备选方案进行比较和分析,并从中选出最佳方案的过程。(　　)

4. 企业财务是指企业在生产经营过程中客观存在的资金运动,包括筹资活动、投资活动、资金营运活动和资金分配活动。(　　)

5. 股东财务最大化目标强调实现所有者或股东权益最大化。(　　)

6. 在确定企业财务管理目标时,只需要考虑所有者或股东的利益,企业价值最大化实际上就是实现所有者或股东利益最大化。(　　)

7. 民营企业与政府之间的财务关系体现为一种投资与受资关系。(　　)

8. 以企业价值最大化作为财务管理目标,有利于社会资源的合理配置。(　　)

9. 企业是由股东投资组成的,在确定财务管理目标时,只考虑股东利益即可。(　　)

10. 财务预测是财务决策的基础,是编制财务预算的前提。(　　)

四、案例分析

北京小米科技有限责任公司（简称“小米”），成立于 2010 年 4 月，是一家专注于高端智能手机、互联网电视以及智能家居生态链建设的创新型科技企业。“为发烧而生”是小米的产品概念。小米公司首创了用互联网模式开发手机操作系统、发烧友参与开发改进的模式。

2011 年，小米发布第一款产品“小米手机”。2014 年 12 月，小米以 12.7 亿元入股美的集团。2016 年 6 月，小米宣布联合新希望集团等企业申办的民营银行“四川希望银行”正式获得银监会批复筹建；9 月 1 日，小米联合中国银联正式发布“小米支付”(Mi Pay)。2017 年 1 月 5 日，小米在美国 CES 展会上发布系列新品，包括 Mix 手机白色版及小米电视 4。2017 年 5 月，小米与长江基金达成 120 亿基金合作。2017 年 12 月 25 日，小米发布小米电视 4C 55 英寸体育版。

2018 年 5 月 3 日，小米向港交所递交了上市申请。小米与长和集团在香港宣布合组全球策略联盟，在长和 17 700 家门店销售小米设备。6 月 19 日，小米宣布推迟原定于 7 月 16 日的 CDR 发行。7 月 9 日小米在港交所主板挂牌交易。7 月 23 日，小米推出米家互联网空调。

利用所学知识，试分析小米的财务管理目标以及企业应该如何定位财务管理目标，小米的主要财务活动有哪些。

项目二　财务管理体制与环境的适应性

知识导航

- 财务管理体制与环境的适应性
  - 任务一　财务管理体制的适应性
    - 财务管理体制的种类
    - 集权与分权的选择
    - 财务管理体制的设计原则
  - 任务二　财务管理环境的适应性
    - 政治环境
    - 法律环境
    - 金融环境
    - 经济环境

资源宝库

学习目标

⊙ 知识目标：

掌握财务管理体制的种类；掌握财务管理的主要环境类型。

⊙ 能力目标：

能够划分企业财务管理体制的类型；能够对企业所处的财务管理环境进行分析。

案例导入

宝钢发展之路

宝山钢铁(集团)公司(以下简称“宝钢”)，是中华人民共和国成立以来规模比较大的现代化钢铁联合企业，经过10年的生产发展，国家投资在宝钢的原始资本净增12倍。1995年，宝钢销售收入253.83亿元，实现利税60.12亿元。继1994年在全国千家经济效益最佳企业中位列榜首之后，1995年又在国有企业500强中名列第一。宝钢为何能取得如此大的成绩？其中一个原因就是宝钢在搞好生产、开发技术和改善日常经营管理的同时，能够审时度势，广开增效渠道，争取到可观的政策效益、结构效益、级差效益、速度效益和规模效益。特别是在政策效益方面，宝钢善于保持政策敏感度，抓住机会，用好、用足政策，取得了可观的经济效益。例如，为提高企业成本补偿度，保证企业发展有后劲，1994 年宝钢按科学程序组织大规模的清产核资和资产评估工作。评估前宝钢资产总值 295 亿元，评估后增至 549.5 亿元，增值 254.5 亿元。而且经与财政部协商，宝钢在保证当年上交 19 亿元所得税的前提下，评估当年就多提折旧 18 亿元。同时，宝钢还按照国家政策及时提高了折旧率。由此增加的折旧所得资金除用于一期、二期生产发展外，还为三期建设提供了资金。如果三期建设一时用不上，则用于提前归还二期工程的银行贷款，仅此项即还贷 44 亿元，不仅减少了利息支付，而且相应缴纳了能源、交通“两金”。又如，1993 年宝钢预测到国家外汇管理办法要与国际接轨，于是在外汇使用安排上就先花额度，后花现金，实现外汇保值，直接创汇效益 14.4 亿元。

那么，宝钢在发展的道路上是如何适应企业内外部环境的呢？

任务一　财务管理体制的适应性

财务管理体制是指划分企业财务管理方面的权、责、利关系的一种制度，是财务关系的具体表现形式，一般来说包括企业投资者与经营者之间的财务管理体制和企业内部的财务管理体制两个层次。企业集团财务管理体制是明确集团各财务层级财务权限、责任和利益的制度，其核心问题是如何配置财务管理权限，它属于企业财务管理工作的“上层建筑”，对其“经济基础”企业集团的理财活动起着推动、促进和导向作用。

一、财务管理体制的种类

企业财务管理体制可分为三种类型：集权型财务管理体制、分权型财务管理体制、集权与分权相结合型财务管理体制。

(一)集权型财务管理体制

所谓集权型财务管理体制，是指企业对各所属单位的所有财务管理决策都进行集中统一，各所属单位没有财务决策权，企业总部财务部门不但参与决策和执行决策，在特定情况下还直接参与各所属单位的执行过程。在集权型财务管理体制下，重大财务决策权都集中在企业总部，它对各所属单位采取严格控制和统一管理的方式。

它的优点在于：由企业总部最高管理层统一决策，有利于规范各成员企业的行动，促使整体政策目标的贯彻与实现；最大限度地发挥企业集团的各项资源的复合优势，集中力量，达到企业集团的整体目标；有利于发挥总部财务专家的作用，降低各所属公司的财务风险和经营风险；有利于统一调度集团资金，保证资金头寸，降低资金成本。

它的缺点在于：集权制要求最高决策管理层必须具有极高的素质与能力，同时必须能够高效率地汇集各方面详尽的信息资料，否则可能导致主观臆断，以致出现重大的决策错误；同时，财务管理权限高度集中于企业总部容易挫伤所属公司的积极性，抑制所属公司的灵活性和创造性；还可能由于信息传递时间长，延误决策时机，缺乏对市场的应变力与灵活性。

(二)分权型财务管理体制

分权型财务管理体制是指企业将财务决策权与管理权完全下放到各所属单位，各所属单位只需对一些决策结果报企业总部备案即可。在这种体制下，企业内部的管理权限分散于各所属单位，并在人、财、物、供、产、销等方面有决定权。

它的优点是：可以调动各所属公司各层次管理者的积极性；市场信息反应灵敏，决策快捷，易于捕捉商业机会，增加创利机会；由于各所属单位负责人有权对影响经营成果的因素进行控制，加之身在基层，了解情况，有利于针对本单位存在的问题及时作出有效决策，因地制宜地搞好各项业务，也有利于分散经营风险，促进所属单位管理人员及财务人员的成长；使最高层管理人员将有限的时间和精力集中于企业最重要的战略决策问题上。

它的缺点主是：难以统一指挥和协调，各所属单位大多从本单位利益出发安排财务活动，缺乏全局观念和整体意识，从而可能导致资金管理分散、资金成本增大、费用失控、利润分配无序；弱化企业总部财务调控功能，不能及时发现所属公司面临的风险和重大问题；难以有效约束经营者，从而造成所属公司"内部人控制"问题。

（三）集权与分权相结合型财务管理体制

集权与分权相结合型财务管理体制，即集权下的分权，企业总部对各所属单位在所有重大问题的决策与处理上实行高度集权，各所属单位则对日常经营活动有较大的自主权。恰当的集权与分权相结合既能发挥企业总部的财务调控职能，激发所属公司的积极性和创造性，又能有效控制经营者及所属公司的风险。

集权与分权相结合型财务管理体制的主要特点是：(1)在制度上，应制定统一的内部管理制度，明确财务权限及收益分配方法，各所属单位应遵照执行，并根据自身的特点加以补充。(2)在管理上，利用企业的各项优势，对部分权限集中管理。(3)在经营上，充分调动各所属单位的生产经营积极性。

集权与分权相结合型财务管理体制意在以企业发展战略和经营目标为核心，将企业内重大决策权集中于企业总部，而赋予各所属单位自主经营权。各所属单位围绕企业发展战略和经营目标，在遵守企业统一制度的前提下，可自主制定生产经营的各项决策。为避免配合失误，明确责任，凡需要由企业总部决定的事项，在规定时间内，企业总部应明确答复；否则，各所属单位有权自行处置。因此，集权与分权相结合型财务管理体制吸收了集权型和分权型财务管理体制各自的优点，避免了二者各自的缺点，从而具有较大的优越性。但是，如何把握其中的"度"，则是企业应考虑的一个大问题。

二、集权与分权的选择

企业内部财务管理体制是构建企业财务运行机制的基础和前提，因此如何合理选择集权与分权就显得很重要。它本质上体现着企业的管理政策，是企业基于环境约束与发展战略考虑顺势而定的权变性策略。集权和分权的选择应考虑其特点适应何种企业类型及运营模式，故有以下需要考虑的因素：(1)企业与各所属单位之间的资本关系，即只有当企业掌握了各所属单位一定比例有表决权的股份(如50%以上)之后，各所属单位的财务决策才有可能相对"集中"于企业总部。(2)企业与各所属单位之间的业务关系，即各所属单位之间业务联系越密切，就越有必要采用相对集中的财务管理体制；反之则相反。(3)集权与分权的"成本"和"利益"。集权型财务管理体制会导致各所属单位积极性和财务决策效率都下降，但也会使企业财务目标更容易协调和财务资源的利用效率提高；分权型财务管理体制虽然会导致各所属单位财务决策目标与企业整体财务目标背离以及财务资源利用效率下降，但能提高财务决策效率和调动各所属单位的积极性。(4)企业的环境、规模和管理者的管理水平。由管理者的素质、管理方法和管理手段等因素所决定的企业及各所属单位的管理水平,对财权的集中和分散也具有重要影响。较高的管理水平有助于企业更多地集中财权,否则,财权过于集中只会导致决策效率的低下。一个企业如何选择适应自身需要的财务管理体制,如何在不同的发展阶段更新财务管理模式,在企业管理中占据重要地位。

三、财务管理体制的设计原则

从企业的角度出发,其财务管理体制的设定或变更应当遵循如下四项原则:

(一)与现代企业制度的要求相适应的原则

现代企业制度是一种产权制度,它是以产权为依托,对各种经济主体在产权关系中的权利、责任、义务进行合理有效的组织、调节的制度安排,它具有产权清晰、责任明确、政企分开、管理科学的特征。企业内部相互之间关系的处理应以产权制度安排为基本依据。企业作为各所属单位的股东,根据产权关系享有作为终极股东的基本权利,特别是对所属单位的收益权、管理者的选择权、重大事项的决策权等,但是,企业各所属单位往往不是企业的分支机构或分公司,其经营权是其行使民事责任的基本保障,它以自己的经营与资产对其盈亏负责。

按照现代企业制度的要求,企业财务管理体制必须以产权管理为核心、以财务管理为主线、以财务制度为依据,体现现代企业制度特别是现代企业产权制度管理的思想。

(二)明确企业对各所属单位管理中的决策权、执行权与监督权三者分立原则

现代企业要做到管理科学,必须首先从决策与管理程序上做到科学、民主,因此,决策权、执行权与监督权三权分立的制度必不可少。这一管理原则的作用就在于加强决策的科学性与民主性,强化决策执行的刚性和可考核性,强化监督的独立性和公正性,从而形成良性循环。

(三)明确财务综合管理和分层管理思想的原则

现代企业制度要求管理是一种综合管理、战略管理,因此,企业财务管理不是也不可能是企业总部财务部门的财务管理,它是一种战略管理。这种管理要求:(1)从企业整体角度对企业的财务战略进行定位;(2)对企业的财务管理行为进行统一规范,做到高层的决策结果能被低层战略经营单位完全执行;(3)以制度管理代替个人的行为管理,从而保证企业管理的连续性;(4)以现代企业财务分层管理思想指导具体的管理实践(股东大会、董事会、经理人员、财务经理及财务部门各自的管理内容与管理体系)。

(四)与企业组织体制相对应的原则

企业组织体制大体上有U型组织、H型组织和M型组织三种形式。U型组织产生于现代企业的早期阶段,是现代企业最为基本的一种组织结构形式。U型组织以智能化管理为核心,最典型的特征是在管理分工下实行集权控制。H型组织即控股公司体制。集团总部即控股公司,利用股权关系以出资者身份行使对子公司的管理权。它的典型特征是过度分权。M型组织即事业部制。事业部是总部设置的中间管理组织,不是独立法人,不能够独立对外从事生产经营活动。因此,从这个意义上说,M型组织比H型组织集权程度更高。但是,随着企业管理实践的深入,H型组织的财务管理体制也在不断演化。现代意义上的H

型组织既可以实行分权管理，也可以实行集权管理。M 型组织下的事业部在企业统一领导下，可以拥有一定的经营自主权，实行独立经营、独立核算，甚至可以在总部授权下进行兼并、收购和增加新的生产线等重大事项决策。

任务二　财务管理环境的适应性

任何事物总是与一定的环境相联系而产生、存在和发展的，财务管理也不例外。财务管理环境又称理财环境，是指对企业财务活动和财务管理产生影响的企业内外的各种条件的统称。内部财务环境主要包括企业资本实力、生产技术条件、经营管理水平和决策者的素质等方面。外部财务环境主要包括政治环境、法律环境、经济环境、金融环境、社会文化环境和科技教育环境等。内部财务环境存在于企业内部，是企业可以从总体上采取一定措施加以控制和改变的因素。而外部财务环境存在于企业外部，是企业公司治理结构以外的其他影响财务机制运行的外部条件和因素，是企业难以控制和改变的。本单元主要介绍影响企业的最重要的外部财务管理环境：政治环境、法律环境、金融环境和经济环境。

一、政治环境

政治环境是指影响企业财务活动的政治因素。政治的内容包括作为实体的国家、作为观念的政治思想和作为实践的政治活动。一个国家的政治环境会对企业的财务管理决策产生至关重要的影响，和平稳定的政治环境有利于企业中期、长期财务规划和资金安排。政治环境主要包括社会安定程度、政府制定的各种经济政策的稳定性及政府机构的管理水平、办事效率等。从根本上讲，由于社会主义国家政治是有利于广大劳动人民的政治，因此企业财务管理需处理的主要是长远利益与短期利益、整体利益与局部利益的关系。政治思想和政治活动一般不对企业财务管理产生直接影响，而是通过潜移默化地影响人们的行为或最终引起国家政权的变革而对企业财务管理产生实质性的影响。

二、法律环境

法律环境是指企业与外部发生经济关系时所应遵守的各种法律、法规和规章。市场经济的重要特征就在于，它是以法律规范和市场规则为特征的经济制度。法律为企业经营活动规定了活动空间，也为企业在相应空间内自由经营提供了法律上的保护。就企业而言，对其有影响的主要法规可分为企业组织法规、税务法规和财务法规等。如企业的设立、合并和分立是通过《公司法》进行约束的；企业破产清算是通过《破产法》进行约束的；企业的生产经营主要是通过《合同法》《产品质量监督条例》《技术监督条例》《消费者权益保护法》《环境保护法》等相关法律进行约束的。此外，企业财务活动主要是通过《企业财务通则》《税法》《证券法》《银行法》《票据法》等进行约束的。财务人员要熟悉这些法规，在守法经营的前提下实施财务管理的职能，完成企业的财务管理目标。

三、金融环境

金融环境是指企业融通资金的各种因素和条件，主要包括金融机构、金融市场、金融工具和利率等。金融环境是企业财务管理的直接环境，也是最为重要的环境因素。因为企业资金的筹措大多依赖于金融机构和金融市场，金融政策的变化必然会影响企业财务活动，同时金融市场也构成了企业资金投放与运用的一个重要领域，对企业财务目标的实现起着不可低估的作用。

（一）金融机构

社会资金从资金供应者手中转移到资金需求者手中，大多要通过金融机构。金融机构包括中国人民银行、商业银行、政策性银行和非银行金融机构四大类。

中国人民银行是我国的中央银行，是我国金融体系的核心，是在国务院指导下发布及履行与其职责有关的命令和规章，依法制定和执行货币政策、发行人民币，管理人民币的流通、经理国库，维护金融稳定的宏观调控部门。

我国商业银行主要有国有商业银行、股份制商业银行和城市商业银行三类。

1. 国有商业银行

国有商业银行是由原国家专业银行转化而来的，包括中国工商银行、中国农业银行、中国银行、中国建设银行。目前，这四家国有商业银行经营全面银行业务，在员工总数、机构网点数量、资产规模、市场占有份额上都在我国整个金融领域中处于绝对的优势地位。

2. 股份制商业银行

股份制商业银行分为全国性的和区域性的两种。全国性商业银行可在全国设立分支机构并开展经营业务，如交通银行、中信实业银行、中国光大银行、中国民生银行、华夏银行等；区域性商业银行是指在一定的区域范围内经营业务的银行，如上海浦东发展银行、深圳发展银行、福建兴业银行、广东发展银行等。目前，一些区域性的股份制银行因经营规模扩大而超出了经营区域界限，逐渐转化为全国性的股份制商业银行。

3. 城市商业银行

城市商业银行是由城市企业、居民和地方财政投入股本组成的，其主要功能是为本地区经济的发展融通资金。

政策性银行，是由政府设立，以贯彻国家产业政策、区域发展政策为目的，不以营利为目的的金融机构。政策性银行不面向公众吸收存款，而是以财政拨款和发行政策性金融债券为主要资金来源，其资本主要由政府拨付，不以营利为目的，经营时主要考虑国家的整体利益和社会效益。政策性银行服务的领域主要是对国民经济发展和社会稳定有重要意义而商业银行出于营利目的不愿贷款的领域。它一般不普遍设立分支机构，其业务由商业银行代理。我国目前有三家政策性银行，即国家开发银行、中国进出口银行、中国农业发展银行。

非银行金融机构主要包括保险公司、证券公司、信托投资公司、金融租赁公司、财务公司等。

（二）金融市场

金融市场是指资金供求双方通过金融工具进行资金融通的场所。金融市场可以是有形市场，如银行、证券交易所等；也可以是无形市场，可利用计算机、电话等设施通过经纪人进行资金融通活动。金融市场是一个由许多相互独立又相互关联的子市场组成的大市场，按照不同的标准，可以进行不同的分类。

(1)按融资的不同期限分,金融市场可分为短期资金市场和长期资金市场。

(2)按金融交易的不同性质分,金融市场可分为初级市场和二级市场。

(3)按成交后交割的不同时间分,金融市场可分为现货市场和期货市场。

(三)金融工具

金融工具是证明债权关系或所有者关系的合法凭证,主要包括商业汇票、商业本票、银行汇票、银行本票、银行支票、信用证、债券、股票等。它的基本特征有期限性、流动性、风险性和收益性。金融工具分为基本金融工具和衍生金融工具两大类。常见的基本金融工具有货币、票据、债券、股票等。衍生金融工具又称派生金融工具,是在基本金融工具的基础上通过特定技术设计形成的新的融资工具,如各种远期合约、互换、掉期、资产支持证券等,其种类非常复杂、繁多,具有高风险、高杠杆效应的特点。

(四)利率

利率也称利息率,是利息与本金的比率。从资金的借贷关系看,利率是一定时期运用资金资源的交易价格,直接反映信用关系中债务人使用资金而向债权人支付的价格,也是债权人出让资金使用权所获得的报酬率。资金作为一种特殊商品,以利率为价格标准的融通,实质上是资源通过利率实行再分配。因此,利率在资金分配及企业财务决策中起着重要作用。

利率的种类很多,可以从不同的角度划分,主要有以下几种类型:

1. 固定利率和浮动利率

固定利率是指在借贷期限内不做调整的利率;浮动利率是指在借贷期限内可定期或按规定调整的利率,调整的期限和依据由借贷双方在签订借贷协议时商定。

2. 市场利率和官方利率

市场利率是在金融市场上由借贷资金的供求关系决定的利率;官方利率是政府货币当局或中央银行确定并公布执行的利率,是政府干预经济、进行金融宏观调控的工具。官方利率与市场利率关系十分密切。官方利率的确定必须考虑市场利率的因素,否则就会脱离实际,不利于执行。市场利率虽然由于多种市场因素的影响而频繁地波动,但它在一定的程度上又受官方利率的影响和制约,官方利率对市场利率起导向的作用。

3. 名义利率和实际利率

名义利率是在一定时点上没有剔除物价变动因素影响的利率,在现实经济生活中,公开存在的利率大多是名义利率;实际利率是在名义利率的基础上剔除物价变动因素影响后的真实利率。名义利率与实际利率比较的意义在于衡量金融资产、信贷资金的增值性,以及调整信用活动和货币供应量。因此,判断利率水平,不仅要看名义利率,而且要考虑物价变动对实际利率的影响。

4. 基准利率和非基准利率

基准利率是在整个利率体系中处于关键地位、起决定性作用的利率。这种利率发生变动,其他利率也相应变动。我国的基准利率是中国人民银行对商业银行的贷款利率。基准利率以外的所有利率即为非基准利率。

正如任何商品的价格均由供应和需求两个方面来决定一样,利率作为资金这种特殊商品的价格,也主要由供给和需求来决定。但除这两个因素外,经济周期、通货膨胀、国家货币政策、财政政策、国际经济政治关系、国家利率管制程度等对利率的变动均有不同程度的影响。因此，资金的利率通常由纯利率、通货膨胀补偿率、风险收益率三部分组成。其计算公式如下：

利率＝纯利率＋通货膨胀补偿率＋风险收益率

其中：

纯利率是指没有风险和通货膨胀情况下的社会平均利率。在没有通货膨胀时，国库券的利率可以视为纯利率。

通货膨胀补偿率是指由于持续的通货膨胀会不断降低货币的实际购买力，为补偿其购买力损失而要求提高的利率。

风险收益率包括违约风险收益率、流动性风险收益率和期限风险收益率。其中，违约风险收益率是指为了弥补因债务人无法按时还本付息而带来的风险，由债权人要求提高的利率；流动性风险收益率是指为了弥补因债务人资产流动性不好而带来的风险，由债权人要求提高的利率；期限风险收益率是指为了弥补因偿债期长而带来的风险，由债权人要求提高的利率。

四、经济环境

经济环境是影响企业财务管理的各种经济因素，如经济周期、经济发展水平、通货膨胀状况、政府的经济政策等。

(一)经济周期

在市场经济条件下，经济发展通常带有一定的波动性，大体上经历复苏、繁荣、衰退、萧条几个阶段的循环，这种循环称为经济周期。

一般而言，在经济复苏阶段，社会购买力逐步提高，企业应及时确定合适的投资机会，开发新产品，采取扩大存货和放松信用的应收账款管理政策等理财策略，为企业今后的发展奠定基础。在经济繁荣阶段，市场需求旺盛，企业应采取扩张的策略，如扩大生产规模，增加投资，增添机器设备、存货和劳动力，企业应迅速筹集所需要的资金。在衰退阶段，企业应收缩规模，减少风险投资，投资无风险资产，以获得稳定的收益。在萧条阶段，企业应维持现有的规模，并设置新的投资标准，适当考虑一些低风险的投资机会。总之，面对周期性经济波动，企业必须预测经济变化情况，适当调整财务政策。

(二)经济发展水平

经济发展水平是一个相对概念，我们按照通常的标准把不同的国家分别归于发达国家、发展中国家和不发达国家三大群组，并以此来说明经济发展水平对财务管理的影响。

发达国家经历了较长时间的经济发展历程，资本的集中和垄断已达到了相当的程度，经济发展水平在世界处于领先地位，这些国家的财务管理水平比较高。

发展中国家的经济发展水平不是很高，其经济基础比较薄弱但发展速度比较快、经济政策变更频繁、国际交往日益增多。

不发达国家的经济发展水平很低，这些国家以农业为主要经济部门，工业特别是加工工业不是很发达，企业规模小、组织结构简单。

(三)通货膨胀状况

通货膨胀不仅降低了消费者的购买力，而且给企业理财带来了很大困难。通货膨胀对企业财务活动的影响通常表现在以下几个方面:(1)引起资金占用的大量增加,从而增加企业的资金需求;(2)引起企业的利润虚增;(3)引起利率上升,加大企业的资金成本;(4)引起有价证券价格下降;(5)引起资金供应紧张,增加企业的筹资困难。

企业对通货膨胀本身无能为力,只有政府才能控制通货膨胀的速度。鉴于上述因素,企业需要分析通货膨胀对资金成本的影响以及对投资报酬率的影响。为了实现预期的报酬率,企业应该调整收入和成本,同时,使用套期保值等办法尽量减少损失。

(四)政府的经济政策

政府具有调控宏观经济的职能,其制定的国民经济发展规划、国家产业政策、财税政策等,对企业的发展和财务活动的进行都有重大影响。一个国家的经济政策,如经济的发展计划、国家的产业政策、财政政策、金融政策、外汇政策、外贸政策、货币政策以及政府的行政法规等,对企业的理财活动都有重大影响。顺应经济政策的导向,会给企业带来一些经济利益,因此企业应该认真研究政府的经济政策,按照政策导向行事,这样就能兴利除弊。当然,由于政府的经济政策可能会因经济状况的变化而变化,因此企业在进行财务决策时,也要为这种变化留有余地,甚至预见到政策的变化趋势,这样会更好地实现企业的理财目标。

项目小结

⊙ 财务管理体制是指企业明确其内部各层级的财务权限、分清各层级的财务责任以及相关的权利和义务的约束机制。财务管理体制实质上是企业内部具有一定约束力的调节机制,其关键是各层级财务管理权限的合理配置。企业所采用的财务管理体制决定了其财务管理执行的效果、运行的模式等。因此。科学配置各层级财务管理权限,是明确各层级财务管理人员权利和义务、实现资源优化配置的前提条件。

⊙ 财务管理环境是指对企业财务活动产生影响的企业内外部条件。财务管理环境涉及的范围很广。其中最重要的是法律环境、金融环境和经济环境。了解企业所处的财务管理环境是财务管理工作的保障。

课后习题与实训

一、单项选择题

1. 下列影响企业财务管理的环境因素中,最为主要的是(　　)。

A. 经济体制环境　B. 财税环境　　C. 法律环境　　D. 金融环境

2. 集权型财务管理体制是(　　)高度集中的财务管理体制。

A. 财务管理权　　B. 财务控制权　　C. 财务分析权　　D. 财务监督权

3. 某企业内部的主要管理权限集中于企业总部,各所属单位执行企业总部的各项指令,该企业采取的财务管理体制是(　　)。

A. 集权型　　　　　　B. 分权型
C. 集权与分权相结合型　　　　　　D. 集权与分权相制约型

4. 有关财务管理体制的集权与分权的选择，下列说法中不正确的是（　　）。
A. 企业各所属单位之间业务联系越密切，就越有必要采用相对集中的财务管理体制
B. 需要考虑集中与分散的“成本”和“利益”差异
C. 较高的管理水平有助于企业更多地分散财权
D. 需要考虑企业与各所属单位之间的资本关系

二、多项选择题

1. 企业的理财环境包括（　　）。
A. 经济环境　　B. 金融环境　　C. 法律环境　　D. 财税环境

2. 集权与分权相结合模式的财务管理体制的特点有（　　）。
A. 各所属单位对日常经营活动具有较大的自主权
B. 各所属单位执行企业总部的各项指令
C. 对各所属单位在所有重大问题上的决策与处理实行高度集权
D. 各所属单位在人、财、物、供、产、销等方面有决定权

3. 我国的政策性银行包括（　　）。
A. 中国人民银行　　　　　　B. 国家开发银行
C. 中国农业发展银行　　　　　　D. 中国进出口银行

4. 金融工具的基本特征有（　　）。
A. 期限短　　B. 流动性　　C. 风险性　　D. 收益性

5. 在下列各项中，属于企业财务管理的金融环境内容的有（　　）。
A. 利息率　　B. 公司法　　C. 金融工具　　D. 税收法规

三、判断题

1. 集权与分权相结合型吸收了集权型和分权型财务管理体制的优点，避免了两者的缺点，从而具有较大的优越性。（　　）

2. 在集权与分权相结合型财务体制下，通常企业总部应做到制度统一、资金集中、信息集成和人员委派，因此在制度制定权、收益分配权等方面应实行集中管理。（　　）

3. 金融工具只体现持有人的权利，不涉及其他人的权利和义务。（　　）

四、案例分析

2017 年，荣威公司为加快新兴产业的发展，准备投资新建一个物流公司。为做好财务管理相关准备工作，公司总经理找财务部孙部长约谈如下：

第一，新成立的物流公司会面临什么样的财务管理环境？

第二，新成立的物流公司应建立什么样的财务管理体制？

第三，新成立的物流公司财务科应设置哪些主要工作岗位？

第四，新成立的物流公司财务科应承担哪些工作职责？

总经理要求财务部孙部长将上述材料以书面形式上报公司董事会。

课后阅读

韩国大宇集团的兴衰

大宇集团的创建人是集团公司董事长金宇中。1967 年金宇中 31 岁时创建了一个仅有 500 万韩元资产的小服装店，1968 年建成第一家纺织厂，1971 年大宇实业公司因开发新衬衫而开始向国外出口服装，并取得对美国出口的垄断权。创业者金宇中具有优秀企业家的许多特质。例如：金宇中是一个工作狂，他常说："我总是热衷于工作。如果发疯似地热衷于工作，就一定能开辟道路。"由于拼命工作，他就千方百计利用时间，早饭在上班的车内吃，胡子也是在车内刮。总经理会议在早晨举行，白天洽谈工作和生意。到海外出差时，利用时差昼夜工作。金宇中还是一个勇敢的开拓者，为了拓展事业，他相继收购和兼并了一些重化学工业公司。1973 年兼并东洋投资金融公司，1976 年收购韩国机械有限公司，1978 年收购玉浦造船厂，1982 年购并大宇开发有限公司，1986 年收购比利时石油精炼厂等。金宇中还把大宇办成韩国的跨国企业，成为韩国企业向海外扩展的先锋。大宇成为韩国首先向投资风险大的东欧国家和中亚国家进行投资的公司，大宇集团在波兰和乌兹别克斯坦建立独资和合资企业。金宇中以一生的精力，创造了大宇集团的辉煌业绩。大宇公司成为世界 500 强企业，成为拥有机械、汽车、造船、化学、家电、电子、贸易、金融等板块的大财阀企业，成为业务遍布亚洲、欧洲、非洲、美洲的世界性跨国公司。1997 年，美国《财富》杂志公布的全球 500 强企业排名中，大宇集团排名第十八位，销售额为 715 亿美元，资产总额为 448 亿美元。1996 年，没有人预测到 1997 年会发生亚洲金融危机。大宇集团作为一艘巨大的"航空母舰"仍在自己开辟的航道上乘风破浪，勇往直前。1996 年大宇集团在金宇中的领导下向世人展现了大宇 5 年内的目标和计划：

第一，至 2000 年，5 年内大宇的销售额增长 550%，达到 1 720 亿美元。其中，海外销售额包括出口及海外当地生产将达到 712.5 亿美元。为达到此目标，大宇将把目前仅有的 257 个海外办事处及生产销售者扩展到 650 个，组成庞大的全球性经营网络，具体包括 330 个贸易办事处、60 个建筑公司、100 个电子通讯办事处及 7 家生产工厂、80 个汽车办事处及法人、33 个重工业办事处及法人、47 个金融及其他法人等。

第二，至 2000 年的 5 年是大宇集团实施全球化目标的重要阶段。大宇集团计划在 2000 年把目前在亚洲及太平洋地区的办事处、法人及生产工厂从 104 个增加到 194 个。大宇计划在中国筹建 18 个办事处及生产工厂，经营电子、汽车、建筑、贸易及金融等；计划在缅甸兴办 8 家工厂，致力于轻工业及电子、铬镍钢业等；计划在东南亚和越南兴办电子及配件厂；计划在日本福冈发展第一产业产品的生产。在美洲地区，大宇集团将把当地工厂数量从 53 个增加到 126 个。大宇在美洲地区不仅销售电子、汽车，而且将把该地区视为世界贸易物资交流的中心地域。大宇正在准备扩大南美地区的电子及汽车市场；计划在中南美地区兴办电子及汽车生产工厂；在墨西哥进一步拓展家电工业园区，并加紧建设汽车及重工业生产工厂。

在欧洲及独联体国家，大宇集团已把在那里的生产厂家从 62 个增加到 180 个。大宇的计划目标是最终在全欧洲及独联体国家建成大宇集团的研究开发、生产、销售、贸易、金融等全套体系的经销网。在西欧，大宇致力于增加研究开发中心和生产厂家，进一步搞活汽车销售，建立广泛的售后服务体系；在东欧，大宇致力于收购当地现存企业，兴办金融机构；在独联体国家，大宇重点推进汽车生产及汽车和电子的销售。

在非洲及中东地区，大宇集团的经销网已从 38 个扩大到 150 个。在非洲，大宇主要活动在苏丹、阿尔及利亚、南非、尼日利亚、喀麦隆。大宇不仅通过贸易，而且利用非洲大陆的电子、建筑、汽车经销网，以便最终建成大宇在非洲的生产和销售网。大宇在中东地区重点兴办贸易、建设、电子、汽车经营业务。

从以上五年计划目标可看出，大宇集团要建成全球性跨国公司、一体化金融体系、世界级的经销商。金宇中花一生精力创造了大宇集团的辉煌。大宇集团下属有 41 家公司，1997 年底大宇约有 26 万名职工。金宇中本人不像其他韩国财阀那样，由创业者的儿子和兄弟担任有关企业的总经理，进行家族式经营，他基本上没有把自己的亲属安排到大宇集团的管理层中。他采用的是事业部制。在大宇集团内部，董事长金宇中至高无上、大权独揽，特别是有关开辟新事业、新领域、新项目、新市场的重大决策以及资金筹措的重大决策，最终都由金宇中一个人说了算，董事会和总裁都得听命于他，更不用说大宇集团公司的职能部门及各事业部的首脑以及下级公司的经理们。

大宇集团的辉煌业绩与金宇中董事长重视科技的投入有关、与他重视职工队伍的素质提高有关。1991 年大宇集团的科研投资是 213 百万美元，占销售额的 2.44%，1994 年达到 640 百万美元，占总销售额的 3.89%。科研人员从 1994 年的 6 892 人增加到 1999 年的 16 840 人，增加率为 144%。

1997 年亚洲爆发了金融危机。外国银行和机构投资者开始撤走资金。大宇集团的筹资状况趋向恶化。在过去宏观经济景气的条件下，韩国国内金融机构大量借入海外资金，并把这些资金贷给像大宇这样的财阀企业。大宇集团出现了资本结构放大的投资收益率。但是金融危机爆发以后，大宇集团的高负债率造成了巨额债务负担，盈利的减少又造成股价的下降，投资遭受巨大的打击。为了渡过难关，大宇集团决定把下属公司从 41 家裁减到 12 家，以实现重建大宇。但是，到 1999 年 8 月，大宇集团的 12 家公司的负债额超过了 86 万亿韩元（大约 800 韩元兑换 1 美元），而全部资产不足 25 万亿韩元。由于资不抵债，回天无力，自主重建大宇计划未能实现。1999 年 11 月，金宇中董事长决定辞职。大宇下属的 12 家公司的总经理也全部辞职。大宇集团的问题交给债权银行和政府来处理。至此，大宇集团这艘被誉为“不沉的航空母舰”开始沉没，金宇中一生构筑的大宇集团发展神话彻底破灭和终结。

为处理大宇集团的善后事宜，韩国政府采取使大宇慢慢解体的办法。如果大宇集团下属公司相继破产，则不仅韩国，而且外国银行的债权都会成为不良债权，这样可能会造成金融动荡。

可以这样断言：作为韩国企业发展的典型代表之一的大宇集团的兴衰，是象征韩国式财阀经济和垄断式管理开始反思和转变的重大事件。

（资料来源：https://wenku.baidu.com/view/0b3bfc83bceb19e8b8f6baf6.html?sxts=1540701617062）

项目三　财务管理的价值观

知识导航

- 财务管理的价值观
  - 任务一　资金时间价值观的认知和应用
    - 资金时间价值观的认知
    - 资金时间价值观的应用
  - 任务二　风险与报酬的计量和应用
    - 风险的概念和类型
    - 风险报酬
    - 风险的计量与应用
    - 风险控制和风险偏好

资源宝库

学习目标

⊙ 知识目标：

理解资金时间价值的含义；掌握复利终值、复利现值、年金终值与年金现值的计算；了解风险与收益的含义；掌握风险的计量方法。

⊙ 能力目标：

能够运用资金的时间价值观念考虑各种财务问题；能够用资金时间价值的计算解决各种具体财务问题；能够用风险价值观念对企业经济活动的风险与收益进行计算、分析与评价。

案例导入

张律师的选择

张律师是法律方面的专家，甲公司想聘用张律师作为公司的法律顾问，负责公司法律方面的问题。甲公司开出的聘用条件如下：(1)每个月来公司指导工作 10 天；(2)每年薪金 20 万元；(3)无偿给予当地住房一套，价值 60 万元；(4)在公司至少工作 8 年。

张律师对这份工作很感兴趣，决定接受聘请。但他不想要住房，因为每月只需要来公司 10 天，只需要住酒店就可以了，因此他向公司提出，能否将住房改为住房补贴。公司研究了张律师的请求，决定在未来8年内每年年初向张律师支付12万元住房补贴。收到公司通知后，张律师又犹豫起来，因为如果向公司要住房，期满后可以将其出售，扣除税费和手续费后，考虑住房升值因素，预计可以获得80万元；而若接受房贴，则每年年初可获得12万元。假设每年存款利率为5%，则张律师应该如何选择？

通过上述案例，让你对资金时间价值有一个初步的认识和了解；结合本章内容，让你进一步掌握资金时间价值和风险报酬的理念。

任务一　资金时间价值观的认知和应用

如果你的朋友昨天找你借了10 000元，你是希望他现在归还还是一年后或更长时间以后再归还呢？相信大多数人都会说越早越好。这是为什么呢，因为不同时点上的资金具有不同的价值，现在的1元钱比将来的1元钱更值钱。同样地，企业的资金投到生产经营中，随着生产过程的不断进行，资金也不断运动，会形成新的价值，使资金得以增值。因此，一定量的资金投入生产流通环节，会取得一定的利润和利息，从而产生资金的时间价值。

一、资金时间价值观的认知

(一)资金时间价值的概念

资金的时间价值也称为货币的时间价值，是指一定数量的资金在不同时点上所体现的价值差额，即资金在生产流通过程中随着时间的推移而发生价值增值，时间越长，增值越多。纵观企业的发展，资金在投入、运用和收回等环节中，相同数量的资金在不同时点上的价值是不同的，形成了资金的价值差额，表现为资金时间价值。资金时间价值通常相当于没有风险和没有通货膨胀情况下的社会平均利润率。

(二)资金时间价值的表现形式

资金的时间价值有两种表现形式：一种是用绝对数来表示，即利息；一种是用相对数来表示，即利息率。实务中，为了方便比较，一般用相对数(利率)表示。资金时间价值与金融市场中的利率是有差异的，因为利率是市场供求双方交易的结果，利率中不仅包含了资金时间价值，而且包含着风险价值和通货膨胀补偿等因素，而资金的时间价值则不包含风险和通货膨胀因素，只要有商品的生产与流通，资金就有时间价值，它是利润平均作用的结果。资金的时间价值实际上是没有风险和没有通货膨胀条件下的社会平均资金利润率，是企业资金利润率的最低限度，也是使用资金的最低成本率。实务中，如果通货膨胀率很低，可以将一年期国债的利率视作资金的时间价值。

动画微课

二、资金时间价值观的应用

由于资金在不同时点上具有不同的价值，不同时点上的资金就不能直接比较，必须换算

名师精讲

到相同的时点上，才能进行比较。资金时间价值的计算涉及两个重要的概念：一个是现值，另一个是终值。现值，也称本金，通常用 P 来表示，是指未来某一个时点上的一定量资金折算到现在所对应的金额。终值，也称将来值或本利和，通常用 F 来表示，是指现在一定量的资金折算到未来某一时点所对应的金额。现值和终值对应的时点之间可以划分为 n 期（$n \geq 1$），相当于计息期。资金时间价值的计算包括一次性收付款项与非一次性收付款项（年金）终值和现值的计算。

（一）一次性收付款项的现值和终值的计算

一次性收付款项，是指在某一特定时点上一次性支出或收入，经过一段时间后又一次性收回或支出的款项。如现在将一笔 8 000 元的现金存入银行，年利率 3%（按单利计算），3 年后一次性取出本利和 8 720 元。其中，8 000 元是现值（本金），8 720 元是终值（本利和或将来值）。

一次性收付款项的现值和终值的计算，与利息的计算方法有关，而利息的计算方法有单利和复利两种，因此，终值和现值的计算也分为复利和单利。在实务中，一般采用复利进行计算。

1. 单利的现值和终值计算

单利，是指只对本金计算利息，利息部分不再计息，通常用 P 表示本金，F 表示本利和，i 表示利率（贴现率、折现率），n 表示利息计息期数，I 表示利息。

（1）单利计息方式下利息的计算。计算公式为：

$$I=P\times i\times n$$

（2）单利终值的计算。单利终值的计算公式为：

$$F=P\times(1+i\times n)$$

其中，F 表示终值，$(1+i\times n)$ 为单利终值系数。

（3）单利现值的计算。单利现值的计算公式为：

$$P=\frac{F}{1+n\times i}$$

其中，$\frac{1}{1+n\times i}$ 为单利现值系数。

例题精讲

【例 3—1】 2018 年 1 月 1 日，小明希望 5 年后获得 100 000 元本利和，假设银行利率为 5%（单利计息），请问小明现在应该存多少钱到银行？

解：$P=F/(1+i\times n)$

$=100\ 000\div(1+5\%\times 5)=80\ 000$（元）

【例 3—2】 2018 年 1 月 1 日，张大爷将一笔 5 000 元的现金存入银行，假设银行存款的利率为 5%（单利计息），不考虑其他因素，2019 年 1 月 1 日、2020 年 1 月 1 日该存款的利息与终值分别是多少？

解：$I_1=P\times i\times n=5\ 000\times 5\%\times 1=250$（元）

$I_2=P\times i\times n=5\ 000\times 5\%\times 2=500$（元）

$F_1=P\times(1+i\times n)=5\ 000\times(1+5\%\times 1)=5\ 250$（元）

$F_2=P\times(1+i\times n)=5\ 000\times(1+5\%\times 2)=5\ 500$（元）

注意：在单利计息条件下，只对本金计算利息，不对利息再计算利息，由例3－2可以得到验证。此外，如无特别说明，本书所给利率均为年利率。

2. 复利现值和终值的计算

复利，是指不仅要对本金计算利息，而且要对本金所产生的利息计算利息，俗称“利滚利”。复利的计算同样涉及利息的计息期。所谓计息期，是指相邻两次计息的间隔，如年、月、日等。除非特别说明，计息期一般为1年。

（1）复利终值，是指一定数量的本金按照复利计算，经过若干年后的本金与利息之和。复利终值的计算公式如下：

$$F=P\times(1+i)^n$$

其中，$(1+i)^n$ 称为“复利终值系数”或“1元复利终值系数”，记作 $(F/P,i,n)$；n 为计息期。复利终值系数的对应数值可以通过查阅复利终值系数表获得。

例题精讲

【例3－3】 2018年1月1日，张大爷将5 000元存入银行，假设银行存款年利率为5%（复利计息），不考虑其他因素。

要求：分别计算2019年1月1日、2020年1月1日张大爷存款的本金与利息之和。

解：2019年1月1日的本金与利息之和的计算为：

$F=P\times(1+i)^1$

$=5\ 000\times(F/P,5\%,1)$

$=5\ 000\times 1.050\ 0=5\ 250$（元）

2020年1月1日的本金与利息之和的计算为：

$F=P\times(1+i)^2$

$=5\ 000\times(F/P,5\%,2)$

$=5\ 000\times 1.1025=5\ 512.5$（元）

注意：以上计算中 $(F/P,5\%,2)$ 表示年利率为5%、期限为2年的复利终值系数，在复利终值系数表上，我们可以从横行中找到利息5%，从纵列中找到期数2年，纵横相交处，可查到 $(F/P,5\%,2)$ 的数值为1.102 5。该系数表明，在年利率为5%的条件下，现在的1元与2年后的1.102 5元相等。

小思考

张大爷同样存5 000元到银行，为什么1年后、2年后采用单利和复利计算的本息和不同？

(2)复利现值，是指在未来某一特定时点上取得或支出一定数量的资金，按复利折算到现在时点上的金额。

复利现值的计算公式为：

$$P=F\div(1+i)^n=F\times(1+i)^{-n}$$

其中，$(1+i)^{-n}$ 称为“复利现值系数”或“1 元复利现值系数”，记作$(P/F,i,n)$，复利现值系数的对应数值可以通过查阅复利现值系数表获得。

例题精讲

【例 3—4】 小明希望 3 年后能获得 10 000 元，假设银行利率为 5%(复利计息)，请问小明现在应该存多少资金到银行？

解：$P = F\times(1+i)^{-n}$

$=F\times(P/F,5\%,3)$

$=10\ 000\times0.863\ 8$

$=8\ 638$(元)

其中，$(P/F,5\%,3)$表示年利率为 5%、期限为 3 年的复利现值系数。在复利现值系数表上，从横行中找到利率 5%，从纵列中找到期限 3 年，两者相交处，可查到$(P/F,5\%,3)$的数值为 0.863 8。该系数表明，在年利率为 5%的条件下，3 年后的 1 元与现在的 0.863 8 元相等。

(3)复利利息，是指在复利计息方法下计算一定会计期间取得或支出一定数量的资金所对应的利息数额。

复利计息条件下的利息计算公式为：

$$I=F-P$$

例题精讲

【例 3—5】 小明希望 3 年后获得 10 000 元，现在存入银行 8 638 元，假设银行利率为 5%(复利计息)，请问小明把钱存入银行 3 年获得了多少利息？

解：$I = F-P$

$=10\ 000-8\ 638$

$=1\ 362$(元)

(二)非一次性收付款项的终值和现值的计算

非一次性收付款项，是指在一定期间内资金不是一次性收到或支付，而是经过多次等额或者不等额收到或支付的款项。其中，在一定时期内，每隔相同的时间，收入或支出相同金额的系列款项称为年金。

在企业生产经营过程中，经常会出现间隔相同的时间长度，收入或支出相同金额的系列款项的情况，如折旧、租金、等额分期付款、养老金、保险费、零存整取等，这些都属于年金问题。年金具有连续性和等额性特点。连续性要求在一段时间内，间隔相等时间就要发生一次收支业务，中间不得中断，必须形成系列。等额性要求每期收、付款项的金额必须相等。

年金根据每次收付发生的时点不同，可分为普通年金、预付年金、递延年金和永续年金 4 种。需要注意的是，在财务管理中提到的年金，一般是指普通年金。

1. 普通年金的计算

普通年金，是指在一定时期内，每期期末等额收付的系列款项。每一间隔期，有期初和期末两个时点，由于普通年金是在期末这个时点上发生收付的，又称后付年金。普通年金是年金的最基本形式。

(1)普通年金终值的计算。普通年金终值，是指每期期末收到或支付相等金额的款项，在复利计息方式下，到最后一期期末所得的本利和。每期期末收到或支付的款项用 A 表示，利率用 i 表示，计算期用 n 表示，终值用 F_A 表示。那么，每期期末收到或支付的款项，折算到第 n 年年末的终值如图 3—1 所示。

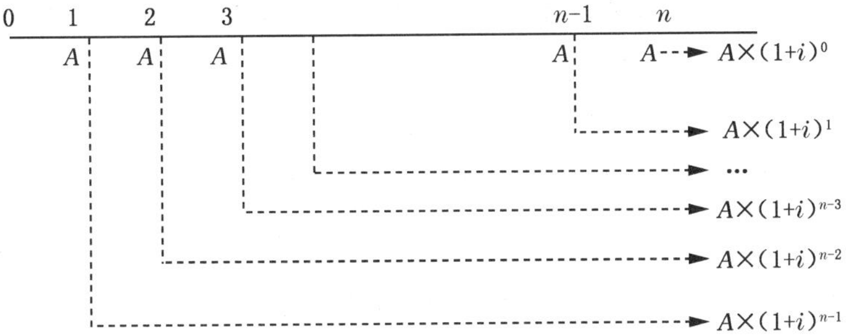

图 3—1　普通年金终值计算示意图

由图 3—1 可知，第 n 年的年金终值为：

$$F_A = A\times(1+i)^0 + A\times(1+i)^1 + \cdots + A\times(1+i)^{n-3} + A\times(1+i)^{n-2} + A\times(1+i)^{n-1}$$

经过公式推导可得：

$$F_A = A\times[(1+i)^n - 1]\div i = A\times\frac{(1+i)^n - 1}{i}$$

其中，$\frac{(1+i)^n-1}{i}$称为“年金终值系数”或“1 元年金终值”，记作$(F/A, i, n)$；表示年金为 1 元、利率为 i、经过 n 期的年金终值是多少，年金终值系数可以查看年金终值系数表。

例题精讲

【例 3—6】 张三连续 3 年每年年末存入银行 10 000 元，利率为 5%，不考虑其他因素。要求：计算第三年年末的本利和是多少。

解：$F_A = A\times(F/A, 5\%, 3)$

$= 10\ 000\times3.152\ 5$

$= 31\ 525$(元)

(2)年偿债基金的计算。年偿债基金是指为了使年金终值达到既定金额，每年年末应收或应付的年金数额。比如,企业为了在约定的未来某一时点清偿某笔债务或者积累一定数额的资本而必须分次等额形成的存款准备金。其实,也就是已知年金终值 F,求年金 A。所以,偿债基金的计算实际上是年金终值的逆运算。其计算公式如下:

$$A=F_A\times\frac{i}{(1+i)^n-1}$$

其中,$\frac{i}{(1+i)^n-1}$称作"偿债基金系数",记作$(A/F,i,n)$,可查看偿债基金系数表,也可以根据年金终值系数的倒数来得到,即$(A/F,i,n)=1/(F/A,i,n)$。

例题精讲

【例 3—7】 张三在 5 年后要偿还一笔 100 000 元的债务,假设银行利率为 5%。

要求:计算张三为归还这笔债务,从现在开始,每年年末应该存多少钱到银行。

解:$A = F_A\times(A/F,i,n)=100\ 000\times(A/F,5\%,5)$

$=100\ 000\times[1/(F/A,5\%,5)]$

$=100\ 000\times1/5.525\ 6$

$=18\ 097.58$(元)

(3)普通年金现值的计算。普通年金现值,是指一定时期内每期期末等额收付款项的复利现值之和。实际上是为了在每期期末取得或支出相等金额的款项,现在需要一次投入或借入多少金额,年金现值用 P_A 表示,普通年金现值如图 3—2 所示。

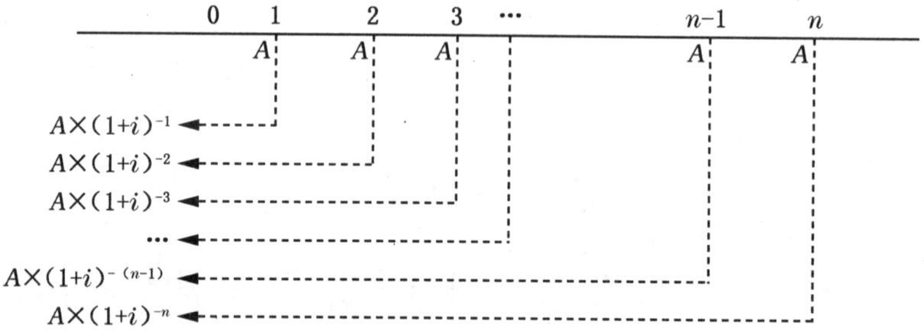

图 3—2 普通年金现值计算示意图

由图 3—2 可知,n 年的年金现值之和为:

$$P_A=A\times(1+i)^{-1}+A\times(1+i)^{-2}+A\times(1+i)^{-3}+\cdots+A\times(1+i)^{-(n-1)}+A\times(1+i)^{-n}$$

经过公式推导可得:

$$P_A=A\times\frac{1-(1+i)^{-n}}{i}$$

其中,$\frac{1-(1+i)^{-n}}{i}$称为"年金现值系数"或"1 元年金现值系数",记作$(P/A,i,n)$,表示年金 1 元、利率为 i、经过 n 期的年金现值是多少,可查年金现值系数表得到数据。

例题精讲

【例 3-8】 张三希望每年年末取得 20 000 元，连续 5 年，银行利率为 5%，不考虑其他因素。要求：计算第一年年初应一次存入银行多少钱。

解：$P_A = A\times(P/A,i,n)$

$= 20\ 000\times(P/A,5\%,5)$

$= 20\ 000\times 4.329\ 5$

$= 86\ 590$（元）

(4)年资本回收额的计算。年资本回收额是指在约定年限内等额回收初始投入资本或清偿所欠债务的金额。其实，年资本回收额的计算是已知普通年金的现值 P，求年金 A，是普通年金现值的逆运算。计算公式如下：

$$A = P_A\times\frac{i}{1-(1+i)^{-n}}$$

其中，$\frac{i}{1-(1+i)^{-n}}$称作“资本回收系数”，记作$(A/P,i,n)$，既可查表得到，也可以利用年金现值系数的倒数来得到。

例题精讲

【例 3-9】 李四按揭购买一套商品房，贷款金额 300 000 元，准备在未来 20 年内的每年年末等额偿还，假设银行贷款利率为 5%。要求：计算李四每年应归还多少元。

解：$A = P_A\times(A/P,i,n)$

$= 300\ 000\times(A/P,5\%,20) = 300\ 000\times[1/(P/A,5\%,20)]$

$= 300\ 000\times 1/12.462\ 2$

$= 24\ 072.80$（元）

2. 预付年金的计算

预付年金，是指在每期期初收入或支付相等金额的系列款项，也称先付年金或即付年金。预付年金与普通年金的区别在于收付款的时点不同，普通年金在每期的期末收付款项，而预付年金在每期的期初收付款项。

(1)预付年金终值的计算。

预付年金终值是指每期期初收付款项的复利终值之和，年金终值用 F_A 来表示。n 期的预付年金与 n 期的普通年金相比，其收付款项次数是一样的，只是收付款时点不一样。在计算年金终值时，预付年金比普通年金多计算一年的利息。因此，在普通年金终值的基础上，乘上$(1+i)$便可计算出预付年金的终值。

预付年金的终值由图 3-1 可知，第 n 年的年金终值为：

$$F_A = A\times(1+i)^1 + A\times(1+i)^2 + \cdots + A\times(1+i)^{n-3} + A\times(1+i)^{n-2} + A\times(1+i)^{n-1} + A\times(1+i)^n$$

经推导可得：

$$F_A = A\times\frac{(1+i)^n-1}{i}\times(1+i)=A\times\left[\frac{(1+i)^{n+1}-1}{i}-1\right]$$

其中，$\left[\frac{(1+i)^{n+1}-1}{i}-1\right]$称“预付年金终值系数”，记作$[(F/A,i,n+1)-1]$，可利用普通年金终值系数表查得$(n+1)$期的值，然后减去1，便可得到预付年金的终值系数。

例题精讲

【例3—10】 李四连续5年每年年初存入银行1 000元，利率为5%，不考虑其他因素。要求：计算第五年年末的本利和。

解：$F_A=A\times[(F/A,i,n+1)-1]$

$=1\ 000\times[(F/A,5\%,5+1)-1]$

$=1\ 000\times(6.801\ 9-1)$

$=5\ 801.9$(元)

(2)预付年金现值的计算。

预付年金现值是指一定时期内每期期初等额收付款项的复利现值之和。实际上就是指为了在每期期初取得或支付相等金额的款项，现在需要一次投入或借入多少金额，年金现值用P_A表示。

n期的预付年金与n期的普通年金相比，其收付款项次数是一样的，只是收付款时点不一样，n期预付年金比n期普通年金多折现一年。所以，在n期普通年金现值的基础上乘以$(1+i)$，便可求出n期预付现金的现值。即：

$$P_A=A\times\frac{1-(1+i)^{-n}}{i}\times(1+i)=A\times\left[\frac{1-(1+i)^{-(n-1)}}{i}+1\right]$$

其中，$\left[\frac{1-(1+i)^{-(n-1)}}{i}+1\right]$称作“预付年金现值系数”，记作$[(P/A,i,n-1)+1]$，可利用普通年金现值系数表查得$(n-1)$期的值，然后加上1，就可得到预付年金现值系数。

例题精讲

【例3—11】 李四希望每年年初取得200 000元，连续取5年，银行利率为5%，不考虑其他因素。要求：计算第一年年初李四应一次存入银行多少钱。

解：$P_A=A\times[(P/A,i,n-1)+1]$

$=200\ 000\times[(P/A,5\%,5-1)+1]$

$=200\ 000\times(3.546\ 0+1)$

$=909\ 200$(元)

3. 递延年金的计算

递延年金，是指第一次收付款项发生在第二期或第二期以后的年金，它是普通年金的特殊形式。因此，凡是不在第一期开始收付的年金，即称为递延年金。递延年金与普通年金对比如图 3—3 所示。

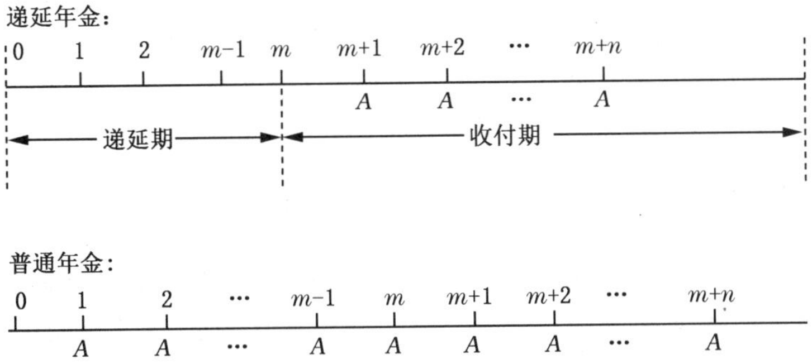

图 3—3　递延年金与普通年金对比

由图 3—3 可知，递延年金的第一次年金收付没有发生在第一期，而是隔了 m 期（这 m 期就是递延期），在第 $m+1$ 期的期末才发生第一次收付，并且在以后的 n 期内，每期期末均发生等额的现金收支。与普通年金相比，尽管期限一样，都是 $(m+n)$ 期，但普通年金在 $(m+n)$ 期内，每个期末都要发生收付，而递延年金在 $(m+n)$ 期内，只在后 n 期发生等额收支，前 m 期无收支发生。

(1)递延年金终值的计算。

从图 3—3 可以看出，递延年金终值与递延期数无关。所以，递延年金终值的计算方法与普通年金终值相同，即递延年金终值只与年金支付了多少期有关。

$$F_A = A\times(F/A,i,n)$$

其中，n 表示的是年金 A 的个数，与递延期无关。

例题精讲

【例 3—12】　红星公司在年初投资一个种植园项目，估计从第三年开始至第八年，每年年末可得收益 2 000 万元，年利率为 5%，不考虑其他因素。要求：计算该种植园项目收益的终值。

解：$F_A = A\times(F/A,i,n)$

$= 2\ 000\times(F/A,5\%,6)$

$= 2\ 000\times6.801\ 9$

$= 13\ 603.8$（万元）

(2)递延年金现值的计算。

递延年金现值可用三种方法来计算，分别为：

第一种方法：假设递延期也有年金收支，把递延年金视为 $(m+n)$ 期的普通年金，算出 $(m+n)$ 期的年金现值，再减去递延期 (m) 的年金现值。

$$P_A = A\times[(P/A,i,m+n)-(P/A,i,m)]$$

第二种方法：先算出递延年金的终值，再将终值通过复利现值系数换算到第一期期初，即可求得递延年金的现值。前者按普通年金终值(n)计算,后者按复利现值($m+n$)计算。

$$P_A = A \times (F/A, i, n) \times (P/F, i, m+n)$$

第三种方法:把递延年金视为 n 期的普通年金,求出年金在递延期期末 m 点的现值,再将 m 点的现值通过复利现值系数计算调整到第一期期初。

$$P_A = A \times (P/A, i, n) \times (P/F, i, m)$$

例题精讲

【例 3—13】 红星公司年初投资了一个工程项目,预计从第五年开始到第十年,每年年末可取得 20 万元收益,年利率为 5%,不考虑其他因素。要求:计算红星公司年初应该投入多少钱。

解:方法一:
$$\begin{aligned} P_A &= A \times [(P/A, i, m+n) - (P/A, i, m)] \\ &= 20 \times [(P/A, 5\%, 10) - (P/A, 5\%, 4)] \\ &= 20 \times (7.721\,7 - 3.546\,0) \\ &= 83.52(\text{万元}) \end{aligned}$$

方法二:
$$\begin{aligned} P_A &= A \times (F/A, i, n) \times (P/F, i, m+n) \\ &= 20 \times (F/A, 5\%, 6) \times (P/F, 5\%, 10) \\ &= 20 \times 6.801\,9 \times 0.613\,9 \\ &= 83.52(\text{万元}) \end{aligned}$$

方法三:
$$\begin{aligned} P_A &= A \times (P/A, i, n) \times (P/F, i, m) \\ &= 20 \times (P/A, 5\%, 6) \times (P/F, 5\%, 4) \\ &= 20 \times 5.075\,7 \times 0.822\,7 \\ &= 83.52(\text{万元}) \end{aligned}$$

4. 永续年金的计算

永续年金,是指无限期地收入或支付相等金额的年金,也称永久年金,它是普通年金的一种特殊形式。在实务中,无限期债券、优先股股利、奖励基金等都属于永续年金。由于永续年金的期限趋于无限长,没有终止时间,因此永续年金没有终值,只有现值。永续年金的现值计算公式为:

$$P_A = A \times \frac{1-(1+i)^n}{i} = \frac{A}{i}$$

当 $n \to +\infty$ 时,$(1+i)^{-n} \to 0$,P_A 趋于$\frac{A}{i}$。

例题精讲

【例 3—14】 华光公司计划建立一项永久性希望工程基金,计划每年拿出 300 万元来帮助山区的贫困儿童,年利率为 4%,不考虑其他因素。要求:计算华光公司现在应该投入多少钱。

解：$P_A = \frac{A}{i} = \frac{300}{4\%} = 7\ 500$（万元）

（三）利率的计算

1. 名义利率和实际利率

前面的复利计算中，所涉及的利率均假设为年利率，但是在实际工作中，有些利息是一年计算一次，有些利息是一年计算很多次。在一般的利息计算中，所涉及的利率均假设为年利率，每年只复利一次，但是，在特殊业务中，复利的计算期不一定是一年，有可能是半年、一个季度、一个月甚至是一天复利一次。因此，在计算利息时，应当区分名义利率和实际利率。

名义利率，是指利息在一年内要复利几次时给出的年利率，用 r 表示。根据名义利率计算出的每年复利几次的年利率称为实际利率，用 i 表示，是按照复利计算的年利息与本金的比值。

实际利率计算公式为：

$$i=\left(1+\frac{r}{m}\right)^{m}-1$$

例 题 精 讲

【例 3—15】 张三于 2018 年 1 月 1 日存入银行 20 000 元，假设年利率为 5%，每季度复利一次，不考虑其他因素。要求：计算 2020 年 1 月 1 日的本息和。

解：将名义利率折算成实际利率：

$$i=\left(1+\frac{r}{m}\right)^{m}-1=\left(1+\frac{5\%}{4}\right)^{4}-1=5.09\%$$

一年内多次复利的本金与利息之和的计算为：

方法 1：先计算实际利率 $\left(1+\frac{r}{m}\right)^{m}-1$；然后直接将实际利率代入复利终值的计算公式 $F=P\times(1+i)^n$，就可以计算出一定数额的资金经过一定会计期间后的本息和，则：

$$\begin{aligned}F=P\times(1+i)^n &=20\ 000\times(1+5.09\%)^2\\ &=22\ 087.82（元）\end{aligned}$$

方法 2：将已知的年利率 r 换算成期利率 $\frac{r}{m}$，期数变成 $m\times n$，然后运用公式 $F=P\times\left(1+\frac{r}{m}\right)^{m\times n}$ 计算出一定数额的资金经过一定会计期间后的本息和。

注意：上述公式中的 m 为每年复利的次数，n 为计息的年数，则：

$$\begin{aligned}F=P\times(1+r\div m)^{m\times n} &=20\ 000\times(1+5\%\div 4)^{2\times 4}\\ &=20\ 000\times(1+0.012\ 5)^{8}\\ &=22\ 089.72（元）\end{aligned}$$

2. 内插法

在复利计息方式下，利率与现值（或者终值）系数之间存在一定的数量关系，已知现值

(或终值)系数,可以通过内插法计算对应的利率。公式为:

$$\boldsymbol{i=i_1+(B-B_1)\times(i_2-i_1)/(B_2-B_1)}$$

上式中,i 代表所求利率;B 为 i 所对应的现值(或者终值)系数,B_1、B_2 为现值(或终值)系数表中与 B 相邻的两个系数,i_1、i_2 为 B_1、B_2 对应的利率。

例 题 精 讲

【例 3—16】 张先生因下岗得到了 6 万元的一次性补贴,决定将其存入银行,继续找工作。他计算了一下,如果 20 年后,这笔款项连本带利能达到 30 万元的话,就可以基本解决自己的养老问题。请问:银行存款的年利率最少为多少时,才能实现张先生的愿望?

解:$60\ 000\times(F/P,i,20)=300\ 000$

$(F/P,i,20)=5$

可采用逐次测试法(也称为试误法)测算:

当 $i=8\%$时,$(1+8\%)^{20}=4.661$

当 $i=9\%$时,$(1+9\%)^{20}=5.504$

由此可见,只有当银行存款的年利率大于 8%时,张先生的愿望才有可能实现,可以通过内插法进一步计算:

$$i=i_1+(B-B_1)\times(i_2-i_1)/(B_2-B_1)$$

$$=8\%+(5-4.661)\times(9\%-8\%)/(5.604-4.661)=8.359\%$$

即当银行存款年利率为 8.359%时,张先生的愿望才能实现。

此外,在已知现值(或者终值)系数以及期数 n 的情况下,可以通过查相应现值(或终值)系数表,找出与已知系数最接近的两个系数及其对应利率,然后通过内插法计算利率。如例 3—16 中内插法的应用,已知该复利终值系数为 5,期数为 20,则可通过查复利终值系数表,在 $n=20$ 一行中寻找 5 或与其最接近的系数,发现对应利率为 8%一列的系数为 4.6610,而对应利率为 9%一列的系数为 5.6044。那么,意味着系数为 5 所对应的利率应该为 8%～9%,然后可以通过内插法计算求得。

任务二 风险与报酬的计量和应用

一、风险的概念和类型

(一)风险的概念

风险,是指在特定条件下和特定时期内,执行某一项活动具有多种可能,但其结果具有不确定性。风险产生的原因是由于缺乏信息和决策者不能控制未来事物的发展过程而引起的。风险具有多样性和不确定性,对于风险,可以事先估计可能出现的各种结果,以及每种结果出现的可能性大小,但无法确定最终结果。

在企业的财务活动中,普遍存在着风险,风险是客观的、广泛的,并影响着企业的财务目标。由于企业的财务活动经常是在有风险的情况下进行的，各种难以预料和无法控制的因素可能使企业面临风险，从而可能蒙受损失，但是风险只是有损失的可能，或潜在的损失，不等于损失。风险不仅可能带来损失，而且可能带来预期收益。实务中，如果只有损失没有收益，就没人愿意去冒风险，企业冒着风险投资的最终目的是为了得到额外收益。因此，风险不仅可能带来潜在的损失，还可能带来预期的收益。

(二)风险的类型

在风险管理中，根据风险的特征不同进行分类。一般地，按风险是否可以分散，把风险分为系统风险和非系统风险。

1. 系统风险

系统风险也称市场风险或不可分散风险，是指在一定时期内影响到市场上所有企业的风险。系统风险是由企业外部的某一个因素或多个因素引起的，单个企业无法通过管理手段与投资组合进行分散，涉及市场上所有的投资对象。比如政局动荡、战争、自然灾害、利率的变化和经济周期的变化等，这些都属于系统风险，对此企业无法控制、无法分散。

2. 非系统风险

非系统风险又称企业特有风险或可分散风险，是指在一定时期内影响到市场上个别企业的风险。非系统风险实际上是因为某个影响因素或事件造成的只影响个别企业的风险。非系统风险是随机发生的，只与个别企业和个别项目决策有关。因此，非系统风险可以通过管理手段、投资组合等进行分散。例如，技术研发失败、产品开发失败、销售额减少、工人罢工、诉讼失败等。非系统风险根据风险形成的原因不同，可以进一步分为经营风险和财务风险。

(1)经营风险。

经营风险又称商业风险，是指由于企业所处的生产经营条件发生变化，从而对企业预期收益带来的不确定性。经营风险的产生可能来自企业内部条件的变化，如管理观念改变、决策层思维改变、执行过程的偏差、员工不满导致的道德风险等；也可能来自企业外部条件的变化，如顾客购买偏好发生变化、竞争对手增加、政策变化等。由于企业所处的内部和外部条件发生变化，使企业在生产经营上面临不确定性，从而导致收益的不确定。因此，企业应当加强经营管理，提高风险的预测能力，尽可能降低经营风险。

(2)财务风险。

财务风险又称筹资风险，是指由于企业负债经营，从而给企业未来财务成果带来的不确定性。企业负债经营，一方面可以解决其资金短缺，为企业扩张提供资金保障，提高自有资金的获利能力，获得财务杠杆效应；但是，另一方面负债经营改变了企业原有的资金结构，带来固定的利息负担和还本压力，也给企业资金周转带来压力。另外，负债经营所获得的利润是否大于支付的利息额，具有不确定性。在负债经营中，资产负债率高，企业的负担就重，财务风险就会增加；资产负债率低，企业的负担就轻，财务风险就会降低。因此，必须保持合理的负债规模，既能提高资金获利能力，又能防止财务风险加大。

二、风险报酬

(一)风险报酬的含义

风险报酬又称风险价值，是指投资者冒着风险进行投资而获得的超过货币时间价值的那部分额外收益，是对投资者冒风险的一种价值补偿。

企业活动总是在有风险的情况下进行的，企业在风险环境中开展财务活动和经营管理活动，不同的决策者有不同的出发点，有的决策者力求规避风险，有的决策者敢于冒风险。决策者冒着风险投资，是为了获得更高的报酬，冒的风险越大，要求的报酬就越高；反之，冒的风险越小，要求的报酬就越低。实践证明，风险与报酬之间存在密切的对应关系，一般，高风险的项目必有高报酬，低风险的项目必然低报酬。

(二)风险报酬的计算

风险报酬的表现形式有两种：一种是风险报酬额，另一种是风险报酬率。在实务中，一般用风险报酬率来表示。如果不考虑通货膨胀，决策者投资到风险项目所希望获得的投资报酬率是无风险报酬率与风险报酬率之和。

投资报酬率的计算公式为：

投资报酬率(*ROI*)＝无风险报酬率＋风险报酬率

其中，无风险报酬率是在没有风险条件下的资金时间价值，是决策者投资某一项目，一定能够实现的报酬，可用政府债券利率或存款利率表示。风险报酬率是决策者进行风险项目投资获得超过资金时间价值的额外收益。风险报酬率与风险项目的风险程度和风险报酬斜率的大小有关，并成正比关系。风险报酬斜率可根据历史资料用高低点法、直线回归法或由企业管理人员根据经验确定。

风险报酬率＝风险报酬斜率×风险程度

投资报酬率如图 3—4 所示。

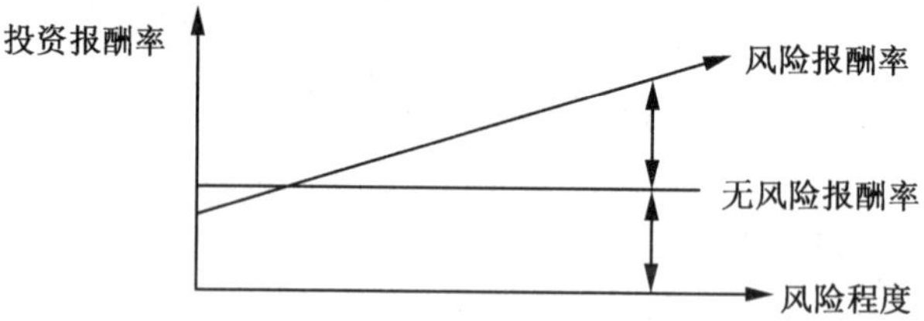

图 3—4 投资报酬率

例题精讲

【例 3—17】 华光公司进行一项风险投资，该项目的风险报酬率为 12%。资金的时间价值为 3%，不考虑通货膨胀因素。要求：计算投资报酬率。

解：投资报酬率＝无风险报酬率＋风险报酬率

＝3%＋12%＝15%

华光公司该风险投资项目的投资报酬率为 15%。

三、风险的计量与应用

在市场环境中，风险是客观存在的。在财务管理中，风险决策是很重要的，既要充分认识到风险的普遍性和客观性，又要尽量避免风险，降低风险程度。因此，在财务管理中，正确计量风险非常重要。实务中，可以利用概率分布、期望值和标准差来计算与衡量风险的大小。

（一）概率

概率，是指用来反映随机事件发生的可能性大小的数值。如果某一事件可能发生也可能不发生，可能出现这种结果也可能出现另外一种结果，这一事件就称为随机事件；如果某一事件一定出现某一种结果，这一事件就称为必然事件；如果某一事件不会出现某一种结果，这一事件就称为不可能事件。假设用 X 表示随机事件，X_i 表示随机事件的第 i 种结果，P_i 表示第 i 种结果出现的概率，那么随机事件的概率在 0 与 1 之间，即 $0 \leqslant P_i \leqslant 1$，$P_i$ 越大，表示该事件发生的可能性越大；反之，P_i 越小，表示该事件发生的可能性越小。所有可能的结果出现的概率之和一定为 1，即 $\sum_{i=1}^{n} P_i = 1$。必然事件发生的概率为 1，不可能事件发生的概率为 0。

例题精讲

【例 3－18】 华光公司拟对外进行投资，现有甲公司和乙公司有关股票收益的资料，各种可能收益及概率如表 3－1 所示。

表 3－1　甲、乙公司股票收益概率分布

市场情况	甲年收益（万元）X_i	乙年收益（万元）X_i	概率 P_i
繁荣	500	600	0.5
正常	400	300	0.3
疲软	200	100	0.2

由表 3－1 可知，所有 P_i 均在 0 和 1 之间，且 $P_1 + P_2 + P_3 = 0.5 + 0.3 + 0.2 = 1$。

（二）期望值

期望值，是指随机事件可能发生的结果与各自概率之积的加权平均数。期望值反映投资者的合理预期，用 E 表示，那么，某一随机变量的期望值为：

$$E = \sum_{i=1}^{n} P_i \times X_i$$

例题精讲

【例 3－19】 沿用例 3－18 的资料和数据，不考虑其他因素。要求：分别计算甲、乙公司预期年收益的期望值。

解：$E_{甲} = 500 \times 0.5 + 400 \times 0.3 + 200 \times 0.2 = 410$（万元）

$E_{乙} = 600 \times 0.5 + 300 \times 0.3 + 100 \times 0.2 = 410$（万元）

可以看出，甲、乙两公司的期望值都是 410 万元，是否就可以确认两个项目是等同的呢？

这个时候我们还需要了解概率分布的离散情况，即计算标准差和标准离差率。

(三)标准差

标准差，用来衡量概率分布中各种可能值对期望值的偏离程度。标准差反映风险的大小，用 σ 表示。标准差越大，风险就越大；标准差越小，风险就越小。

标准差的计算公式为：

$$\boldsymbol{\sigma}=\sqrt{\sum_{i=1}^{n}(\boldsymbol{X}_i-\boldsymbol{E})^2\times \boldsymbol{P}_i}$$

其中，σ 为标准差（标准离差）；E 为期望值；X_i 为 i 种可能结果；P_i 表示第 i 种结果可能出现的概率；n 为可能结果的总数。

标准差用来反映风险投资方案决策的风险大小，是一个绝对数。在多个风险投资方案决策的情况下，如果期望值相同，则标准差越大，表明预期结果的不确定性越大，风险就越大；反之，标准差越小，表明预期结果的不确定性越小，风险就越小。

例题精讲

【例 3—20】 沿用例 3—18、例 3—19 的资料和数据，不考虑其他因素。要求：计算甲公司、乙公司预期年收益的标准差。

解：$\sigma_{甲}=\sqrt{\sum_{i=1}^{n}(X_i-E)^2\times P_i}$

$=\sqrt{(500-410)^2\times 0.5+(400-410)^2\times 0.3+(200-410)^2\times 0.2}$

$=113.578$

$\sigma_{乙}=\sqrt{\sum_{i=1}^{n}(X_i-E)^2\times P_i}$

$=\sqrt{(600-410)^2\times 0.5+(300-410)^2\times 0.3+(100-410)^2\times 0.2}$

$=144.568$

以上计算结果表明，乙公司的风险高于甲公司的风险。

(四)标准离差率

标准差可以用来反映期望值相同条件下的风险大小，但实际工作中，各种风险投资项目的期望值不一定相同，因此，就需要用标准离差率来分析期望值不同的风险投资方案。

标准离差率，是指风险投资项目的标准差除以期望值得出的系数，也称离散系数，用 V 表示。标准离差率的计算公式为：

$$\boldsymbol{V=\sigma\div E}$$

标准离差率是一个相对数，在期望值不同的条件下应用。实践表明，标准离差率越大，预期结果的不确定性就越大，风险就越高；反之，标准离差率越小，预期结果的不确定性越小，风险也就越低。

例题精讲

【例 3—21】 沿用例 3—20、例 3—19 的资料和数据，不考虑其他因素。要求：计算甲公司、乙公司的标准离差率。

解：$V_{甲}=\sigma \div E=113.578\div 410=0.277$

$V_{乙}=\sigma \div E=144.586\div 410=0.353$

以上计算结果表明，乙公司的标准离差率高于甲公司的标准离差率，则乙公司的风险高于甲公司的风险。

四、风险控制和风险偏好

（一）风险控制的方法

风险客观地存在于企业的各项财务活动中，企业应进行风险控制。控制风险的方式主要有以下几种：

1. 规避风险

当资产的风险所造成的损失不能由该资产可能获得的预期收益来抵消时，就应该放弃该资产，来规避相应的风险。

2. 减少风险

减少风险主要包括两个方面：一方面控制风险因素，减少风险发生的可能性；另一方面控制风险发生的频率和降低风险的损害程度。

3. 转移风险

对可能给企业带来灾难性损失的资产，企业应该花费一定的成本，采取某种方式转移风险。

4. 接受风险

接受风险包括风险自担和风险自保两种。风险自担是风险损失发生时，直接将损失计入成本或费用，冲减利润；风险自保是企业预留一笔风险金或随着生产经营的进行，有计划地计提资产减值准备等。

（二）风险偏好

根据人们对待风险的态度不同，可以将其分为风险回避者、风险追求者和风险中立者。

1. 风险回避者

风险回避者，回避风险，追求稳定收益。风险回避者选择资产的态度是：当预期收益率相同时，偏好于具有低风险的资产；而对于具有同样风险的资产，则偏好于具有高预期收益的资产。

2. 风险追求者

与风险回避者刚好相反，风险追求者主动追求风险，喜欢收益的波动胜于喜欢收益的稳定。他们选择资产的原则是：当预期收益相同时，选择风险大的，因为这会给他们带来更大的效用或满足感。

3. 风险中立者

风险中立者既不回避风险，也不主动追求风险。他们选择资产的唯一标准是预期收益的大小，而不管风险的大小。

项目小结

⊙ 资金的时间价值，是指资金在周转过程中随着时间的推移而发生的增值。资金时间价值相当于在没有风险也没有通货膨胀情况下的社会平均利润率，是企业资金利润率的最低限度，也是使用资金的最低成本率。

⊙ 复利现值、复利终值的计算和年金的计算。年金分为普通年金、预付年金、递延年金和永续年金。

⊙ 风险，是指在特定条件下和特定时期内，执行某一项活动具有多种可能，但其结果具有不确定性。风险分为系统风险和非系统风险，其中非系统风险又分为经营风险和财务风险。

⊙ 风险的大小用标准差、标准离差率进行衡量。

⊙ 风险控制和风险偏好。风险控制包括规避风险、减少风险、转移风险和接受风险。风险偏好分为风险回避者、风险追求者和风险中立者。

课后习题与实训

一、单项选择题

1. 下列各项中，只有现值没有终值的年金是(　　)。

A. 普通年金　　B. 即付年金　　C. 永续年金　　D. 先付年金

2. 一定时期内每期期初等额收付的系列款项是(　　)。

A. 即付年金　　B. 永续年金　　C. 递延年金　　D. 普通年金

3. 下列各项中，在利率和计息期相同的条件下，公式正确的是(　　)。

A. 普通年金终值系数×普通年金现值系数=1

B. 普通年金终值系数×偿债基金系数=1

C. 普通年金终值系数×投资回收系数=1

D. 普通年金终值系数×预付年金现值系数=1

4. 货币的时间价值通常有两种表现形式，即利率和(　　)。

A. 年金　　B. 本金　　C. 利息　　D. 利润

5. 一定数量的货币资金一定时期后的价值，称为(　　)。

A. 复利终值　　B. 复利现值　　C. 年金现值　　D. 年金终值

6. 每年年底存款200元，求第四年年末的价值总额，应用(　　)来计算。

A. 复利终值系数　B. 复利现值系数　C. 年金终值系数　D. 年金现值系数

7. 下列项目中，(　　)称为普通年金。

A. 先付年金　B. 后付年金　C. 永续年金　D. 递延年金

8. 资金时间价值相当于没有风险和没有通货膨胀条件下的(　　)。

A. 利息率　B. 额外收益

C. 社会平均资金利润率　D. 利润率

9. 在利息不断资本化的条件下，资金时间价值的计算基础应采用(　　)。

A. 单利　B. 复利　C. 年金　D. 普通年金

10. 甲方案的标准离差率是1.51，乙方案的标准离差率是1.45，如甲、乙两方案的收益期望值相同，则两方案的风险关系为(　　)。

A. 甲大于乙　B. 甲小于乙　C. 甲、乙相等　D. 无法确定

11. 投资者甘愿冒风险进行投资的原因是(　　)。

A. 可获得报酬　B. 可获得利润

C. 可获得等同于时间价值的报酬率　D. 可获得风险报酬率

12. 永续年金是(　　)的特殊形式。

A. 普通年金　B. 先付年金　C. 预付年金　D. 递延年金

13. 与普通年金现值系数互为倒数的是(　　)。

A. 年金现值系数　B. 投资回收系数　C. 复利现值系数　D. 偿债基金系数

14. 某红十字会决定建立贫困儿童教育基金，现准备存入一笔资金，预计以后无限期地在每年年末支取利息200 000元用来发放奖金。在存款年利率为10%的条件下，现在应存入(　　)元。

A. 2 500 000　B. 2 000 000　C. 2 150 000　D. 160 000

15. 某企业年初存入5万元，在年利率为12%、期限为5年、每半年复利一次的情况下，其实际利率为(　　)。

A. 24%　B. 12.36%　C. 6%　D. 12.25%

16. 下列引起风险的因素中，企业可以通过多元化投资分散风险的是(　　)。

A. 社会经济衰退　B. 市场利率上升　C. 新产品开发风险　D. 自然灾害

17. 某公司新产品开发成功的概率为80%，投资报酬率为40%；开发失败的概率为20%，投资报酬率为−100%，则该产品开发方案的预期投资报酬率为(　　)。

A. 12%　B. 26%　C. 28%　D. 14%

18. 下列各项中，属于财务风险的是(　　)。

A. 原材料供应地的政治经济情况变动

B. 生产组织不合理

C. 增加长期借款

D. 销售决策失误

二、多项选择题

1. 影响资金时间价值大小的因素主要包括(　　)。

A. 单利　　B. 复利　　C. 资金额　　D. 利率和期限

2. 下列说法中,不正确的有(　　)。

A. 风险越大,获得的风险报酬应越高

B. 有风险就一定会有损失

C. 风险是无法预计和控制的,其概率也不可预测

D. 由于劳动力市场供求关系的变化而给企业带来的风险属于经营风险

3. 递延年金具有的特点有(　　)。

A. 年金的第一次支付发生在若干期之后

B. 没有终值

C. 年金的终值与递延期无关

D. 年金的现值与递延期无关

4. 下列各项中,表述正确的有(　　)。

A. 资金时间价值不是时间的产物,而是劳动的产物

B. 资金时间价值通常应按复利方式计算

C. 如果通货膨胀率极低,政府债券利率可以视同资金时间价值

D. 资金时间价值与利率是一回事

5. 在财务管理中,经常用来衡量风险大小的指标有(　　)。

A. 标准离差　　B. 边际成本　　C. 风险报酬率　　D. 标准离差率

6. 企业的经营风险是指(　　)。

A. 购买者购买意愿发生变化

B. 公司工人罢工,被迫停产引起的风险

C. 借款后因无法归还带来的风险

D. 筹资决策带来的风险

7. 年金按其收付发生的时点不同,可以分为(　　)。

A. 普通年金　　B. 先付年金　　C. 递延年金　　D. 永续年金

8. 经投资组合分散后仍存在的风险有(　　)。

A. 市场风险　　B. 系统风险　　C. 不可分散风险　　D. 经营风险

9. 下列各项中,表述正确的有(　　)。

A. 复利终值系数和复利现值系数互为倒数

B. 普通年金终值系数和普通年金现值系数互为倒数

C. 普通年金终值系数和偿债基金系数互为倒数

D. 普通年金现值系数和资本回收系数互为倒数

三、判断题

1. 在利率和计息期相同的条件下,复利现值系数与复利终值系数互为倒数。(　　)

2. 一般来说,资金时间价值是指没有风险和没有通货膨胀条件下的投资报酬率。(　　)

3. 在有关资金时间价值指标的计算过程中,普通年金现值与普通年金终值是互为逆运算的关系。(　　)

4. 非系统性风险不能通过证券投资组合来削减。（　　）
5. 在通货膨胀率很低的情况下，政府债券的利率可视同为资金时间价值。（　　）
6. 递延年金现值的大小与递延期无关，故计算方法与普通年金现值是一样的。（　　）
7. 先付年金与后付年金的区别仅在于付款时间的不同。（　　）
8. 永续年金既无现值，也无终值。（　　）
9. 风险与报酬通常是相伴而生的，呈正方向变动。风险越大，收益也越大；反之亦然。（　　）
10. 在复利终值和计息期数确定的情况下，贴现率越高，复利现值越大。（　　）

四、案例分析题

1. 某公司拟购置一处房屋，房主提出两种付款方案：

(1)从现在起，每年年初支付 20 万元，连续支付 10 次，共 200 万元；

(2)从第五年开始，每年年初支付 25 万元，连续支付 10 次，共 250 万元；

假设该公司的最低报酬率为 10%，你认为该公司应选择哪个方案。[$(P/A,10\%,9)=5.759\ 0$；$(P/A,10\%,10)=6.144\ 6$；$(P/F,10\%,3)=0.751\ 3$；$(P/F,10\%,4)=0.683\ 0$]

2. 张三 5 年后需要用现金 4 000 元，如果每年年末存款一次，在年利率为 6%的情况下，张三每年年末应该存多少现金到银行?

3. 红黄公司现在需要一台设备，购买价为 160 000 元，可用 10 年。如果租用，每年年末需付租金 20 000 元，除此之外，其他情况二者相同，假设利率为 6%，要求计算买与租的成本分别是多少，以及该公司该如何选择。

4. 李四想要明年年初借款 420 000 元，从明年年末开始，每年年末的还本付息额均为 60 000 元，连续 10 年还清。假设预期的最低借款利率为 8%，请问李四能否按其利率借到款项?

5. 巨星公司拟投资 200 万元，现有 A 和 B 两个互斥项目可以选择，假设各项目的收益率呈正态分布，具体如下表所示：

A、B 两个项目的收益率

经济状况	概率	A 项目预期收益率	B 项目预期收益率
繁荣	0.3	100	80
复苏	0.2	40	30
一般	0.4	20	15
衰退	0.1	−40	−10

要求：比较 A、B 两个投资项目的风险大小。

课后阅读

拿破仑送玫瑰花的代价

1797 年 3 月 28 日，法兰西执政者拿破仑在参观卢森堡第一国立小学时，受到该校师生的热烈欢迎。

在学校的欢迎大会上，拿破仑手举一束价值3路易的玫瑰花，激动地说道："为了答谢贵校对我的盛情款待，我今天向贵校献上一束玫瑰花，并且向你们承诺，只要法兰西存在一天，每年的今天，我都会派人送给贵校一束等价的玫瑰花，作为法兰西与卢森堡两国友谊的象征！"

拿破仑慷慨激昂的演说，使全校师生激动不已。那束鲜红的玫瑰，就像跳动的火焰，在人们心中熊熊燃烧着……

可是，回国后的拿破仑很快就把赠送玫瑰的承诺忘得干干净净，与此相反，卢森堡第一国立小学的师生却把这一承诺深深地记在了心里。

第二年的3月28日，这所小学的师生们穿上节日的盛装，跳着欢快的舞蹈，准备迎接拿破仑派人送来的玫瑰花。可是，他们从清晨盼到天黑，也没有见到玫瑰花的影子。大家非常失望，孩子们眼含热泪，抽泣着问老师，拿破仑什么时候派人送玫瑰花来？老师们也不知该如何回答。

第三年的3月28日，师生们又从早盼到晚，但还是没有收到玫瑰。

就这样，每年的3月28日，卢森堡第一国立小学的师生都会盼望着有人送来玫瑰。尽管希望一次次地破灭，但他们依然相信拿破仑会实践他的诺言。

他们还把3月28日作为学校的纪念日，写进了校史。每年的新学期开学典礼上，校长都会在致辞时，热情洋溢地叙说当年拿破仑参观学校时许下的承诺。

沧海桑田，物换星移。两个世纪过去了，尽管拿破仑早已作古，但卢森堡第一国立小学的师生依然会在3月28日这一天，等待着玫瑰的到来。可是，望眼欲穿的等待，每次都以希望破灭而告终。

将近200年的等待，将近200次的失望。第一国立小学的师生们这下真的生气了，他们要让法国政府给个说法！

1984年，卢森堡第一国立小学一纸诉状，将法国政府告上了国际法庭，他们向法国政府提出两点要求：第一，从1798年起，用3个路易为本金，以5厘的年息计算，清偿这么多年来的所有金额；第二，在法国各大报刊上，公开承认拿破仑是个言而无信的小人。

接到国际法庭的传票，法国政府不敢怠慢，查阅了相关历史资料后，证实了拿破仑的确许下过赠送玫瑰的诺言。他们计算了一下赔偿金额，结果让他们大吃一惊：原本3路易的一束玫瑰花，至今本息竟已高达1 375 596法郎！而在报刊上承认拿破仑言而无信的要求，法国政府表示更不可能接受。

经过反复斟酌，法国政府终于给出了一个令双方都满意的解决方案：第一，马上给卢森堡第一国立小学建一座现代化的教学大楼，这所小学的毕业生将来如果愿意到法国留学，一切费用将由法国政府提供；第二，以后无论在精神上还是物质上，法国政府将坚定不移地支持卢森堡的中小学教育事业，以弥补当年拿破仑的食言之过。

一场跨越了两百年的等待终于画上了圆满的句号。从此，卢森堡第一国立小学的大门口竖立起了一座玫瑰花束的雕塑，雕塑的下方刻着"1797—1984"字样。每当人们从这座雕塑前走过，内心总是荡起层层涟漪，久久不能平息……

（资料来源：http://www.zhiyin.cn/2012/0316/258445.html）

第二部分

实 务 篇

项目四　筹资管理

子项目一　筹资方式的选择及应用

知识导航

- 筹资方式的选择及应用
  - 任务一　筹资管理的认知
    - 筹资概述
    - 筹资原则
    - 筹资方式
  - 任务二　所有者权益筹资的管理和应用
    - 吸收直接投资
    - 发行股票筹资
    - 留存收益筹资
  - 任务三　债务筹资的管理和应用
    - 长期债务筹资
    - 短期债务筹资
  - 任务四　混合型筹资管理
    - 可转换债券的特征
    - 可转换债券筹资的优缺点

资源宝库

学习目标

⊙ 知识目标：

掌握筹资的概念、分类、动机；了解各种筹资方式和渠道；掌握不同筹资方式的优缺点；掌握权益筹资、债务筹资和混合型筹资的相关知识。

⊙ 能力目标：

掌握各种筹资方式和手段在实际工作中的应用，能够为企业选择合适的筹资方式和筹资渠道。

案例导入

吉利收购沃尔沃

吉利汽车:浙江吉利控股集团有限公司是中国汽车行业十强企业,自1997年进入轿车领域以来,凭借灵活的经营机制和持续的自主创新,取得了快速的发展,资产总值超过140亿元。连续6年进入中国企业500强,连续4年进入中国汽车行业十强,被评为首批国家“创新型企业”和首批“国家汽车整车出口基地企业”,是“中国汽车工业50年发展速度最快、成长最好”的企业。

沃尔沃汽车:“沃尔沃”,瑞典著名汽车品牌,又译为“富豪”,1927年由阿萨尔·加布里尔松和古斯塔夫·拉尔松创建,该品牌汽车是目前世界上最安全的汽车。

沃尔沃汽车公司是北欧最大的汽车企业,也是瑞典最大的工业企业集团,世界二十大汽车公司之一。

沃尔沃汽车以质量和性能优异在北欧享有很高声誉,特别是安全系统方面,沃尔沃汽车公司更有其独到之处。美国公路损失资料研究所曾评比过10种最安全的汽车,沃尔沃荣登榜首。到1937年,公司汽车年产量已达1万辆。随后,它的业务逐渐向生产资料、能源产品等多领域发展,一跃成为北欧最大的公司。

2010年8月2日,吉利控股集团正式完成对福特汽车公司旗下沃尔沃轿车公司的全部股权收购。

吉利集团向福特公司支付了13亿美元现金和2亿美元银行票据,余下的资金也将在下半年陆续结清。随着吉利与沃尔沃的资产交割的顺利完成,也意味着这场至今为止中国汽车行业最大的一次海外并购画上了一个圆满的句号。

吉利为沃尔沃支付18亿美元,同时另外筹资7.5亿美元,用作该瑞典汽车品牌的运营资金。

吉利将向高盛集团一家联营公司发行25.86亿港元的可转债和认股权证,所得款项将部分用于收购事项。

吉利融资主要采取了三种方式:从国内银行获得贷款、从由瑞典当地政府担保的欧盟内相关银行获得低息贷款和通过权益融资的方式来吸收海外投资者的资金。

吉利并购资金中有相当一部分是来自国外金融机构,如果没有国家的支持,没有地方政府的担保,吉利不一定会获得国际融资。吉利控股为沃尔沃投入的初期运营资金需要10亿美元左右,后续整合阶段则需要更多资金的支持。

为了解决并购及后续运营的庞大资金需求问题,吉利进行了多渠道筹资,向银行借贷无疑是最重要的方式之一,在一定程度上吉利承担了融资所面临的风险。吉利控股2010年的财务费用比2009年增长了128.29%。巨额的利息支出让吉利承担了巨大的偿债风险。

吉利收购沃尔沃运用了哪些筹资方式?为什么运用这些筹资方式?筹资应遵循哪些原则?各种筹资方式的优缺点有哪些?

任务一　筹资管理的认知

一、筹资概述

企业筹资，是指企业作为筹资主体根据其生产经营、对外投资和调整资本结构等需要，通过一定的筹资渠道和资本市场，运用一定的筹资方式，从企业内部或外部经济有效地筹措和集中资金的财务活动。资金可以说是企业的血液，是企业生存和发展的基础。企业缺少资金，生产经营活动将受到影响甚至停滞；如果资金使用不合理，也会导致生产经营状况不好，甚至出现亏损，引发经营风险。

(一)筹资的分类

筹资按不同的标准有不同的分类，主要有以下分类：

1. 按照筹集资金使用期限的长短分类

企业筹资按资金使用期限长短可以分为短期资金和长期资金。短期资金是指使用期限在一年以内或超过一年的一个营业周期内的资金，其特点是筹集资金通常需要在一年内偿还。短期资金的筹集方式主要有：发行短期债券、银行短期借款和商业信用等。长期资金是指使用期限在一年以上或超过一年的一个营业周期以上的资金，其特点是筹集资金一般在一年后偿还。长期资金的筹集方式包括吸收直接投资、发行股票、发行长期债券、银行长期借款和融资租赁等。

2. 按照筹集资金的性质不同分类

企业筹集资金按性质不同分为权益资金和债务资金。权益资金又称自有资金，是指企业通过发行股票、吸收直接投资和内部积累等方式筹措的资金。权益资金为企业所有，无须偿还。债务资金又称借入资金，是指企业通过发行债券、向银行借款、商业信用以及融资租赁等方式筹措的资金。债务资金是企业依法获取、到期需要偿还的资金。

3. 按照筹集资金资是否以金融机构为媒介分类

企业筹资按其是否以金融机构为媒介，分为直接筹资和间接筹资。直接筹资，是企业直接与资金供应者协商融通资本的一种筹资方式。吸收直接投资、发行股票、发行债券、商业信用等都是属于直接筹资。间接筹资，是指企业需要借助银行等金融机构融通资本的筹资方式。向银行借款是间接筹资的基本方式，此外，融资租赁也是间接筹资方式。

4. 按资金的来源渠道不同分类

按资金的来源渠道不同，企业筹资分为内部筹资与外部筹资。内部筹资就是利用内部筹措资金的方式，外部筹资是指企业从外部筹措资金的方式。内部筹资方式主要是利用内部留存收益。外部筹资方式有向银行借款、发行债券、融资租赁等方式。企业筹资时应先利用内部筹资，然后再考虑外部筹资。

(二)筹资的必要性

资金是企业生存和发展的前提条件，没有资金，企业就无法生存和发展。资金可以通过一定的筹资渠道和方式筹集。筹集资金对企业而言是十分必要的，主要体现在以下几个方面：

1. 筹资是企业注册资本的来源

注册资本是国家授予企业法人经营管理的财产或者企业法人自有财产的数额体现。注册资本是企业在工商行政管理部门登记的资金，是企业财产的货币表现，是企业从事生产经营活动的物质基础，也是承担民事责任的保障。为了建立企业，必须通过各种筹资方式筹集企业的注册资本。

2. 筹资是扩大经营规模的需要

在激烈的市场经济中，只有企业不断发展壮大，才能更好地生存下去。首先，企业在生产经营过程中会获得利润，企业可以将其生产经营获得的利润进行再投资，从而来扩大生产经营规模；企业还可以发行股票、债券或向银行借款筹集资金来扩大生产经营规模，无论以何种方式来扩大企业的生产经营规模，必然要投入大量资金。其次，企业要扩大销售额就必须先占领市场，占领市场可以通过多元化经营、树立企业形象、打造知名品牌、向国际市场挺进等方式，这些方式都需要大量资金做支撑，一旦企业资金不足，将导致整个企业走向灭亡，这就是现代商业经营竞争的残酷，就中小企业而言，想要在市场中生存，想把企业不断发展壮大，就必须做好筹资。最后，中小企业技术创新能有效提高企业的市场竞争力，增强企业发展的动力，掌握企业生存和发展的主动权，推动中小企业的健康、稳定、快速发展，而这些都需要有足够的资金做支撑。

3. 筹资是调整资本结构的需要

企业应根据企业所处的不同发展阶段来合理安排权益资金和负债资金的比例，注重在财务杠杆利益与财务风险之间做出权衡。当企业处于快速成长期，企业销售状况良好并稳步上升、总资产报酬率超过借款利率时，可以借入资金。但是，由于负债的增加，财务风险也随之增大，一旦生产经营恶化，不能及时还本付息，就会出现财务困难，影响企业形象，甚至导致企业倒闭。债务与权益比例增大，负债筹资难度加大，结果会使企业的加权资金成本提高。因此，企业应选择不同的筹资方式来筹措资金，使得企业达到一个最佳的资本结构，把企业的加权平均资金成本降到最低。

4. 筹资是偿还到期债务的需要

企业在生产经营过程中往往会面临资金周转问题，当企业资金紧张，资金不够用时，企业可以通过一定的渠道和方式筹集资金，缓解企业的资金紧张，增加资金供给，为企业偿还到期债务提供强有力的支撑，从而化解到期债务和流动性的不足，避免债务危机，保证生产经营的正常进行。

（三）筹资动机

企业筹集资金是为了满足一定的需要，达到一定的目的。也就是说，企业筹资是有动机的，主要有以下几个动机：

1. 新建筹资动机

新建筹资动机，是指企业设立时，为取得资本金，形成开展经营活动的基本条件而产生的筹资动机。资金，是设立企业的第一道门槛，根据我国的《公司法》《合伙企业法》《个人独资企业法》等相关法律的规定，任何一个企业或公司在设立时法律上都要求有最低的注册资本限额。企业新建时，要根据企业的经营规模来核定长期的资本需要量和流动资金需要量，购建固定资产、安排流动资金支出，形成企业的生产经营能力。

2. 扩张筹资动机

扩张筹资动机，是指企业需要扩大生产经营规模或追加对外投资而产生的筹资动机。企业如果只想维持简单再生产所需要的资金是稳定的，一般不需要或只需追加很少的筹资额度。一旦企业想要扩大再生产、扩大经营规模、增加对外投资，就需要大量追加筹资额度。那些具有良好发展前景、处于成长期的企业，往往会产生扩张性的筹资动机。如企业生产的产品供不应求，需要购置设备，扩大生产来增加市场供应，这时就需要增加筹资额度。

3. 调整性筹资动机

调整性筹资动机，是指企业为了调整权益资本和债务资本的比例而产生的筹资动机。资本结构调整的目的是把加权资金成本降到最低，最低资金成本时的资本结构称为最佳资本结构。企业应调整资本结构，有效控制企业财务风险，提升企业价值，降低资本成本。企业产生调整性筹资动机的原因主要有以下两个方面：一是优化资本结构，合理利用财务杠杆效应；二是偿还到期债务，这指的是债务结构的内部调整。当企业流动负债比例过大时，企业近期偿还债务的压力就比较大，这时可以举借长期债务来偿还部分短期债务。比如，企业部分债务即将到期，企业虽然有足够的偿债能力，但为了保持现有的资本结构，充分利用财务杠杆经营，可以举新债还旧债。调整性筹资的目的是调整资本结构，使资本结构达到最优。

4. 混合筹资动机

通常，企业筹资的目的不是单一的，企业通过追加筹资来满足经营活动、投资活动等的资金需要，同时又达到调整资本结构的目的。像这种情况，可以归纳为混合型的筹资动机。如企业对外投资需要大量资金，其资金可以通过增加长期借款和发行公司债券来解决，这种情况既扩大了企业规模，又使企业的资本结构发生了变化。混合筹资动机一般是基于企业规模扩张和调整资本结构两种目的，兼具扩张筹资动机和调整性筹资动机的特性，增加了企业的资本总额，也使企业的资本结构发生了变化。

二、筹资原则

企业在筹集资金时应遵循一定的原则，主要有以下几个：

（一）合法性原则

企业筹集资金应遵循国家有关法律法规的规定，企业的筹资行为和筹资活动都必须依法进行，履行法律法规和投资合同约定的内容，合法合规筹资，依法披露信息，维护各方的合法权益。

（二）合理性原则

资金市场为企业提供了资金的源泉和筹资场所，它反映资金的分布状况和供求关系，决定着筹资的难易程度。不同来源的资金对企业的收益和成本产生不同影响。因此，企业应认真研究资金的来源渠道和资金市场，合理选择资金来源。

（三）适当性原则

筹资渠道和方式多种多样，无论选择哪种方式、哪种渠道，都要预先确定资金的需要量。企业在不同发展阶段的资金需要量是不同的，企业应该认真研究供、产、销等经营状况，采用科学的预测方法，确定资金的需求量，合理适当地筹集相应资金。筹资固然可以增加资金的供应，但是资金的筹措量要与资金的需要量相适应，既要防止因筹措不足带来的经营困难，也要防止筹资过多而带来的资金闲置。

（四）及时性原则

企业财务人员在筹集资金方面应具有前瞻性，能够熟练运用各种测算方法进行测算比较，在满足生产经营的基础上确定资金的需求，提前安排资金的筹集时间，让所需资金及时到位。既要避免因筹资过早造成使用前的闲置，又要防止因筹资时间滞后而错失有利的投资机会。

（五）经济性原则

企业在确定了筹资的需要量、筹资时间、筹资渠道的基础上，在筹资时还应当综合考虑各种筹资方式。企业筹集资金必然要为占用资金付出一定的代价，不同筹资方式下的资金成本是不相同的。因此，企业应当对各种筹资方式进行测算、比较，选择经济可行的筹资方式以确定合理的资金结构，从而达到控制资金成本、降低财务风险的目的。

三、筹资方式

筹资是一项复杂的财务工作，在不同的环境中，企业面临的条件不同，所采取的筹资方式也就不一样。筹资方式主要有以下几种：

（一）吸收直接投资

吸收直接投资，是指企业按照“共同投资、共同经营、共担风险、共享利润”的原则来吸收国家、法人、个人及外商投入资金的一种筹资方式。

其优点有筹资方式简单、速度快，有利于尽快形成生产能力，有利于降低财务风险等；缺点是资金成本高，容易使控制权分散。

（二）发行股票筹资

发行股票筹资，是指企业以公开发行股票的方式筹集资金，是企业经营活动中重要的筹资手段之一。股票是持有人以股份的形式对企业拥有相应权利的一种股权凭证，一方面代表着股东对企业所有者权益的要求权；另一方面，普通股股东凭借其所拥有的股份对企业的生产经营管理和重大经营决策可以行使与其所持有份额相应的表决权。

其优点主要是资金可以永久使用、筹资风险小、增加公司信誉等；缺点主要有资金成本高、控制权分散等。

（三）留存收益筹资

留存收益，是指企业从税后净利润中提取的盈余公积金以及从企业可供分配利润中留存的未分配利润。留存收益筹资，是指企业将获取的部分税后净利润转化为投资的过程，将企业生产经营所实现的税后净利润的一部分保留在企业，而不是作为股利分配给股东。可以将其视作股东对企业追加投资的过程，是一种股权筹资方式。

其优点是无筹资费用、保持控制权稳定；缺点是筹资数额有限、资金成本相对较高。

(四)发行债券筹资

发行债券筹资，是指企业通过发行债券来筹集资金的方式。债券筹资是企业筹资的重要方式之一，企业面向社会筹集资金，筹资范围广。按国家有关规定发行的债券，可以在证券市场上自由流通、转让。

其优点是资金成本较低，不易分散公司控制权，利率固定，通货膨胀时期可减轻企业负担等；缺点是筹资风险高、限制条件多等。

(五)银行借款筹资

银行借款，是指企业向银行或其他非银行金融机构借入的需要还本付息的款项，包括长期借款(偿还期限超过 1 年)和短期借款(还款期限在 1 年以内)，长期借款主要用于企业购建固定资产，短期借款主要用来满足流动资金周转的需要。

其优点主要有筹资速度快、筹资成本低、借款灵活；缺点主要有限制条款多、筹资数额有限等。

(六)商业信用筹资

商业信用是指由商品交易中的延期付款、预收货款或者延期交货而形成的借贷关系，是企业之间的直接信用行为。商业信用筹资，是指利用商业信用进行融资的行为。商业信用的具体形式包括应付账款、应付票据、预收账款等。

其优点主要有商业信用容易获得、限制条件少、企业拥有较大自主权等；缺点主要有容易损害企业的信誉、受外部影响较大、融资风险较大等。

(七)融资租赁筹资

融资租赁又称财务租赁或金融租赁，是指实质上转移与资产所有权有关的全部或绝大部分风险和报酬的租赁。资产的所有权最终可以转移，也可以不转移。出租人根据承租人对租赁资产的特定要求和对供货人的选择，出资向供货人购买租赁物，并租给承租人使用，承租人则分期向出租人支付租金，在租赁期内租赁物件的所有权属于出租人，承租人拥有租赁物件的使用权。

其优点主要有能迅速形成生产能力，设备使用有保障；缺点主要是资本成本高。

小思考

筹资方式与筹资渠道有什么区别？

知识归纳

不同筹资方式的优缺点比较，如表 4—1 所示。

表 4—1　　不同筹资方式优缺点比较

筹资方式	优　点	缺　点
吸收直接投资	筹资方式简单、速度快，有利于尽快形成生产能力，有利于降低财务风险等	资金成本高，容易使控制权分散
发行股票筹资	资金可以永久使用、筹资风险小、增加公司信誉等	容易损害企业的信誉、受外部影响较大、融资风险较大等
留存收益筹资	无筹资费用、保持控制权稳定	筹资数额有限、资金成本相对较高
发行债券筹资	资金成本较低，不易分散公司控制权，利率固定，通货膨胀时期可减轻企业负担等	筹资风险高、限制条件多、筹资数量有限
银行借款筹资	筹资速度快、筹资成本低、借款灵活	筹资数额有限、限制条件多
商业信用筹资	商业信用容易获得、限制条件少、企业拥有较大自主权	容易损害企业的信誉、受外部影响较大、融资风险较大
融资租赁筹资	能迅速形成生产能力，设备使用有保障	资本成本较高，有时不能享受设备残值

任务二　所有者权益筹资的管理和应用

一、吸收直接投资

吸收直接投资，是指企业按照“共同投资、共同经营、共担风险、共享利润”的原则来吸收国家、法人、个人、外商投入资金的一种筹资方式。

(一)吸收直接投资的渠道

吸收直接投资的渠道主要有吸收国家投资、吸收法人投资、吸收外商投资和吸收社会公众投资。

1. 吸收国家投资

国家投资是指有权代表国家投资的政府部门或机构，以国有资产投入公司，这种情况下形成的资本称为国家资本。吸收国家投资一般具有以下特点：产权归属于国家，资金的运用和处置受国家约束较大，在国有公司中采用比较广泛。

2. 吸收法人投资

法人投资是指法人单位以其依法可以支配的财产投入公司，这种情况下形成的资本称为法人资本。一般来说，吸收法人资本具有以下特点：吸收法人资本投资主要发生在法人和法人之间，投资的主要目的是参与公司利润分配或控制公司，出资方式灵活多样。

3. 吸收外商投资

企业可以通过合资经营或合作经营的方式吸收外商直接投资，即与其他国家的投资者共同投资，创办中外合资经营企业或者中外合作经营企业，从而共同经营、共担风险、共负盈亏、共享利益。

4. 吸收社会公众投资

社会公众投资是指社会个人或本公司职工以个人合法财产投入公司，这种情况下形成的资本称为个人资本。一般来说，吸收社会公众投资具有以下特点：由于面向社会公众，参加投资的人数众多；个人资本有限，每个人投资的数额相对较少；投资的主要目的是参与公司利润分配。

(二)吸收直接投资的出资方式

吸收直接投资的投资者可以用货币、实物、无形资产等多种形式出资。

1. 以货币资产出资

以货币资产出资是吸收直接投资中最重要的出资方式。企业有了货币资产，便可以将货币资产转化为其他物质资产，支付各种费用，具有最大的灵活性，能够满足企业创建时的开支和随后的日常周转需要。我国《公司法》规定，公司股东可以用货币以外的资产出资，但是，全体股东或者发起人的货币出资额不得低于公司注册资本的30%。

2. 以实物资产出资

以实物资产出资是指投资者以房屋、建筑物、设备等固定资产和原材料、商品等流动资产进行的投资。用实物资产出资应符合以下条件：(1)适合企业生产经营、科研开发等的需要；(2)实物的技术性能良好；(3)实物作价公平合理；(4)实物未涉及抵押、担保、诉讼冻结等情况。对于出资的实物资产的作价，一般应由双方协商确定；此外，也可聘请各方都同意的专业资产评估机构评估确定。国有及国有控股企业接受其他企业的非货币资产出资，需要委托有资格的资产评估机构进行资产评估。

3. 以土地使用权出资

土地使用权，是指土地经营者对依法取得的土地在一定期限内具有进行建筑、生产经营或其他活动的权利。土地使用权具有相对的独立性，在土地使用权存续期间，包括土地所有者在内的其他任何人和单位都不能任意收回土地和非法干预使用权人的经营活动。企业吸收土地使用权出资应符合企业的科研、生产、经营、研发等活动的需要，而且地理、交通条件适宜，作价公平合理。

4. 以工业产权出资

工业产权，是指专有技术、商标权、专利权、非专利技术等无形资产。投资者以工业产权出资应符合企业研究、开发和生产新的高科技产品的需要，有助于企业提高生产效率、改进产品质量，有助于企业降低生产成本，作价公平合理。

(三)吸收直接投资的程序

吸收直接投资，一般应遵循如下程序：

1. 预测吸收直接投资所需要的资金数量

无论企业是新建还是扩大经营规模，都应先测算筹集资金的数量。筹集资金的数量应根据企业扩张规模的大小、理想的资本结构以及需要垫支的流动资金等因素来确定，确保筹集资金的数量与资金缺口相匹配。

2. 寻找投资单位

企业需要通过各种渠道了解投资者的投资目的、资信状况和财力等，从中选择合适的投资方；又要正确对企业进行宣传，使投资者了解企业未来的发展潜力、财务状况以及经营情况，以便于企业从中寻找最合适的合作伙伴，因为吸收直接投资的双方是双向选择的。

3. 协商和签署投资协议

找到合适的投资单位后，双方进行具体协商，确定出资数额、出资方式和出资时间。企业应尽可能吸收货币投资，如果投资方确有先进而适合企业需要的固定资产和无形资产，也可以采取非货币出资方式。对实物投资、工业产权投资、土地使用权投资等非货币资产投资，双方应按公平合理的原则协商价格。当出资数额、资产作价确定后，双方须签署投资协议或合同，以明确双方的权利和义务。

4. 执行投资协议

签署投资合同或协议后，企业与投资者应按规定做好投资交接及有关手续，企业取得相应资产。如果采取货币出资方式，通常还要编制拨款计划，确定拨款期限、每期数额及划拨方式，有时投资者还要规定拨款的用途，如把拨款分为固定资产投资拨款、流动资金拨款、专项拨款等。若用实物、工业产权、非专利技术、土地使用权等投资，一个重要的问题就是核实财产。财产数量是否准确、作价是否合理，这关系到投资各方的经济利益，必须认真处理，必要时可聘请专业资产评估机构来评定，然后办理产权的转移手续，取得资产。

（四）吸收直接投资的优缺点

1. 吸收直接投资的优点

吸收直接投资的优点主要有：相对于其他筹资方式而言，可以尽快投入生产经营，快速地形成生产能力；方便与投资者进行沟通和交流，筹资方式简便、快速；有利于增强企业的信誉；有利于降低财务风险；等等。

2. 吸收直接投资的缺点

吸收直接投资的缺点主要有：当企业经营状况良好，获取较多利润时，投资者往往会把企业获取的大部分利润作为红利分配出去，企业留存较少；相对于债务筹资，资金成本较高；吸收直接投资，如果投资者人数过多，有可能导致企业的控制权分散；吸收直接投资不像股票那样有证券作为媒介，不利于流通转让。

二、发行股票筹资

发行股票筹资，是指股份公司通过发行股票筹集资本的活动。股票是指股份公司为筹集权益资金而发行的有价证券，是持股人拥有公司股份的凭证，它证明了持股人在股份公司中拥有的权利和应承担的义务。每股股票代表了股东对企业拥有一个基本单位的所有权。股票按股东权利和义务的不同，可分为普通股和优先股。

（一）普通股

普通股票简称普通股，是指股份公司发行的具有管理权而股利不固定的股票，是股份制企业筹集权益资金的最主要方式。

1. 普通股股票的分类

(1)股票按是否记名分为记名股票和无记名股票。

记名股票,是指在发行时将股东的姓名记载在票面上,并记载于公司的股东名册上。记名股票的特点是除持有者和其正式的委托代理人或合法继承人、受赠人外,任何人都不能行使其股权。另外,记名股票在转让时,要办理过户手续,将受让人的姓名、住址分别记载于股票票面,同时对公司的股东名册办理相应手续。显然,这种股票比较安全,但转让手续复杂。这种股票若发生继承、赠予等行为,必须在转让行为发生后立即办理过户等手续。

无记名股票,是指在股票发行时,不在股票上记载股东的姓名。其持有者可自行转让股票,任何人一旦持有便享有股东的权利,无须通过其他方式、途径证明自己有股东资格。这种股票转让自由、方便,无须办理过户手续。

(2)股票按投资主体分为国家股、法人股、个人股与外资股。

国家股,是指有权代表国家投资的部门或机构以国有资产向公司投资形成的股份,包括以公司现有国有资产折算成的股份。由于我国大部分股份制企业是由原国有大中型企业改制而来的,因此,国家股在公司股权中占有较大的比重。

法人股,是指企业法人或具有法人资格的事业单位和社会团体以其依法可经营的资产向公司投资所形成的股份。目前,我国上市公司的股权结构中,法人股平均约占20%。根据法人股认购的对象,可将法人股进一步分为境内发起法人股、外资法人股和募集法人股三个部分。

个人股,是指我国境内的社会个人和公司内部职工,以其合法财产向公司投资所形成的股份。

外资股,是指外国和我国香港、澳门、台湾地区的投资者以购买人民币特种股票向公司投资形成的股份。

我国国家股和法人股目前还不能上市交易。国家股东和法人股东要转让股权,可以在法律许可的范围内,经证券主管部门批准,与合格机构投资者签订转让协议,一次性完成大宗股权的转移。

(3)股票按发行对象和上市地点不同分为A股、B股、H股、N股和S股。

我国上市公司的股票有A股、B股、H股、N股和S股。

A股是由我国境内的公司发行,并在我国境内上市,供境内机构、组织或个人(不含台、港、澳投资者)以人民币认购和交易的普通股股票,所以,A股也称人民币普通股。

B股是以人民币标明面值,以外币认购和买卖,在境内(上海、深圳)证券交易所上市交易的,所以,B股也称人民币特种股票。它的投资者限于:外国的自然人、法人和其他组织,香港、澳门、台湾地区的自然人、法人和其他组织,定居在国外的中国公民,中国证监会规定的其他投资人。现阶段B股的投资人,主要是上述几类中的机构投资者。B股公司的注册地和上市地都在境内,只不过投资者在境外或在中国香港、澳门及台湾。

H股,即注册地在内地、上市地在香港的外资股。

同样,N股在纽约上市,S股在新加坡上市。

2. 普通股股东的权利

(1)拥有公司经营管理权。普通股股东的管理权主要体现为在董事会选举中有选举权和被选举权，通过选出的董事会代表所有股东对企业进行控制和管理。

(2)拥有股利分配权。普通股股东有从公司的净利润中分得股息和红利的权利。普通股股东按持股比例从公司的盈余中分得股利。

(3)拥有优先认股权。优先认股权，是指普通股股东在公司增加发行股票时有优先于其他投资者购买公司增发股票的权利。

(4)拥有剩余财产要求权。当公司破产清算时，普通股股东对剩余财产有要求权。但这种要求全排在债权人和优先股股东之后。

(5)拥有股票转让权。普通股股东有权出售或转让股票。

3. 股票发行程序

普通股股票发行一般应按照下列程序来执行：(1)董事会决定发行股票并报股东大会批准；(2)公司向政府有关机关申请；(3)董事会备置认股书，供投资者认股所用；(4)董事会公告招股说明，公开经政府有关机关核准的包括招股说明书在内的文件；(5)投资者认领股份；(6)认股人缴纳股款；(7)股份增额后的补选改选董事、监事；(8)申请发行新股的变更登记。

4. 股票发行价格

股票发行价格，是指股票发行时所使用的价格，也是投资者认购股票时所支付的价格。在股票发行时必须要确定股票的发行价格。股票发行，一般就是公开向社会募集股本、发行股份，这种价格的高低受市场因素的影响较大，取决于公司的投资价值和供求关系的变化。

如果股份有限公司发行的股票价格等于票面金额，称为等价发行(平价发行)，或面值价发行；如果股份有限公司发行的股票价格高于票面金额，称为溢价发行；如果股份有限公司发行的股票价格低于票面金额，称为折价发行。在我国，股票发行可以是溢价发行或者等价发行，但是不允许折价发行。

5. 普通股筹资的优缺点

(1)普通股筹资的优点。

发行普通股筹资的优点主要包括以下几个方面：

①发行普通股筹措资本具有永久性，无到期日，无须还本。只有企业破产清算时才有可能偿还。这是企业对资本的最低需求，是企业生存的基础和持续经营的保障。

②发行普通股筹资无固定股利，股利的支付与否和支付多少，视公司的盈利和经营情况来定，经营波动给公司带来的财务负担较小。普通股筹资无还本付息压力，筹资风险小。

③普通股筹资能增加公司权益资金的比重，较多的权益资金能为债权人增强偿债保障，有利于增强公司的举债能力，同时增强股份公司的信誉。

④增强公司经营灵活性，由于普通股的预期收益较高，并可在一定程度上抵消通货膨胀的影响，因此，普通股筹资容易吸收资金，使用灵活。

(2)普通股等资的缺点。

普通股筹资的缺点主要包括以下几个方面：

①普通股筹资要承担高昂的资金成本。一般来说，普通股筹资的资金成本要高于债务筹资的资金成本。这是因为普通股要承担企业的经营风险，股票的风险较大所以获取相应的报酬要求也较高。如果企业长期不发放股利，将会影响企业股票的市场价值。从利润表的角度看，股利是从税后净利润中支付的，而债务资本的资金成本允许税前扣除。另外，普

通股的发行、上市等方面的手续比较复杂，花费的费用较大。

②普通股筹资容易分散企业的控制权。利用股权筹资，由于引进了新的投资者或出售股票，股东对企业控制权的结构会发生改变，分散了企业的控制权。控制权的频繁变动，一定程度上会影响企业管理层的人事变动和决策效率，对企业的正常经营有一定的影响。

③普通股筹资信息沟通与披露成本较大。投资者或股东作为企业的所有者，有了解企业财务状况、经营成果和现金流量等信息的权利。企业需要通过各种渠道和方式加强与投资者的关系管理，保障投资者的权益。特别是上市公司，其股东众多而分散，大多数只能通过公司的公开信息披露来了解公司状况，这就需要公司花更多的精力，有些还需要设置专门的部门来进行公司的信息披露和投资者关系管理。

(二)优先股

优先股是指股份公司发行的具有一定优先权的股票。这种优先权对普通股股东而言是不能享受的。优先股的主要特征是其股利支付率是固定的，并在普通股之前从税后净利润中支付，所以优先股兼具普通股和债务的双重性质。优先股筹资在西方企业中比较常见。

1. 优先股的分类

优先股的分类包括以下几种：

(1)累积优先股和非累积优先股。

优先股按股利是否可以累积，可以分为累积优先股和非累积优先股。其中，累积优先股，是指在某个营业年度内，如果公司所获的盈利不足以分派规定的股利，日后优先股的股东对往年未给付的股利，有权要求如数补给。非累积的优先股虽然对于公司当年所获得的利润有优先于普通股获得分派股息的权利，但如果该年公司所获得的盈利不足以支付规定的股利时，非累积优先股的股东不能要求公司在以后年度中予以补发。一般来讲，对投资者来说，累积优先股比非累积优先股具有更大的优越性。

(2)参与优先股和非参与优先股。

优先股按是否能参与普通股分配股利，可以分为参与优先股和非参与优先股。其中，当企业利润增大，除享受既定比率的股利外，还可以跟普通股一样参与利润分配的优先股，称为参与优先股。除了既定股利外，不再参与利润分配的优先股，称为非参与优先股。一般来讲，参与优先股较非参与优先股对投资者更为有利。

(3)可转换优先股和不可转换优先股。

优先股按是否能转换为普通股，可以分为可转换优先股和不可转换优先股。其中，可转换优先股，是指允许优先股持有人在特定条件下把优先股转换成为一定数额的普通股；否则，就是不可转换优先股。可转换优先股是日益流行的一种优先股。

(4)可收回优先股和不可收回优先股。

优先股按发行公司能否提前收回，可以分为可收回优先股和不可收回优先股。其中，可收回优先股，是指允许发行该类股票的公司，按原来的价格再加上若干补偿金将已经发行的优先股收回。当该公司认为能够以较低股利的股票来代替已发行的优先股时，就往往行使这种权利；反之，就是不可收回的优先股。

2. 发行优先股的原因

(1)维持公司控制权。

优先股股东在企业经营管理上一般没有表决权。一般来说，公司发行普通股将稀释原有股权。在特定资本数量的前提下，发行部分优先股可以有效防止原有普通股对公司经营权控制的弱化，维持原有股东对公司的控制权。

(2)调整公司的资本结构。

由于优先股具有可赎回性，在考虑债务资本和股权资本比例时充分利用优先股来达到调整资本结构的目的，实现最佳资本结构。

(3)维持举债能力。

发行优先股是增加公司的股权资本，可以增加企业的负债额度，可以提高企业的举债能力。

3. 优先股股东的权利

优先股是相对于普通股而言的，作为优先股的股东，其优先权主要体现在以下几个方面：

(1)优先分配股利权。

优先股股利分配上的优先权，是优先股最主要的特征。优先股有固定的股利，通常按票面价值的一定百分比来计算。除了按照固定股利支付优先股股利外，还必须在普通股股利之前。

(2)优先分配剩余财产权。

在企业破产清算时，出售资产所获得的收入，优先股的求偿权位于债权人之后，但在普通股股东之前。求偿金额只限于优先股的票面价值，加上累积未支付的股利。为了保护优先股的这些优先权，发行协议有时也会有某些限制条款。

(3)优先股股东的管理权是有严格规定的。

通常，在公司的股东大会上，优先股股东没有表决权，但是当公司研究与优先股有关的问题时有权参加表决。比如，股东大会讨论把一般优先股改为可转换优先股时，或者推迟优先股股利的支付时，优先股股东就有权参加股东大会并有权进行表决。

4. 优先股的性质

优先股是一种复杂的证券，它虽属于权益性资金，但同时兼有债券的性质。优先股是企业权益资金的一部分。优先股股东所拥有的权利与普通股股东相似：优先股的股利不能从税前扣除，而必须从税后利润中支付。但优先股又具有债券的特点：优先股的股利是固定的，这与债券利息相似；优先股对税后利润的分配和剩余财产具有优先权，这也类似于债券。

对于优先股，不同的主体对它的看法不一致。普通股的股东一般把优先股看成一种特殊债券，这是因为它必须在普通股之前取得股利、分享资产。投资者在购买普通股时也往往把优先股看作债券。但是，在债权人看来，优先股则属于股票，因为它对债权起保护作用，可以减少债权的风险，属于权益资金。从公司管理当局和财务人员的角度来看，优先股则具有双重性质，这是因为优先股虽没有固定的到期日，不用偿还本金，但往往需要支付固定的股利，成为一项财务负担。

5. 优先股的优缺点

(1)优先股的优点。

优先股的优点主要有：没有固定到期日，无须偿还本金；股利支付率虽然固定，但无约定性，当公司财务状况糟糕时，也可暂时不支付，一般无破产风险；利用优先股筹集的资金属于自有资金，能够增强公司的信誉和筹资能力，同时可以维持原普通股股东的控制权。

(2)优先股的缺点。

优先股也有它自身的缺点，主要有：资金成本高，优先股股利要从税后利润中支付，当公司盈余下降时，优先股股利会成为一项较重的财务负担；优先股筹资限制条件较多，一般而言，发行优先股有许多限制，比如对公司借款的限制。

三、留存收益筹资

留存收益筹资，是指企业将留存收益转化为投资的过程，将企业生产经营所实现的净收益留在企业，而不作为股利分配给股东，其实质为原股东对企业追加投资。

(一)留存收益筹资的途径

1. 盈余公积

盈余公积，是指企业按照法律规定，从企业净利润中按照一定比例计提的指定用途的留存净利润。盈余公积可以用来弥补亏损、转增股本(实收资本)。盈余公积分为法定盈余公积和任意盈余公积。

2. 未分配利润

未分配利润，是指企业实现的净利润扣除以前年度亏损弥补、提取盈余公积和分配现金股利以后，留存在企业但尚未限定用途的留存净利润。未分配利润有两层含义：一是这部分净利润没有分给公司的股东；二是这部分净利润未指定用途，可以用于企业的未来发展、转增股本(实收资本)、弥补以前年度亏损、以后年度的利润分配。

(二)留存收益筹资的优缺点

1. 留存收益筹资的优点

留存收益筹资的优点主要包括以下几个方面：

(1)资金成本较普通股成本低。留存收益属于企业内部资金，不用考虑筹资费用。

(2)保持普通股股东的控制权。用留存收益筹资，不用对外发行股票，由此增加的权益资本不会改变企业的股权结构，不会稀释原有股东的控制权。

(3)增强企业的信誉。留存收益筹资能够使企业保持较多的可支配现金流，既可解决企业经营发展的资金需要，又能增强企业的举债能力，提高公司信誉。

2. 留存收益筹资的缺点

留存收益筹资的缺点主要包括以下几个方面：

(1)筹资数额有限。留存收益筹资最大可能的数额来自企业当期的税后净利润和上年的未分配利润。如果企业经营亏损，这一渠道的资金就会受到影响。

(2)资金使用受到限制。留存收益中某些项目的使用，如法定盈余公积金等，要受到国家相关规定的制约。

任务三　债务筹资的管理和应用

债务筹资分为长期债务筹资和短期债务筹资两类。

一、长期债务筹资

长期债务筹资主要有发行公司债券筹资、长期借款、融资租赁等方式。

(一)公司债券筹资

债券是一种有价证券,是政府、金融机构、企业等直接向社会借债筹集资金时,向投资者发行的,同时承诺在一定期限内还本付息的债权债务凭证。债券是持有人拥有债权的凭证,具有法律效力。债券购买者或投资者与发行者之间是一种债权债务关系,债券发行人是债务人,投资者(债券购买者)是债权人。企业债券又称公司债券,是指企业按照法定程序发行的、约定在一定条件和期限内还本付息的有价证券。发行公司债券是企业筹集债务资金的重要方式之一。

1. 债券的分类

(1)债券按发行主体不同分类。

债券按发行主体不同,分为政府债券、金融债券和企业(公司)债券。

政府债券是政府为筹集资金而发行的债券,主要有国债、地方政府债券等,最主要的是国债。国债有国家财力做保障,信誉好、利率较高、风险小,受到很多人的青睐。除了政府部门直接发行的债券外,有些国家把政府担保的债券也划到政府债券体系,称为政府保证债券。这种债券由一些与政府有直接关系的公司或金融机构发行,并由政府提供担保。

金融债券是由银行和非银行金融机构发行的债券。在我国,金融债券主要由国家开发银行、进出口银行等政策性银行发行。金融机构一般有雄厚的资金实力,信用度较高,因此,金融债券往往有良好的信誉。

企业债券是由企业按照法定程序发行的债券。

(2)债券按有无特定财产担保进行分类。

债券按有无特定财产担保,可以分为担保债券和信用债券。

担保债券是以企业财产作为担保发行的债券,按抵押品的不同又可以分为不动产抵押债券、动产抵押债券和证券信托抵押债券。以不动产(比如厂房)作为担保品的,称为不动产抵押债券;以动产(比如设备、原材料)等作为担保品的,称为动产抵押债券;以有价证券(如股票及其他债券)作为担保品的,称为证券信托抵押债券。担保债券,一旦债券发行人违约,信托人就可以将担保品变卖处置,以保证债权人的优先求偿权。

信用债券是无担保债券,是指公司发行债券时没有抵押品做担保、仅凭公司自身的信用发行的债券。政府债券属于此类债券。这种债券由于其发行人的绝对信用而具有坚实的可靠性。

(3)债券按是否可以转换进行分类。

债券按是否可以转换,可以分为可转换债券和不可转换债券。

可转换债券是指在特定时期内可以按某一固定的比例转换成普通股的债券，它具有债务与权益的双重属性，属于一种混合性筹资方式。由于可转换债券赋予债券持有人将来成为公司股东的可能性，因此其利率通常低于不可转换债券。如果将来转换成功，在债券转换前发行企业达到了低成本筹资的目的，转换后又可节约股票的发行成本。根据《公司法》的规定，发行可转换债券应由国务院证券管理部门批准，发行公司应同时具备发行公司债券和发行股票的条件。

不可转换债券是指不能转换为普通股的债券，又称为普通债券。由于其没有赋予债券持有人将来成为公司股东的可能性，因此其利率一般高于可转换债券。

2. 债券的发行程序

债券的发行要经过一定的程序，主要包括以下几个：公司发行债券应由董事会制订方案，然后由股东会或股东大会做出决议；提出申请；公告募集办法；委托证券机构发售；交付债券，收缴债券款，然后登记债券存根簿。

3. 债券的发行价格

债券的发行价格，是指债券发行单位发行债券时使用的价格，也是债券的原始投资者购买债券时实际支付的价格。它与债券的面值可能一致，也可能不一致。债券发行价格通常有溢价发行、平价发行和折价发行三种。债券的发行价格是债券的面值和要支付的年利息按债券期限内的市场利率折现后的现值之和。由此可见，票面利率和市场利率影响到债券的发行价格。当债券票面利率等于市场利率时，债券发行价格等于面值，这时是平价发行；当债券票面利率低于市场利率时，企业仍以面值发行就不能吸引投资者，故一般要折价发行；反之，当债券票面利率高于市场利率时，企业会以高于面值的价格发行，这时是溢价发行。

4. 发行债券筹资的优缺点

(1)债券筹资的优点。

债券筹资的优点包括以下几个方面：

①资本成本低。债券的利息可以税前扣除，具有抵税作用；另外，债券投资者比股票投资者的投资风险低，因此其要求的报酬率也较低。故公司债券的资本成本要低于普通股。

②具有财务杠杆作用。债券的利息是固定的费用，债券持有者除获取利息外，不能参与公司净利润的分配，因而具有财务杠杆作用，在息税前利润增加的情况下会使股东的收益以更快的速度增加。

③维持公司控制权。债权人无权参与企业的经营管理，利用债券筹资不会改变和分散公司股东对公司的控制权。

④债券筹资的范围广。债券筹资的对象十分广泛，它既可以向各类银行或非银行金融机构筹资，也可以向其他法人单位、个人筹资。

(2)债券筹资的缺点。

债券筹资的缺点主要包括以下几个方面：

①财务风险大。债券有固定的到期日和固定的利息支出，当企业资金周转出现困难时，易使企业陷入财务困境，甚至破产清算。因此，筹资企业在发行债券进行筹资时，必须考虑所筹资金投资的项目的未来收益的稳定性和增长性的问题。

②限制性条款多，缺乏灵活性。由于债权人没有参与企业经营管理的权利，为了保障债

权人债权的安全，通常会在合同中附有各种限制性条款。这些限制性条款会影响企业资金使用的灵活性。

③筹资数量有限。债券筹资的数量一般比银行借款多，但它筹集的毕竟是债务资金，如果金额过多，会影响企业信誉，也有可能因为资金结构变差而导致总体资金成本的提高。所以，债券筹资数量是有限的。

(二)长期借款

长期借款，是指企业向银行或其他金融机构借入的期限在一年以上(不含一年)的各项借款。

1. 长期借款的分类

(1)长期借款按照来源不同分类。

长期借款按照来源不同可以分为政策性银行借款、商业银行借款和其他金融机构借款。其中，政策性银行借款是指执行国家政策性贷款业务的银行向国家重点建设项目或地方政府建设项目发放借款，通常为长期借款。如国家开发银行为满足企业承建国家重点项目的资金需求而提供的贷款，也包括出口信贷的款项等。商业银行借款是指由各商业银行向企业提供的借款，以满足企业生产经营资金的需要，包括长期和短期借款。其他金融机构借款主要是指由信托投资公司取得的货币和实物形式的信托投资贷款，从财务公司取得的各种商业中长期借款以及从保险公司取得的工程、财产等保险借款。其他金融机构借款一般较商业银行借款的时间要长，要求的利率要高，对借款人的信用要求和担保条件要严格。

(2)长期借款根据借款用途不同分类。

长期借款根据借款用途不同可以分为基础建设借款和专项借款等。其中，基础建设借款是指政府或企业为新建、改建、扩建生产经营用固定资产或城市建设基础设施及公益设施等而向银行申请借入的款项。专项借款是指政府或企业因为专门用途而向银行申请借入的款项，包括更新改造借款、大修理借款、科技开发借款、新产品试制借款等。

(3)长期借款按借款有无担保分类。

长期借款按借款有无担保分为信用贷款和担保贷款。其中，信用贷款是指不需要企业提供抵押品，仅凭企业自身的信用而获得的贷款。这种方式手续简便，但对于发放贷款的金融机构而言，安全性差，风险较高，因此，这类贷款对企业的信用程度要求十分严格。

担保贷款是指由借款人或第三方依法提供担保而获得的贷款。担保贷款又可以分为保证贷款、质押贷款和抵押贷款。保证贷款是根据《担保法》规定的保证方式，以第三人作为保证人，承诺在借款人无法偿还借款时，按照约定承担保证责任或连带责任而取得的贷款，它受到保证人经济能力和资信程度的限制。质押贷款是指以借款人或第三人的动产或财产权利作为质押物而取得的贷款，动产或财产权利必须转移给贷款人占有，常用的质物有国库券、可转让定期存单、汇票等。抵押贷款是指以借款人或第三人提供的财产作为抵押物而获得的贷款，抵押物无须转移给贷款人占有，仍由债务人或第三人占有，抵押物可以是不动产、机器设备、运输工具，也可以是依法享有处分权的有价证券如股票、债券等，它们必须是能够变现的资产。一般来说，抵押物要进行抵押登记，未经贷款银行(抵押权人)允许不得将抵押物变卖、赠送、交换或抵押给其他人。

2. 长期借款的程序

长期借款应当按照以下程序进行：

(1)企业提出借款申请。

企业向银行借入长期借款一般用于购置固定资产、增加流动资金和归还已到期的债券或借款等。具体借款期限在一年以上,但一般不超过 10 年。根据企业主观上的需要和客观上的可能来确定长期借款的具体数额。企业根据筹资需求向银行提出书面申请,并按银行要求的条件和内容填制借款申请书。

(2)金融机构审批。

银行等金融机构接到企业的申请后,要按照有关政策和贷款条件,对企业进行信用审查,根据审批权限,核准公司的借款金额和用款计划,来决定是否给企业贷款。银行审查的内容主要包括:企业的财务状况,银行主要通过企业的财务报表审查企业的负债水平、资本结构等内容;企业的信用情况,主要包括以前的偿债记录、信誉以及主要经营者的品行等;企业盈利的稳定性,主要包括企业一段时期以来的获利能力及其发展趋势;企业的发展前景,主要包括企业的改革、经营管理水平、技术水平、主要产品的市场份额等;企业借款投资项目的可行性,主要审查投资项目建成后所生产的产品是否具有竞争力,能否带来经济效益。

(3)签订借款合同。

银行经审查批准借款申请之后,与借款企业进一步协商借款的具体条件,签订正式的借款合同,规定贷款的数额、利率、期限和一些约束性条款。

(4)企业取得借款。

借款合同生效后,企业取得借款。银行可在核定的贷款指标范围内,根据企业的用款计划和实际需要,一次或分次将贷款转入企业的存款账户,以便企业使用。

3. 长期借款的保护性条款

由于银行等金融机构提供的长期借款金额大、时间长、风险高,长期借款除了借款合同的基本条款外,债权人通常还会在借款合同中附加各种保护性条款,来保证债权人的借款能够按时足额收回。保护性条款一般有以下三类:

(1)例行性保护条款。

这是常规的保护性条款,在大多数借款合同中会出现,主要包括:要求企业定期向提供贷款的金融机构提交财务报表,使债权人能随时掌握公司的财务状况和经营成果;不准在正常情况下出售过多的原材料、半成品等,以免影响企业的正常生产经营能力;按时缴纳税金和及时清偿其他到期债务,来防止债务人被罚款而造成不必要的现金流失;不准贴现应收票据或出售应收账款,防止出现或有负债;等等。

(2)一般性保护条款。

一般性保护条款是指对企业资产的流动性和偿债能力等方面的限制条款,大部分借款合同中有这类条款,主要包括:保持企业资产的流动性,这要求企业必须持有一定数量的货币资金和其他流动资产,以保持企业资产的流动性和偿债能力,一般规定了企业必须保持最低营运资金数额和最低流动比率数值;限制企业非经营性支出,比如限制支付现金股利和职工加薪的数额规模,来减少企业资金的过度外流;限制企业资本支出规模,维持企业的目标资本结构;限制企业的再举债规模,来防止其他债权人取得对企业资产的优先求偿权;限制企业的长期投资,如规定企业不准投资在短期内不能收回资金的项目,不能未经银行等债权人同意而与其他企业合并;等等。

(3)特殊性保护条款。

这类条款出现在部分借款合同中，是针对某些特殊情况而约定的条款，只有在特殊情况下才能生效，主要包括要求企业的主要领导人购买人身保险、借款的用途不得改变、违约惩罚等条款。

上述各项条款结合使用，将有利于全面保护银行等债权人的权益。但借款合同是经双方充分协商后决定的，最终结果取决于双方的谈判能力，而不是完全取决于银行等债权人的主观愿望。

4. 长期借款筹资的优缺点

(1)长期借款筹资的优点。

长期借款筹资的优点主要包括以下几个方面：

①筹资速度快。在借贷双方协商一致，签订借款合同后，借款方即可获得借款，不需要经过证券管理部门的审核批准，手续简单，能迅速筹集到所需资金。

②资金成本较低。企业向金融机构借款，不必像发行证券那样支付较高的发行费，筹资费用低；长期借款的利息可在所得税前扣除，具有减税作用，资金成本较低。

③具有财务杠杆作用。长期借款的利息是固定的，与债券筹资、优先股筹资类似，具有财务杠杆的作用，当借款企业获得丰厚利润时，普通股股东会分享到更多利益。

④维持公司控制权。由于提供长期借款的贷款人无权参与企业的经营管理，因此，借款筹资不会影响原有股东对企业的控股权。

⑤灵活性大。企业在借款之前，可以根据自身的资本需求与银行等金融机构直接商定借款的时间、数量和条件。在借款期间，若企业的财务状况发生某些变化，可以与债权人再协商，变更借款的时间、数量和条件，经债权人同意，还可以提前偿还本息。因此，长期借款筹资对于企业来说具有较大的灵活性。

(2)长期借款筹资的缺点。

长期借款筹资的缺点主要包括以下几个方面：

①财务风险大。既然是借款，就需要按期还本付息。长期借款虽然期限较长，但也必须按期归还本金和利息，企业经营业绩不佳时，借款的偿付本金和利息会增加企业的财务风险。

②筹资数额有限。利用长期借款筹资不能像发行股票那样在大范围内筹集大笔资金，无法满足企业大规模资金的需要。

③限制条款多。借款合约中有许多限制性条款(如指定借款的用途)，可能会给企业的经营活动带来一定的影响。

(三)融资租赁

融资租赁是企业的一种特殊筹资方式，适用于各类企业。租赁是指出租人在承租人给予一定报酬的条件下，授予承租人在约定的期限内占有和使用其财产的一种契约性行为。租赁行为实质上具有借贷属性，不过它直接涉及的是物而不是钱。在租赁业务中，出租人主要是各种专业租赁公司，属于非银行金融机构，承租人主要是其他类型的企业，承租物大多为设备等固定资产。租赁兼有商品信贷和资金信贷的两重性，以融物的形式达到融资的目的。从租赁的目的来看，租赁分为融资租赁和经营租赁。融资租赁又称财务租赁或金融租赁，是指

名师精讲

实质上转移与资产所有权有关的全部或绝大部分风险和报酬的租赁。资产的所有权最终可以转移,也可以不转移,它是一种以融资为目的的租赁方式。经营租赁是由租赁公司向承租单位在短期内提供设备,并提供维修、保养、人员培训等的一种服务性业务,又称服务性租赁或营业租赁。

1. 融资租赁的形式

融资租赁的形式包括直接租赁、售后租回和杠杆租赁三种。

(1)直接租赁。

直接租赁是一种最典型的融资租赁方式,是由承租人提出租赁申请,出租人按照承租人的要求选购设备,然后再出租给承租人。直接租赁的出租人一般是制造厂商或租赁公司。

(2)售后租回。

售后回租,是指承租人由于急需资金等各种原因,将自己的资产出售给出租人,然后以租赁的形式从出租人处原封不动地租回资产的使用权。采用这种租赁形式,资产的售价大致为市价,出售资产的企业可以收到相当于市价的一笔资金,同时仍然可以使用资产。

(3)杠杆租赁。

杠杆租赁是涉及承租人、出租人和资金出借人三方的融资租赁业务。一般来说,当所涉及的资产价值较高时,出租人自己只投入部分资金,通常为资产价值的20%～40%,其余资金则通过将该资产抵押担保的方式,向第三方(通常为银行)申请贷款解决。出租人将购进的设备出租给承租方,用收取的租金偿还借款,该资产的所有权属于出租方。出租人既是债权人也是债务人,既要收取租金又要支付债务。从承租人的角度来看,这种租赁形式与其他租赁形式并无区别。

2. 融资租赁租金的计算

(1)租金的构成:

融资租赁每期租金的多少,取决于以下几个因素:设备原价及预计残值,包括设备买价、运输费、安装调试费、保险费等,以及设备租赁期满后出售可得的收入;利息,指租赁公司为承租企业购置设备垫付的资金应支付的利息;租赁手续费,指租赁公司承办租赁设备所发生的业务费用和必要的利润。

(2)租金的支付方式。

租金的支付方式有以下几种:①按支付时间的长短,分为年付、半年付、季付和月付等方式。②按支付时间的先后,分为先付租金和后付租金。先付租金是在期初支付,后付租金是在期末支付。③按每次支付额,分为等额支付和不等额支付。实务中,承租企业与租赁公司商定的租金支付方式,大多为后付等额年金。

(3)租金的计算。

目前,在国际上租金的计算方法主要有平均分摊法、等额年金法、附加率法、浮动利率法等。但是在我国,租金的计算大多采用平均分摊法和等额年金法。

①平均分摊法。

平均分摊法是以事先商定的利息率和手续费率计算出租赁期内的利息和手续费,然后和设备成本一起,在租赁期内,按支付次数平均计算的方法。这种方法的优点是比较简单,缺点是没有充分考虑资金的时间价值。每次应付租金的计算公式如下：

$$A=\frac{(C-S)+I+F}{N}$$

其中，A 为每次支付的租金；C 为租赁设备的购置成本；S 为租赁设备的预计残值；I 为租赁期间的利息费用；F 为预计的租赁手续费；N 为租赁期限。

例题精讲

【例 4—1】 红星公司于 2018 年 1 月 1 日从租赁公司租入一套设备，价值 200 万元，租期 5 年，租赁期满时预计净残值 5 万元，期满后归租赁公司。年利率 10%，租赁手续费率为设备价值的 2%。租金每年年末支付一次，该套设备每年支付多少租金？

解：$每年租金(A)=\frac{(200-5)+[200\times(1+10\%)^{5}-200]+200\times2\%}{5}$

$=64.22$（万元）

②等额年金法。

等额年金法是指运用年金现值的计算原理计算每次应付租金的方法。在等额年金法下，通常要根据利率和租赁手续费率确定一个租费率，作为折现率（贴现率）。这种方法与平均分摊法相比，计算较复杂，但因为考虑了资金的时间价值，结果较客观。其计算公式如下：

$$A=\frac{C-S\times(P/F,i,n)}{(P/A,i,n)}$$

其中，A 为每次期末应付的租金；C 为租赁设备的购置成本；S 为租赁设备的预计残值；i 为贴现率；n 为租金的支付次数。

例题精讲

【例 4—2】 承接例 4—1 的资料，假设租赁手续费在租入设备时一次性付清（即不考虑租赁手续费率），贴现率即为年利率，则该套设备租赁期内每年年末应支付多少租金？

解：$A=\frac{200-5\times(P/F,10\%,5)}{(P/A,10\%,5)}=\frac{200-5\times0.620\ 9}{3.790\ 8}=51.94$（万元）

3. 融资租赁筹资的优缺点

（1）融资租赁的优点。

融资租赁的优点包括以下几个方面：

①筹资速度较快。融资与融物一体化，融资租赁节省了物资设备采购环节，而企业采用借款筹资后还要去采购所需设备，因此，租赁比借款能使企业更快地获得所需设备。

②限制条款较少。相比其他长期负债筹资形式，融资租赁受限条款较少。

③融资租赁的实质是融资，当企业资金不足，举债购买设备困难时，更能显示出融资租赁的优势。

④财务风险较小。融资租赁无须一次性偿还，它以分期支付租金与企业的现金流匹配，不用到期归还大量资金，所以财务风险较小。

⑤具有抵税作用。租金可在税前扣除，起到了抵税的作用。

(2)融资租赁的缺点。

融资租赁的缺点包括以下几个方面：

①资金成本较高。租金较高，成本较大。一般租赁费要高于借款利息。

②不一定能享受设备残值。

③有时需要支付额外的担保金。

二、短期债务筹资

短期筹资也称为流动负债筹资或短期负债筹资，是指偿还期限在一年以内(含一年)的筹资。短期筹资一般是负债筹资，是主要为满足企业临时性流动资金需要而进行的筹资活动。

(一)短期筹资概述

1. 短期筹资的特征

短期筹资主要有以下特征：

动画微课

(1)筹资速度快。

长期负债的债权人为了保护其债权的安全，往往要对债务人进行全面的信用调查和周密的分析，因此长期负债筹资所需时间一般较长。而流动负债由于在较短时间内可归还，其债权人顾虑较少，只对债务人的近期财务状况做调查，因此耗时较短。所以，流动负债筹资速度较快。

(2)筹资具有灵活性。

长期负债所筹资金往往不能提前偿还，而且长期负债债务人往往要受借款合同的限制性契约条款的限制；而流动负债筹资要灵活得多。

(3)资金成本较低。

流动负债的资金成本比长期负债的资金成本低，因为，短期借款的利率比长期借款或债券的利率低，且筹资费用也比长期负债少。

(4)筹资风险较大。

由于流动负债需要在短期内偿还，如果债务人在短期内拿不出足够的资金偿还债务，就会陷入财务危机，风险较大。

(5)可以弥补企业资金的暂时不足。

企业的流动资产数量随经营情况的变化而变化，具有波动性，因此，企业不可避免地会出现暂时的资金不足。通过流动负债筹资，可以弥补企业资金的暂时不足。

(6)便于企业资金结构的灵活组合。

流动负债筹资，可以形成企业资金结构的灵活组合。短期负债借入容易，归还也较随意，可以作为企业的一种调度资金的手段。

2. 短期筹资政策

企业短期筹资政策包括匹配型筹资政策、激进型筹资政策和保守型筹资政策。

(1)匹配型筹资政策。

匹配型筹资政策,是指公司的负债结构与公司资产的寿命周期相匹配的筹资政策,即临时性短期资产所需资金用短期负债筹集,永久性短期资产和固定资产以长期筹资方式(长期负债或权益)来筹集资金。

(2)激进型筹资政策。

激进型筹资政策,是指企业的短期负债不但要满足临时性短期资产的需要,而且要满足一部分永久性短期资产的需要,有时甚至全部短期资产需要的筹资政策,因为短期筹资的筹资成本更低。

(3)保守型筹资政策。

保守型筹资政策,是指企业临时性短期负债只满足部分临时性短期资产的需要,其他短期资产和长期资产用长期筹资方式(长期负债或权益)来筹集资本,因为长期资本的风险较低。

(二)短期筹资方式

1. 商业信用

商业信用,是指企业在正常的经营活动和商品交易中由于延期付款或预收账款所形成的企业间一种直接的借贷关系。商业信用产生的根本原因是由于在商品经济条件下,在资本循环过程中,各个企业相互依赖,但它们在生产时间和流通时间上往往存在着不一致,从而使商品运动和货币运动在时间上和空间上脱节,从而形成的“自发性筹资”。而通过企业之间相互提供商业信用,则可满足企业对资本的需要,从而保证整个社会的再生产得以顺利进行。

(1)商业信用的形式。

商业信用的形式主要有应付款项、应计未付款和预收账款等。

①应付款项。应付款项是供应商给企业提供的一项商业信用。由于购买者往往在到货后一段时间才付款,商业信用就成为企业短期资金的来源。如企业规定对所有账单均见票后若干日付款,商业信用就成为随生产周转而变化的一项短期筹资方式。当企业生产规模扩大,其进货和应付款项相应增加,商业信用就提供了企业所需要的部分资金。应付款项包括了应付账款和应付票据两种。

应付账款是企业购买货物应付而暂时未付的款项,是人们常说的赊销,它是一种最常见、最典型的商业信用形式。

应付票据是在应付账款的基础上发展起来的一种商业信用,它是企业进行延期付款时开具的,明确规定了具体付款日期、付款金额、是否计息等相关内容,为买卖双方的债权债务关系提供严格法律依据的票据。按承兑人不同,应付票据分为商业承兑汇票和银行承兑汇票两种。

②应计未付款。应计未付款是企业在生产经营和利润分配过程中已经计提但尚未以货币支付的各种款项,主要包括应付职工薪酬、应交税费、应付股利等。如应付职工薪酬,企业通常在下个月支付上个月的职工薪酬,在应付职工薪酬已计提但未支付的这段时间,就会形成应计未付款。它相当于职工给企业的一项短期信用。应计未付款随着企业规模的扩大而增加,企业使用这些自然形成的资金无须付出任何代价。但企业不是总能控制这些款项,因

为其支付是有一定时间限制的，企业不能总拖欠这些款项。所以，企业尽管可以充分利用应计未付款，但并不能控制这些款项的水平。

③预收账款。预收账款是指销货单位按照合同和协议规定，在发出货物之前向购货单位预先收取部分或全部货款的信用行为。销货单位对于紧俏商品、生产周期长且造价较高的商品，往往采用预收货款方式销货，以缓和本企业资金占用过多的矛盾。

(2)商业信用条件。

所谓商业信用条件，是指销货企业(卖方)对付款时间和现金折扣所作的具体规定，即指信用期限和现金折扣。信用期限是卖方企业允许买方从购货到付款的时间限定，即卖方企业给予的延期付款期限。卖方为了及早收回货款，往往向在信用期限内提前付款的企业提供一定的现金折扣。所谓折扣期限，是指买方能够享受某一现金折扣的优惠期限。折扣率是指现金折扣的优惠比例，一般以销售收入的百分比表示。比如，某企业作为商品的卖方，对买方给出"2/10，1/20，*N*/30"的信用条件，这说明：如果买方在 10 天的折扣期限内付款，可享受 2%的现金折扣；若买方在 11～20 天的折扣期限内付款，可享受 1%的现金折扣；如果买方在第 21～30 天信用期限内付款，不享受任何现金折扣；如果买方超过 30 天再付款，则属于违约行为，必须承担相应的民事责任。

例题精讲

【例 4—3】 红星公司购入一批原材料时，供货商给出"2/10，*N*/30"的信用条件，材料货款为 200 万元，不考虑增值税，则红星公司应该选择享受折扣还是放弃折扣？

解：首先要知道，若红星公司选择享受折扣，会在第 10 天付款，理性的财务人员一般不会在第 1～9 天付款；同理，若红星公司选择放弃折扣，会在第 30 天付款，不会在第 11～29 天付款。

若红星公司在第 10 天付款，可享受现金折扣，只需支付 196 万元；若放弃现金折扣，则在第 30 天支付 200 万元。也就是说，仅仅过了 20 天，红星公司就多支付了 4 万元，那么这 4 万元就是占用 20 天资金的利息额。

$$放弃现金折扣成本率=\frac{现金折扣率}{1-现金折扣率}\times\frac{360}{信用期-折扣期}$$

放弃现金折扣的成本是一种机会成本，它是买方该不该放弃现金折扣的决策依据。如果资金紧张，又想在 10 天内付款，就需要借入 196 万元。若借入资金的利率低于放弃现金折扣的机会成本率，就应该在折扣期内用借入资金支付货款；反之，若借入资金的利率高于放弃现金折扣的机会成本率，就该放弃该现金折扣。

上述例题中，放弃现金折扣成本率为：$\frac{2\%}{98\%}\times\frac{360}{30-10}=36.73\%$，若同期银行借款年利率为 10%，低于放弃现金折扣的机会成本率，则应享受现金折扣。

实务中，企业放弃应付账款现金折扣的原因，可能是企业暂时缺乏资金，也可能是基于将应付的账款用于临时性短期投资，以获得更高的投资收益。如果企业将应付账款用于短期投资，所获得的投资报酬率高于放弃折扣的机会成本率，则应当放弃该现金折扣。

(3)商业信用的优缺点。

商业信用的优点:容易取得,利用商业信用筹资方便快捷,商业信用与商品买卖同步进行,是一种自然性融资,无须提前安排;筹资费用低,如果无现金折扣或是不带息票据,商业信用筹资无须负担任何成本;限制条件少。

商业信用的缺点:期限较短,若想获得现金折扣,期限更短,若放弃现金折扣,则付出的成本较高;商业信用具有局限性,包括商业信用规模的局限性、商业信用方向的局限性、商业信用期限的局限性、商业信用授信对象的局限性。

2. 短期借款筹资

短期借款是指企业向银行和其他非银行金融机构借入的期限在一年以内(包含一年)的借款。

(1)短期借款的种类。

短期借款根据有无担保,可以分为信用借款和担保借款。

信用借款,是指企业凭借自己的信誉从银行取得的借款。这种借款,无须以财产做抵押。银行在对企业的财务报表、现金预算等资料进行分析的基础上,决定是否向企业贷款。一般只有信誉好、规模大的公司才可能得到信用借款。这种信用借款一般带有一些信用条件,如信用额度、周转信用协议和补偿性余额等。

担保借款,是指有一定的担保人作保证或利用一定的财产作抵押或质押而取得的借款。保证借款是以规定的保证方式以第三人承诺在借款人不能偿还借款时,按约定承担一般保证责任或连带责任而取得的借款。抵押借款是指按规定的抵押方式以借款人或第三人的财产作为抵押物而取得的借款。质押借款是指按规定的质押方式以第三人或借款人的动产或权利作为质押物而取得的借款。

(2)短期借款的程序。

企业要进行短期借款,首先必须提出申请,经审查同意后借贷双方签订借款合同,注明借款的用途、金额、利率、期限、还款方式、违约责任等;然后企业根据借款合同办理相关借款手续,借款手续完毕,企业便可取得借款。

(3)短期借款的信用条件。

一般来说,银行在发放短期借款时往往附带一些信用条件,主要有以下几种:

①信贷额度。信贷额度也就是贷款限额,是银行对借款人规定的无担保贷款的最高额度。信贷额度的有效期限通常为一年,但根据情况也可延期一年。通常在信贷额度内,企业可以随时按需要使用银行借款,但是银行并不承担必须提供全部信贷额度的义务;如超过规定额度再向银行借款,银行将停止办理;此外,如果企业信誉恶化,即使银行同意按信贷额度提供贷款,企业也可能得不到借款。在这种情况下,银行不会承担责任。

②周转信贷协议。周转信贷协议是指银行具有法律义务的承诺提供不超过某一最高限额的贷款协议。在协议的有效期内,只要企业的借款总额未超过最高限额,银行就必须满足企业在任何时候提出的借款要求。企业享用周转信贷协议,通常要对贷款限额中的未使用部分付给银行一定的承诺费用。承诺费用一般按未使用的信用额度的一定比例计算。

例题精讲

【例 4—4】 红黄公司与银行签订的周转信贷协议额度为 3 000 万元，承诺费率为 2%，假设该企业年度内使用了 2 000 万元的借款，则红黄公司应向银行支付多少承诺费？

解：应付承诺费＝(3 000－2 000)×2%＝20(万元)

③补偿性余额。补偿性余额是指银行要求借款企业在银行中保留一定数额的存款余额，通常为借款额度的 10%～20%，主要是为了降低银行的贷款风险，但对企业来说，加重了利息负担。

例题精讲

【例 4—5】 红黄公司按年利率 6%向银行借款 500 万元，补偿性余额的比例为 20%，则该企业借款的实际利率是多少？

解：借款的实际利率$=\dfrac{6\%\times 500}{500\times(1-20\%)}=7.5\%$

④偿还条件。企业偿还贷款可以到期一次偿还，也可以在贷款期内定期(每月、季)等额偿还。一般地，企业希望采取到期一次偿还，而银行则喜欢贷款期内等额偿还，因为到期一次偿还对企业来说可以使银行的实际贷款利率降低，但银行的风险会增加。

⑤其他承诺。银行有时还要企业为取得贷款而做出其他承诺，比如及时提供财务报表、保持适当的流动比率等。如果企业违反承诺，银行可以要求企业立即偿还全部贷款。

小思考

各种债务筹资方式对企业有哪些不同影响？

任务四　混合型筹资管理

混合型筹资方式主要指的是可转换债券筹资。

可转换债券是一种可以在特定时间、按特定条件转换为普通股票的企业债券。可转换债券属于混合型的证券，既具有债券的一般特征，也具有未来转化为普通股的权利。

一、可转换债券的特征

可转换债券有以下几个特征：

1. 债券性

与其他债券一样，可转换债券也有固定的利率和期限，投资者可以选择持有债券至到期，按时收回本金和利息。从这点看，可转换债券属于债务资本，到期需要还本付息。

2. 股权性

可转换债券在转换成股票之前是纯粹的债券，但在转换成股票之后，原债券持有人就由债权人变成了公司的股东，可参与企业的经营管理和企业的利润分配，这也会在一定程度上影响公司的股本结构。从这点看，可转换债券属于股权资本，具有表决权。

3. 可转换性

可转换性是可转换债券的重要标志，债券持有人可以按约定的条件将债券转换成股票。转股权是可转换债券投资者所特有的权利。可转换债券在发行时就明确约定，债券持有人可按照发行时约定的价格将债券转换成公司的普通股票。如果债券持有人不想转换，则可以继续持有债券，按期收回本金和利息，或者在流通市场上出售变现。如果持有人看好发债公司股票的增值潜力，在规定的时限后可以行使转换权，按照预定转换价格将债券转换成股票，发债公司不得拒绝。正因为具有可转换性，可转换债券利率一般低于公司普通债券利率，企业发行可转换债券可以降低筹资成本。

二、可转换债券筹资的优缺点

（一）可转换债券的优点

（1）利息成本较低。一般来说，可转换债券的利息低于普通债券，当公司赋予普通股期望值越高时，可转换债券利息越低。

（2）发行价格较高。因为可转换债券到期可转换为股票，通常溢价发行。

（3）相对于增发新股而言，一定程度上减缓股本扩张对公司权益的稀释，只有真正转股之后才会分散公司的控制权。

（4）筹资方式比较灵活。可转换债券既可以转换为股票永久持有，也可以在规定时期内要求偿还，因此在期限上具有较强的灵活性。

（二）可转换债券的缺点

（1）对于企业而言，转股后将失去利息成本较低的好处，企业的加权资本成本将会上升。

（2）股市预期良好，发行股票进行筹资比发行可转换债券更为直接；股市预期低迷，若可转换债券不能强行转股，公司的还债压力会加剧。

（3）若可转换债券转股时股价高于转换价格，则发行遭受筹资损失。

项目小结

⊙ 筹资活动是企业的一项基本财务活动，是企业运动的起点。按资金的来源不同可以分为内部筹资和外部筹资；按资金的性质分为权益资金和债务资金；按资金的使用时间分为长期筹资和短期筹资。主要的筹资方式有：发行股票、吸收直接投资、发行债券、银行借款、商业信用和融资租赁等。

⊙ 权益资金筹集方式主要有发行股票、吸收直接投资和留存收益筹资等，每种筹资方式各不相同，都有自己的优点，也有自身的缺点，企业要根据自身的情况选择合适的权益资金筹资方式。

⊙ 债务资金筹集方式有长期借款、发行债券、融资租赁、短期借款、商业信用等。不同筹资方式都有自己的优点和缺点，企业要综合考虑选择哪种方式进行筹资。

⊙ 混合型筹资方式主要是指可转换债券。可转换债券有自己的特征和优缺点，企业应根据需要选用。

课后习题与实训

一、单项选择题

1. 下列各项中，属于短期筹资的是(　　)。
A. 发行股票　B. 商业信用　C. 发行债券　D. 融资租赁
2. 下列各项中，属于间接筹资的是(　　)。
A. 发行股票　B. 发行债券　C. 吸收直接投资　D. 银行借款
3. 下列各项中，表述正确的是(　　)。
A. 企业应尽量发行股票筹资　B. 企业应首先利用商业信用筹资
C. 企业应首先考虑外部筹资　D. 企业应首先利用内部筹资
4. 筹资按照资金来源渠道的不同可以分为(　　)。
A. 直接筹资和间接筹资　B. 短期筹资和长期筹资
C. 权益筹资和负债筹资　D. 内部筹资和外部筹资
5. 具有简便易行、成本相对较低、限制较少等优点的筹资方式是(　　)。
A. 发行股票　B. 发行债券　C. 商业信用　D. 长期借款
6. 下列各项中，属于负债资金特点的是(　　)。
A. 财务风险小　B. 弹性小　C. 具有永久性　D. 到期还本
7. 下列各项中，属于权益筹资方式的是(　　)。
A. 银行借款　B. 商业信用　C. 发行债券　D. 吸收直接投资
8. 下列各项中，属于债务筹资方式的是(　　)。
A. 发行债券　B. 吸收直接投资　C. 发行股票　D. 利用留存收益
9. 下列各项中，不属于商业信用的是(　　)。
A. 应付账款　B. 应收账款　C. 应付票据　D. 预收账款
10. 企业吸收直接投资的缺点是(　　)。
A. 资金成本高　B. 有利于维持公司控制权
C. 提高企业信誉　D. 可以降低财务风险
11. 企业发行债券筹资的优点是(　　)。
A. 债券筹资成本较低　B. 限制条件少
C. 不可以利用财务杠杆　D. 财务风险较低
12. 下列各项中，表述正确的是(　　)。

A. 企业筹资动机应服务于企业的财务管理总目标
B. 筹资的目的是改善资本结构
C. 筹资的基本目的是对外投资
D. 企业筹资的根本目的是扩大再生产
13. 普通股筹资的优点是(　　)。
A. 有利于增强公司信誉　　B. 资本成本较债务筹资高
C. 分散公司控制权　　D. 易尽快形成生产能力
14. 下列各项中,属于长期筹资方式的是(　　)。
A. 短期借款　　B. 应付票据　　C. 应付账款　　D. 发行债券
15. 下列各项中,属于内部筹资方式的是(　　)。
A. 银行借款　　B. 发行股票　　C. 留存收益　　D. 商业信用

二、多项选择题

1. 筹资按企业取得资金的权益性不同,分为(　　)。
A. 权益性筹资　　B. 发行债券筹资　　C. 债务性筹资　　D. 发行股票筹资
2. 下列各项中,属于直接筹资方式的有(　　)。
A. 发行股票　　B. 发行债券　　C. 吸收直接投资　　D. 银行借款
3. 下列各项中,属于间接筹资方式的有(　　)。
A. 银行借款　　B. 融资租赁　　C. 发行债券　　D. 发行股票
4. 企业筹资应遵循的原则有(　　)。
A. 筹资数量合理　　B. 筹资及时
C. 筹资成本效益性　　D. 资本结构优化性
5. 企业筹资的渠道有(　　)。
A. 国家投入　　B. 法人投入　　C. 外商投入　　D. 社会公众投入
6. 企业的筹资方式有(　　)。
A. 商业信用　　B. 利用留存收益　　C. 发行股票　　D. 融资租赁
7. 企业筹资的动机主要有(　　)。
A. 新建筹资　　B. 混合筹资　　C. 扩张筹资　　D. 偿债筹资
8. 普通股股东的权利有(　　)。
A. 公司经营管理权　　B. 收益分享权
C. 优先认股权　　D. 剩余财产分配权
9. 下列各项中,影响融资租赁租金的因素有(　　)。
A. 设备原值　　B. 租赁手续费　　C. 预计净残值　　D. 利息
10. 融资租赁的特点有(　　)。
A. 租期较长
B. 租赁期内承租人应负责设备维修和保养等
C. 租赁期满后,所有权可以转让给承租人
D. 租赁期内出租人应提供维修和保养等服务

三、判断题

1. 短期筹资与长期筹资相比，筹资成本低、风险小。 （ ）
2. 股权筹资与债务筹资相比，筹资成本低，筹资风险小。 （ ）
3. 企业筹资渠道与筹资方式是两回事，二者之间没有必然联系。 （ ）
4. 由于权益资本不用还本付息，因此不存在资本成本。 （ ）
5. 负债筹资一般要承担较大风险，相对而言，付出的资本成本较低。 （ ）
6. 在各种筹资方式中，普通股筹资的成本最高。 （ ）
7. 商业信用属于自发性筹资，主要包括应付账款、应付票据与预收账款等。 （ ）
8. 出租人在融资租赁期间应承担租赁设备的维修与保养服务。 （ ）
9. 留存收益筹资，因为是企业内部留存下来的积累，不需花费筹资费用，所以不存在资金成本。 （ ）
10. 企业筹资的目的就是扩大生产经营规模。 （ ）
11. 筹资按筹集资金的使用期限长短分为短期筹资与长期筹资。 （ ）
12. 筹资按是否以金融机构为媒介分为直接筹资与间接筹资。 （ ）
13. 经营性租赁期间，出租人应向承租企业提供资产维修、保养及人员培训等服务。 （ ）

四、案例分析题

1. 红星公司于2018年1月1日从租赁公司租入一台设备，价值100万元，租期5年，预计租赁期届满时残值为4万元，归租赁公司，年利率为10%，租赁手续费率为设备价值的2%，租金每年年末支付一次。

要求：

(1)用平均分摊法计算该套设备每次支付的租金。

(2)用等额年金法计算该套设备每次支付的租金(不考虑租赁手续费率，即贴现率为年利率)。

2.“饿了么”是2008年创立的本地生活平台，主营在线外卖、新零售、即时配送和餐饮供应链等业务。在2017年的年会上，“饿了么”创始人张旭豪宣布下一个9年，“饿了么”的一大战略将是“Make Everything 30min”，将致力于用创新科技打造全球领先的本地生活平台。

截至2017年6月，“饿了么”在线外卖平台覆盖全国2 000个城市，加盟餐厅130万家，用户量达2.6亿。业绩持续高速增长的同时，公司员工也超过15 000人。

截至2017年7月，“饿了么”已获融资总额达23.4亿美元，投资方包括阿里巴巴、蚂蚁金服、中信产业基金、华人文化产业基金和红杉资本等世界顶级企业和投资机构。

2017年8月24日，“饿了么”正式宣布收购百度外卖。

2017年9月15日，“饿了么”母公司拉扎斯集团发内部邮件，宣布“饿了么”和百度外卖继8月24日合并后的首轮架构调整通知。出任百度外卖新CEO的是魏海，负责百度外卖业务及双品牌战略落地工作。根据公开资料，魏海在“饿了么”的职位是商业分析副总裁。

2017年9月，环保组织起诉外卖平台：一次性餐具应明码标价。

2018 年 4 月 2 日，阿里巴巴集团、蚂蚁金服集团与“饿了么”联合宣布，阿里巴巴已经签订收购协议，将联合蚂蚁金服以 95 亿美元对“饿了么”完成全资收购。

要求：通过“饿了么”的发展历程，请用所学知识，分析“饿了么”的融资方式以及不同融资方式给“饿了么”带来的影响。

子项目二 资本成本与资本结构

知识导航

- 资本成本与资本结构
  - 任务一 资本成本的认知和计算
    - 资本成本概述
    - 资本成本的计算
  - 任务二 杠杆原理的计量和应用
    - 经营杠杆
    - 财务杠杆
    - 复合杠杆
  - 任务三 目标资本结构的决策和应用
    - 资本结构概述
    - 目标资本结构的决策及其应用

学习目标

资源宝库

⊙ 知识目标：

了解资本成本的含义及内容、资本成本的意义和资本结构；熟悉掌握财务杠杆原理及计算、经营杠杆原理及计算、总杠杆原理及计算；掌握资本成本计算方法、资本结构决策方法及运用。

⊙ 能力目标：

能运用资本成本进行筹资决策，选择成本低的筹资方案；能运用资本结构的决策方法进行筹资决策，确定合理的资本结构。

案例导入

红黄公司筹资方案选择

红黄公司目前拥有资金 4 000 万元，其中，长期借款 2 800 万元，年利率 10%；普通股 1 200 万元，上年支付的每股股利为 2 元，预计股利增长率为 5%，发行价格 20 元，目前价格也为 20 元。该公司在生产经营过程中，由于资金短缺，影响了公司的进一步发展。

为此，该公司计划筹集资金 200 万元，以便维持公司的生存和进一步发展，现有两种融资方案可供选择：一是增加长期借款 200 万元，借款利率上升到 12%，股价下降到 19 元；二是增发普通股 8 万股，普通股市价增长到每股 25 元。假设该公司其他条件不变，公司所得税税率为 25%。

如果你是该公司的财务经理，你会选择哪种筹资方案呢？

任务一 资本成本的认知和计算

一、资本成本概述

(一)资本成本的含义

资本成本,是指企业筹集和使用资金而付出的代价,一般包括筹资费用和用资费用两个方面。其中,筹资费用是指企业在筹集资本过程中为取得资金而发生的各项费用,如银行借款的手续费,发行股票和债券等证券的印刷费、评估费、公证费、宣传费及承销费等。筹资费用通常在筹集资金时一次性支付,在用资过程中不再发生,可视为筹资总额的一项扣除。用资费用是指在使用所筹资本的过程中向出资者支付的有关费用,如银行借款和债券的利息、股票的股利等。

(二)资本成本的表示

资本成本可以用绝对数表示,即资本总成本,它是筹资费用和用资费用之和;也可以用相对数表示,即资金占用费与筹资净额(筹资净额是筹资总额扣除筹资费用后的差额)的比率。因为相对数可以比较不同资金规模的资本成本,因此在财务管理中,通常用相对数来表示资本成本。其计算公式为:

$$资本成本=\frac{资本用资费用}{筹资总额-筹资费用}=\frac{资本用资费用}{筹资总额\times(1-筹资费用率)}$$

可以用符号表示为:

$$K=\frac{D}{P\times(1-f)}$$

公式中:K 为资本成本,以百分率表示;D 为用资费用;P 为筹资总额;f 为筹资费用率,即筹资费用与筹资总额的比率。

(三)资本成本的意义

1. 资本成本的高低对企业筹资决策具有重要参考意义

企业筹集资本可以通过银行信贷、民间筹集、企业投资等各种渠道获取,还可以通过吸收直接投资、发行债券、银行借款等方式实现筹资。在选择这些筹资渠道和筹资方式时,无论采用哪种方式,主要考虑的因素还是资本成本。通过不同渠道和方式所筹措的资本,将会形成不同的资本结构,由此产生不同的财务风险和资本成本。所以,资本成本也就成了确定最佳资本结构的主要因素之一。随着筹资数量的增加,资本成本将随之变化。当筹资数量增加到增资的成本大于增资的收入时,企业便不能再追加资本。因此,资本成本是衡量企业筹资数额的一个重要依据。

2. 资本成本是考虑选择投资项目的重要标准

资本成本实际上是企业投资项目应当取得的最低收益水平。只有在企业投资项目的收益高于资本成本的情况下,企业才有剩余利润,这时企业才会为该项目投资筹措资本;在企业投资项目的收益低于资本成本的情况下,就应该放弃该投资项目,重新考虑其他投资项目。

3. 资本成本是衡量企业经营效益的尺度

资本成本是衡量企业经营状况是否良好的重要依据，在一定时期内，企业的加权资本成本率高于企业总资产报酬率，就说明该企业资本的运用效益差，经营状况不良；反之，筹集而来的资金就得到了有效利用，企业经营状况良好。

二、资本成本的计算

(一)个别资本成本的计算

个别资本成本是指各种筹资方式的成本。为了满足企业进行长期筹资决策的需要，应区别股权筹资和债务筹资来测算资本成本，主要包括优先股资本成本、普通股资本成本、留存收益资本成本、银行借款资本成本、债券资本成本等。

名师精讲

1. 优先股资本成本的计算

企业发行优先股股票需要支付筹资费用，如注册费、代销费等，同时也要定期支付股利。但由于优先股股利是税后支付的，因此没有享受所得税优惠。其计算公式为：

$$K_p=\frac{D_p}{P\times(1-f_p)}$$

其中，K_p 为优先股资本成本率；D_p 为优先股每股年股利；P 为优先股筹资总额；f_p 为优先股筹资费用率。

例题精讲

【例 4—6】 红黄公司发行面值为 300 万元的优先股，每年股利率为 6%，发行费用为总金额的 2%，则优先股的资本成本是多少？

解：$K_p=\frac{D_p}{P\times(1-f_p)}=\frac{300\times6\%}{300\times(1-2\%)}=6.12\%$

2. 普通股资本成本的计算

普通股资本成本是普通股投资的必要报酬率，主要包括股利和筹资费用。股利是在税后支付的，不能抵减所得税，普通股资本成本的计算有不同方法。

(1)股利固定增长率方法。如果公司采用固定增长股利的政策，即股利固定增长率为 g，则普通股的资本成本的计算公式为：

$$K_C=\frac{D_1}{P\times(1-f_C)}+g$$

其中，K_C 为普通股资本成本率；D_1 为普通股第一年股利；P 为普通股发行价格；f_C 为普通股筹资费用率；g 为股利年固定增长率。

例题精讲

【例 4—7】 红黄公司发行普通股筹资，每股发行价格为 20 元，筹资费用率为 4%，第一年每股派发股利 2 元，以后每年股利增长 5%，则发行普通股的资本成本为多少？

解：$K_C=\dfrac{2}{20\times(1-4\%)}+5\%=15.42\%$

(2)股利固定方法。如果公司采用固定股利的政策，则普通股的资本成本计算公式为：

$$K_C=\frac{D}{P\times(1-f_C)}$$

其中，K_C 为普通股资本成本率；D 为普通股每年股利；P 为普通股发行价格；f_C 为普通股筹资费用率。

例题精讲

【例 4—8】 红黄公司发行普通股筹资，每股发行价格为 20 元，筹资费用率为 4%，采用固定股利政策，每年每股派发股利 2 元，则发行普通股的资本成本为多少？

解：$K_C=\dfrac{2}{20\times(1-4\%)}=10.42\%$

企业在清算时，普通股股东的索偿权不仅在债权人之后，而且在优先股股东之后，其投资风险最大，因此股利率比债券利息率、贷款利率和优先股股利率都高，另外，一般其股利率还将随企业经营状况而逐年变化。一般来说，如果企业的收益逐年增加，则企业支付的股利也将逐年增长，所以，普通股资本成本率最高。

3. 留存收益资本成本的计算

留存收益是企业在经营过程中创造的因企业发展和法律要求从历年实现的利润中留存在企业的利润，包括盈余公积和未分配利润。

(1)盈余公积。盈余公积金是企业按照国家有关规定从利润中提取的公积金，包括法定盈余公积金和任意盈余公积金。国家为维护债权人的利益和企业职工的利益，保证企业健康稳定发展，规定企业必须要从税后净利润中按比例提取盈余公积金。盈余公积金可用于弥补亏损和转增资本金等。

(2)未分配利润。未分配利润是企业历年累积的、留待企业以后年度分配的利润。实际上，留存收益在使用期内是不需要支付成本的，但由于股东放弃了使用现金股利，便承受了一定的机会成本。如果假设它是一种投资，股东就希望这部分留用利润能获得与普通股相同的报酬。因此，留存收益资本成本率的计算与普通股的资本成本率基本相同，但是由于资金在企业内部，因此不考虑筹资费用。

一般留存收益资本成本的计算公式为：

$$K_r=\frac{D}{P}$$

其中，K_r 为留存收益的资本成本率；D 为每年支付的股利；P 为股票的发行价格。

当公司股利每年有一个固定增长率时，留存收益的资本成本的计算公式为：

$$K_r=\frac{D_1}{P}+g$$

其中，K_r 为留存收益资本成本率；D_1 为第一年普通股股利；P 为股票价格；g 为股利每年的增长率。

例题精讲

【例 4—9】 红星公司普通股目前每股市价为 10 元，估计股利年增长率为 5%，预计第一年发放股利 0.6 元，留存收益有 60 万元，则留存收益的资本成本为多少？

解：$K_r=\frac{0.6}{10}+5\%=11\%$

4. 银行借款资本成本的计算

银行借款的资本成本是由借款利息和筹资费用构成的，借款利息属于税前成本费用，可以起到抵税作用。银行借款资本成本的计算公式为：

$$K_l=\frac{I_l(1-T)}{L(1-f_l)}\times 100\%=\frac{i_l(1-T)}{(1-f_l)}\times 100\%$$

其中，K_l 为银行借款资本成本率；I_l 为银行借款年利息额；L 为银行借款筹资总额；f_l 为银行借款筹资费用率；T 为所得税率，i 为银行借款的利率。

当银行借款的筹资费用（主要是借款的手续费）很少时，也可以忽略不计。忽略手续费时，银行借款的资本成本的计算公式为：

$$K_l=i\times(1-T)$$

例题精讲

【例 4—10】 ABC 公司从银行借款 300 万元，年利率为 10%，筹资费用率 1%，公司所得税税率为 25%。这笔借款的资本成本率为多少？

解：$K_l=\frac{300\times 10\%\times(1-25\%)}{300\times(1-1\%)}\times 100\%=7.58\%$

5. 债券资本成本的计算

发行债券的成本，主要是指债券利息和筹资费用。债券利息是事先根据资本市场上的利率情况确定的。按照规定，发行债券的企业定期支付的债券利息是在税前扣除的，因此，企业实际上减少了一部分所得税，那么企业实际负担的债券利息就低了。债券的筹资费用，即发行费用，包括申请费、注册费、印刷费、上市费和推销费等。所以，债券的资本成本的计算公式为：

$$K_b=\frac{I_b(1-T)}{B(1-f)}$$

其中，K_b 为债券资本成本率；I_b 为每期利息；B 为债券筹资总额，按发行价确定；f 为债券筹资费用率；T 为所得税税率。

例题精讲

【例 4－11】 红星公司准备发行 10 年期长期债券，其面值为 900 万元，票面利率为 8%，每年付息一次，实际发行价格为 1 000 万元，发行费为发行总额的 0.5%，公司所得税税率为 25%，则该债券的资本成本为多少？

解：$$K_b=\frac{I_b(1-T)}{B(1-f)}=\frac{900\times 8\%\times(1-25\%)}{1\ 000\times(1-0.5\%)}=5.68\%$$

负债资金的利息具有抵税作用，而权益资金不具有抵税作用，因此一般来说，负债资金的资本成本比权益资金要低，银行借款的资金成本通常比债券的资本成本低。将个别资金成本从低到高排序如下：

银行借款＜债券＜优先股＜留存收益＜普通股

(二)加权平均资本成本的计算

在实际工作中，由于受多种因素的影响，企业往往选择不同的筹资方式和筹资渠道来筹资，而各种筹资方式的筹资成本是不一样的。为了正确进行筹资和投资决策，需要计算资金的加权平均成本。所谓加权平均资金成本，又称综合资金成本，是指一个企业采取不同筹资方式的平均成本，它是以各种资本所占的比重为权数，对各种资本成本进行加权计算得出来的，所以称加权平均资本成本。

资本价值基础如何选择，影响着加权平均资本成本。公司各种资本的比例则取决于各种资本价值的确定。各种资本价值的确定基础主要有三种选择：账面价值、市场价值和目标价值。

1. 按账面价值确定资本比例

账面价值可以通过会计资料得到，也就是直接从资产负债表中取得，其优点是容易计算；缺点是资本的账面价值可能不符合市场价值，当资本的市场价值与账面价值相差较大时，采用账面价值作基础确定资本比例就有失现实客观性，从而不利于加权资本成本的测算和筹资管理的决策。在公司筹资实务中，不少公司采用账面价值确定资本比例，因为其易于使用。

2. 按市场价值确定资本比例

按市场价值确定资本比例是指债券和股票等以现行资本市场价格为基础确定其资本比例，从而测算综合资本成本。按市场价值确定资本比例比较客观，有利于对当前加权资本成本的测算和筹资管理的决策。其缺点是不易于使用。

3. 按目标价值确定资本比例

按目标价值确定资本比例是指股票等以公司预计的未来目标市场价值确定资本比例，从而测算加权资本成本。从公司筹资管理决策的角度而言，对加权资本成本的一个基本要求是，它应适用于公司未来的目标资本结构。采用目标价值确定资本比例，通常认为能够体现期望的目标资本结构要求。但是，资本的目标价值确定十分困难。

在实务中，企业通常选择市场价值确定资本比例。

根据加权资本成本的决定因素，在已经计算出个别资本成本，取得各种资本比例后，可按下列公式计算加权资本成本：

$$K_w = \sum_{j=1}^{n} K_j W_j$$

其中，K_w为加权资本成本率；K_j 为第 j 种资本的资金成本；W_j 为第 j 种资本占全部资本的比例（权数）。

例题精讲

【例 4－12】 ABC 公司的资本总额为 1 000 万元，其中长期借款 200 万元占 20%，长期债券 300 万元占 30%，普通股 400 万元占 40%，保留盈余 100 万元占 10%。假设其个别资本成本率分别是 6%，7%，9%，8%。该公司加权资本成本率是多少？

解：加权资本成本＝6%×20%＋7%×30%＋9%×40%＋8%×10%＝7.7%

【例 4－13】 ABC 公司计划筹资 200 万元，所得税税率为 25%。有关资料如下：

(1)向银行借款 20 万元，借款年利率为 10%，手续费为 2%；

(2)按溢价发行债券，债券面值 20 万元，发行价格 25 万元，票面利率为 10%，期限 5 年，每年付息一次，筹资费用率为 4%；

(3)发行优先股 40 万元，预计年股利率为 11%，筹资费用率为 5%；

(4)发行普通股 45 万元，每股发行价格 13 元，筹资费用率为 7%，预计第一年末每股支付股利 1.5 元，以后每年按 7%递增；

(5)其余所需资金通过留存收益取得。

要求：计算个别资本成本率和加权资本成本率。

解：

(1)银行借款个别资本成本率＝10%×(1－25%)÷(1－2%)＝7.65%

(2)发行债券个别资本成本率＝20×10%×(1－25%)÷[25×(1－4%)]

＝6.25%

(3)优先股个别资本成本率＝11%÷(1－3%)＝11.34%

(4)普通股个别资本成本率＝1.5÷[13×(1－7%)]＋7%＝19.41%

(5)留存收益个别资本成本率＝1.5÷13＋7%＝18.54%

加权资本成本率＝20÷200×7.65%＋25÷200×6.25%＋40÷200×11.34%＋45÷200×19.41%＋70÷200×18.54%＝14.67%

(三)边际资本成本的计算

边际资本成本是指资金每增加一单位而增加的成本。当企业追加筹集资金时，需要考虑边际资金成本的高低。企业无法用一种固定的筹资方式来筹集无限的资金，当企业筹集的资金超过一定限度时，原来的资本成本就会增加，而且企业通常都有既定的资本结构。这时企业就应考虑边际资本成本。边际资本成本也是按加权资本成本来进行计算的。

例题精讲

【例 4—14】 ABC 公司现有资金 10 000 万元，其中，长期借款 1 000 万元，长期债券 2 000 万元，普通股 7 000 万元。公司为满足投资需要，需要筹集更多的资金，试计算该公司的边际资本成本。

其计算分析具体步骤为：

(1)确定公司的资本结构。经分析，目前的资本结构是最优的，希望筹资后仍保持该资本结构。

(2)确定各种筹资方式的资本成本。该公司财务人员认为，随着企业筹资规模的不断增大，各种筹资成本也会增加，具体情况如表 4—2 所示。

表 4—2　　ABC 公司筹资资料表　　单位：万元

资金种类	目标资本结构	新筹资额	资本成本
长期借款	10%	0～50 大于 50	6% 7%
长期债券	20%	0～140 大于 140	8% 9%
普通股	70%	0～210 210～630 大于 630	10% 11% 12%

(3)计算筹资总额的分界点(突破点)。根据资本结构和各种筹资方式资本成本变化的分界点，计算筹资总额的分界点(突破点)。具体公式为：

$$\text{筹资总额分界点}=\frac{\text{某种资本在一定成本下的筹资额}}{\text{该类资本在资本总额中的比重}}$$

表 4—3　　ABC 公司筹资总额分界点(突破点)表　　单位：万元

资金种类	目标资本结构	资本成本	新筹资额	新筹资总额分界点
长期借款	10%	6% 7%	0～50 大于 50	0～500 大于 500
长期债券	20%	8% 9%	0～140 大于 140	0～700 大于 700
普通股	70%	10% 11% 12%	0～210 210～630 大于 630	0～300 300～900 900

表 4—3 中，新筹资总额分界点是指特定筹资方式成本变化的分界点。比如，长期借款，在筹资总额不超过 500 万元时，资本成本为 6%；超过 500 万元时，资本成本上升为 7%。所以，筹资总额应尽量在 500 万元左右，不要超过 500 万元。然而要保持目标资本结构，必须要用多种筹资方式筹资，不能只考虑个别资本成本，应综合考虑边际资本成本。

(4)计算边际资本成本。根据表 4—3 可知，有 4 个分界点，应有 5 个筹资范围。分别计算 5 个筹资范围的边际资本成本，如表 4—4 所示。

表 4—4　　ABC 公司边际资本成本计算表　　单位：万元

序号	筹资总额范围	资金种类	资本结构	资本成本	边际资本成本	加权平均资本成本（边际资本成本）
1	0～300	长期借款 长期债券 普通股	10% 20% 70%	6% 8% 10%	0.6% 1.6% 7%	9.2%
2	300～500	长期借款 长期债券 普通股	10% 20% 70%	6% 8% 11%	0.6% 1.6% 7.7%	9.9%
3	500～700	长期借款 长期债券 普通股	10% 20% 70%	7% 8% 11%	0.7% 1.6% 7.7%	10%
4	700～900	长期借款 长期债券 普通股	10% 20% 70%	7% 9% 11%	0.7% 1.8% 7.7%	10.2%
5	900 以上	长期借款 长期债券 普通股	10% 20% 70%	7% 9% 12%	0.7% 1.8% 8.4%	10.9%

ABC 公司可以根据上表的结果追加筹资，尽量不要在跨范围的临界点上追加筹资。

任务二　杠杆原理的计量和应用

动画微课

自然界中的杠杆原理，是指人们通过利用杠杆，可以用较小的力量移动较重物体的现象。财务管理中也存在着类似的杠杆原理，表现为：由于特定固定支出或特定费用的存在而导致的，当某一财务变量以较小幅度变动时，会引起另一相关变量较大幅度的变动。了解财务杠杆的原理，有利于企业合理规避风险，在其杠杆利益与风险之间进行合理权衡，提高财务管理水平。财务管理中的杠杆效应有三种形式，即经营杠杆、财务杠杆和复合杠杆。

一、经营杠杆

(一)经营杠杆的含义

名师精讲

经营杠杆，又称营业杠杆，是指企业在生产经营中由于固定成本的存在而使息税前利润变动率大于产销量变动率的杠杆效应。在特定产销量范围内，产销量的增加一般不会影响固定成本总额，但会使单位产品固定成本降低，从而提高单位产品利润，并使利润增长率大于产销量增长率；反之，产销量减少，会使单位产品固定成本升高，从而降低单位产品利润，并使利润下降率大于产销量下降率。

假设 ABC 公司年固定成本为 20 000 元，单位变动成本为 20 元，产品单价为 40 元，近 3

年销售额和息税前利润变动情况如表 4－5 所示。

表 4－5　　**ABC 公司息税前利润变动情况**　　金额单位:元

项　　目	2016 年	2017 年	2018 年
单价	40	40	40
单位变动成本	20	20	20
单位边际贡献	20	20	20
销售量	2 000	3 000	4 000
边际贡献	40 000	60 000	80 000
固定成本	20 000	20 000	20 000
税前利润(EBIT)	20 000	40 000	60 000

通过表 4－5 可以看出,从 2016 年到 2017 年,销售量增长了 50%,息税前利润增长了 100%;从 2017 年到 2018 年,销售量增加了 33.33%,息税前利润增加了原来的 50%。充分利用经营杠杆效应,当企业在可能的有利情况下适当增加产销时,会取得更多利润。但我们也必须清楚地认识到,当企业销售量下降时,息税前利润也会以比销售量下降幅度更大的幅度下降,所以经营杠杆效应也会带来经营风险。息税前利润($EBIT$)是指未扣除利息和所得税之前的利润。息税前利润的计算公式为:

$$EBIT = px - bx - a = (p-b)x - a = M - a$$

其中,$EBIT$ 为息税前利润;p 为产品单价;b 为单位变动成本;a 为固定成本;x 为产销业务量;M 为边际贡献。

从公式中可以看出,影响 $EBIT$ 的因素包括产品销售单价、产品销售量、产品变动成本和固定成本。当产品成本中存在固定成本时,如果其他条件不变,固定成本总额不变,产品销售量的增加会降低单位产品的固定成本,从而增加单位产品利润,使得息税前利润的增长率大于产销业务量的增长率,从而产生经营杠杆效应。如果不存在固定成本,所有成本都是变动成本,边际贡献就等于息税前利润,此时息税前利润变动率与产销业务量的变动率完全相等。

(二)经营杠杆的计量

为了准确地计算出经营杠杆,我们把息税前利润变动率相当于产销量(或销售收入)变动率的倍数称为"经营杠杆系数"。

$$\text{经营杠杆系数}(DOL) = \frac{\text{息税前利润变动率}}{\text{产销量变动率}} = \frac{\frac{\Delta EBIT}{EBIT_0}}{\frac{\Delta X}{X_0}}$$

其中,DOL 为经营杠杆系数;$\Delta EBIT$ 为息税前利润变动额;ΔX 为产销量变动值;X_0 为基期产销量;$EBIT_0$ 为基期息税前利润。

利用定义公式计算经营杠杆系数必须掌握息税前利润变动率与销售量变动率,这是事后才得知的,不便于进行预测。为此,我们可以推导出一个只需用基期数据计算经营杠杆系数的公式。

经过推导可得如下公式:

$$经营杠杆系数(DOL)=\frac{基期边际贡献}{基期息税前利润}=\frac{M}{EBIT}=\frac{M}{M-a}=\frac{EBIT+a}{EBIT}$$

其中，M 为边际贡献；a 为固定成本；$EBIT$ 为息税前利润。

例题精讲

【例 4—15】 ABC 公司 2018 年销售商品 10 000 件，每件商品售价为 200 元，每件商品单位变动成本为 100 元，全年发生固定成本总额 500 000 元。该企业拥有总资产 8 000 000 元，资产负债率为 50%，债务资金的利率为 5%，企业所得税税率为 25%。计算该公司的经营杠杆系数。

解：边际贡献总额(M)＝10 000×(200－100)＝1 000 000(元)

息税前利润($EBIT$)＝1 000 000－500 000＝500 000 (元)

$$经营杠杆系数(DOL)=\frac{M}{EBIT}=1\ 000\ 000\div 500\ 000=2$$

(三)经营杠杆的风险

经营杠杆常常用来衡量企业经营风险的大小，经营杠杆的大小一般用经营杠杆系数来表示，它是企业的息税前利润变动率与销售量变动率之间的比率。它体现了息税前利润变动与销售量变动之间的变化关系；经营杠杆系数越大，经营杠杆效应和经营风险越大；经营杠杆系数越小，经营杠杆效应和经营风险越小。因此，企业经营风险的大小与经营杠杆有重要关系。一般来说，在其他因素不变的情况下，企业的生产经营固定成本越高，经营杠杆系数越大，经营风险也就越大；生产经营固定成本越少，经营杠杆系数就越小，经营风险也就越小。

二、财务杠杆

(一)财务杠杆的含义

财务杠杆又称筹资杠杆，是指由于固定债务利息和优先股股利的存在而导致普通股每股利润变动率大于息税前利润变动率的效应。无论企业经营业绩如何，债务利息和优先股的股利都是固定不变的。当息税前利润增加时，每 1 元盈余所承担的固定财务费用就会相应减少，这能给普通股股东带来更多盈余；当息税前利润减少时，每 1 元盈余所承担的固定财务费用就会相应增加，这会使普通股股东的盈余以更快的速度下降。这种由于固定财务成本的存在而导致普通股股东每股利润变动率大于息税前利润变动率的杠杆效应，称为财务杠杆效应。普通股每股利润(EPS)是指税后净利润与普通股股数的比值，也称普通股每股收益。

假设红星公司年债务利息 100 000 元，所得税税率 25%，普通股 100 000 股，近 3 年普通股每股利润资料如表 4－6 所示。

表 4—6　　　　红星公司每股利润变动情况　　　　金额单位:元

项　目	2016 年	2017 年	2018 年
息税前利润(*EBIT*)	80 000	180 000	280 000
债务利息	20 000	20 000	20 000
税前利润	60 000	160 000	260 000
所得税	15 000	40 000	65 000
税后利润	45 000	120 000	195 000
普通股每股利润(*EPS*)	0.45	1.2	1.95

通过表 4—6 可以看出,从 2016 年到 2017 年,息税前利润增长了 125%,普通股每股利润增长了 166.67%;从 2017 年到 2018 年,息税前利润增加了 55.56%,普通股每股利润增加了 62.5%。企业如果充分利用财务杠杆效应,可以适度负债经营,当企业盈利上升时会给普通股股东带来更多收益。同时,我们也要清楚地认识到,当企业盈利下降时,普通股股东的每股利润会以更大幅度减少,也会带来相应的财务风险。

(二)财务杠杆的计量

只要企业有负债,就会存在财务杠杆现象。财务杠杆一般用财务杠杆系数表示,是指普通股每股利润的变动率相对于息税前利润变动率的倍数,也称财务杠杆率(*DFL*),其定义公式为:

$$\text{财务杠杆系数}(DFL)=\frac{\text{普通股每股利润变动率}}{\text{息税前利润变动率}}=\frac{\dfrac{\Delta EPS}{EPS_0}}{\dfrac{\Delta EBIT}{EBIT_0}}$$

其中,ΔEPS 为每股利润变动额;EPS_0 为基期每股利润;$EBIT_0$ 为基期息税前利润;$\Delta EBIT$ 为息税前利润变动额。

财务杠杆系数,经过推导可得如下公式:

$$\text{财务杠杆系数}(DFL)=\frac{EBIT}{EBIT-I-\dfrac{d}{1-T}}$$

其中,$EBIT$ 为息税前利润;I 为债务利息;d 为优先股股利;T 为所得税税率。

例题精讲

【例 4—16】 ABC 公司 2018 年销售商品 2 000 件,每件商品售价为 400 元,每件商品单位变动成本为 300 元,全年发生固定成本总额 500 000 元。该企业拥有总资产 800 000 元,资产负债率为 50%,债务资金的利率为 5%,企业的所得税税率为 25%。计算该公司的财务杠杆系数。

解:息税前利润(*EBIT*)=2 000×(400—300)=200 000(元)

债务利息(*I*)=800 000×50%×10%=20 000(元)

$$\text{财务杠杆系数}(DFL)=\frac{200\ 000}{200\ 000-20\ 000}=1.11$$

(三)财务杠杆的风险

财务风险,是指企业为了取得财务杠杆收益,利用负债筹资而引起的股东收益的变动性和偿债能力的不确定性,又称为筹资风险或举债风险。只要企业存在负债,就一定有财务风险。在资本结构不变的情况下,财务杠杆系数越大,每股收益率对于息税前利润率的弹性就越大,如果息税前利润率增加,则每股收益率会以更快的速度增加;如果息税前利润率下降,则每股收益率会以更大的幅度下降,因此风险也越大。

财务杠杆系数表明财务杠杆作用的大小,也反映借入资金所带来的风险。当全部资金均为自有资金时,财务杠杆系数为 1,每股利润变动率等于息税前利润变动率,这时财务风险等于 0,企业无法得到财务杠杆利益,也没有财务风险。一般来说,财务杠杆系数越大,财务杠杆作用也就越大,财务风险就越大;反之,财务杠杆系数越小,财务杠杆作用也就越小,财务风险就小。企业在进行财务决策时,必须认识到债务筹资可能带来的财务杠杆收益和风险,从而在财务收益与风险之间做出合理权衡。

三、复合杠杆

(一)复合杠杆的含义

由于存在固定的生产经营成本,因此会产生经营杠杆效应,即销售量的增长会引起息税前利润以更大的幅度增长。由于存在固定的财务成本(债务利息和优先股股利),因此会产生财务杠杆效应,即息税前利润的增长会引起普通股每股利润以更大的幅度增长。一个企业会同时存在固定的生产经营成本和固定的财务成本,那么两种杠杆效应会共同发生,从而形成销售量的变动使普通股每股利润以更大幅度变动。复合杠杆效应就是经营杠杆和财务杠杆的综合效应。

经营杠杆和财务杠杆可以独自发挥作用,也可以综合发挥作用,复合杠杆是用来反映两者共同作用的结果的,即权益资本报酬与产销业务量之间的变动关系。由于固定性经营成本的存在,产生经营杠杆效应,导致产销业务量变动对息税前利润变动有放大作用;同样,由于固定性财务成本的存在,产生财务杠杆效应,导致息税前利润变动对普通股收益有放大作用。两种杠杆共同作用,将导致产销业务量的变动引起普通股每股收益更大的变动。

复合杠杆,又称综合杠杆或总杠杆,是指由于固定经营成本和固定财务成本的共同存在,导致普通股每股利润变动率大于产销业务量变动率的综合效应。

(二)复合杠杆的计量

复合杠杆通常用复合杠杆系数表示。

复合杠杆系数,也称总杠杆系数(DTL),是指普通股每股利润的变动率相对于销售量变动率的倍数。其定义计算公式为:

$$\text{总杠杆系数}(DTL)=\frac{\text{普通股每股利润变动率}}{\text{销售量变动率}}=\frac{\frac{\Delta EPS}{EPS_0}}{\frac{\Delta X}{X_0}}$$

其中,ΔEPS 为每股利润变动额;EPS_0 为基期每股利润;ΔX 为销售量变动额;X_0 为基期的销售量。

复合杠杆系数,可以进一步推导得出如下公式:

$$DTL=\frac{EBIT+a}{EBIT-I}=DOL\times DFL$$

其中,a 为经营固定成本;I 为债务利息;$EBIT$ 为息税前利润。

例题精讲

【例 4—17】 ABC 公司 2018 年销售商品 10 000 件,每件商品售价为 400 元,每件商品单位变动成本为 300 元,全年发生固定成本总额 500 000 元。该企业拥有总资产 6 000 000 元,资产负债率为 50%,债务资金的利率为 10%,企业的所得税税率为 25%。计算该公司的复合杠杆系数。

解:边际贡献总额(M)=10 000×(400—300)=1 000 000(元)

息税前利润($EBIT$)=1 000 000 - 500 000=500 000(元)

债务利息(I)=6 000 000×50%×10%=300 000(元)

经营杠杆系数(DOL)=M÷$EBIT$=1 000 000÷500 000=2

财务杠杆系数(DFL)= $EBIT$÷($EBIT$—I)= 500 000÷200 000=2.5

复合杠杆系数(DTL)=DOL×DFL=2×2.5=5

可见,综合杠杆系数可以由经营杠杆系数与财务杠杆系数相乘得到,也可以由基期数据直接计算得到。

【例 4—18】 红黄公司有固定经营成本 500 万元,该公司的变动成本率是 20%。公司在外发行了利息率为 10%的 800 万元债券。公司 2018 年收入 2 000 万元,所得税税率为 25%。

要求:

(1)计算该公司的经营杠杆系数。

(2)计算该公司的财务杠杆系数。

(3)计算总的杠杆系数。

解:(1)经营杠杆系数(DOL)=(2 000—2 000×20%)÷(2 000—2 000×20%—500)=1.45

(2)财务杠杆系数(DFL)=(2 000—2 000×20%—500)÷(2 000—2 000×20%—500—800×10%)=1.08

(3)总杠杆系数(DTL)=1.45×1.08=1.57

(三)复合杠杆的风险

企业风险包括企业的经营风险和财务风险。总杠杆系数反映了经营杠杆与财务杠杆之间的关系,用以评价企业的整体风险水平。在总杠杆系数一定的情况下,经营杠杆系数与财务杠杆系数此消彼长。总杠杆效应的意义在于:第一,能够说明产销业务量变动对普通股收益的影响,据以预测未来的每股利润水平;第二,揭示了财务管理的风险管理策略,即要保持一定的风险水平,需要维持一定的总杠杆系数,经营杠杆和财务杠杆可以有不同的组合。

一般来说,固定资产比重较大的资本密集型企业,经营杠杆系数高,经营风险大,企业筹资主要依靠权益资本，以保持较小的财务杠杆系数和财务风险；变动成本比重较大的劳动密集型企业，经营杠杆系数低，经营风险小，企业筹资主要依靠债务资本，以保持较大的财务杠杆系数和财务风险。在企业初创阶段，产品市场占有率低、产销业务量小、经营杠杆系数大，此时企业筹资主要依靠权益资本，在较低程度上使用财务杠杆；在企业扩张成熟期，产品市场占有率高、产销业务量大、经营杠杆系数小，此时，企业资本结构中可扩大债务资本，在较高程度上使用财务杠杆。

任务三 目标资本结构的决策和应用

一、资本结构概述

（一）资本结构的含义

资本结构，是指企业资本总额中各种资本的构成及其比例关系。在筹资管理中，资本结构有广义和狭义之分。广义的资本结构是指企业全部债务资本与股东权益的构成比率。企业一定时期的资本可分为债务资本和股东权益资本，也可分为短期资本和长期资本。狭义的资本结构是指企业各种长期负债资本与股东权益的构成比例。在狭义资本结构下，短期债务作为营运资金来管理。不同的资本结构会给企业带来不同的后果。企业利用债务资本进行举债经营具有双重作用，既可以发挥财务杠杆效应，也可能带来财务风险。因此，企业必须把握财务风险与资本成本的关系，确定最佳资本结构的目的是提升企业价值。能否提高股权收益或降低资本成本是评价企业资本结构最佳状态的标准。股权收益具体体现为净资产报酬率或普通股每股收益；资本成本具体体现为企业的平均资本成本。根据资本结构理论得知，当企业平均资本成本最低时，企业价值就最大。合理的资本结构可以降低资本成本，发挥财务杠杆的调节作用，那么在一定条件下使企业平均资本成本最低、企业价值最大的资本结构就是最佳资本结构。要想降低平均资本成本或提高普通股每股收益，可以对资本结构进行优化。

资本结构是一个产权结构问题，是社会资本在企业经济组织形式中的资源配置结果。资本结构的变化将直接影响社会资本所有者的利益。

（二）影响资本结构的因素

影响资本结构的因素主要有以下几个：

1. 企业经营状况的稳定性

企业经营状况的稳定性对资本结构有重要影响，如果销售量稳定，企业负担固定财务费用的能力会增强；如果产销售量不稳定，则负担固定财务费用的能力具有不确定性，将承担更大的财务风险。

2. 企业的财务状况和信用等级

企业财务状况良好，信用等级高，债权人承担的风险小，从而更愿意向企业提供债务资金，企业容易以较低的成本获得更多的债务资本。如果企业财务状况不佳，信用等级不高，债权人承担的风险大，债权人可能不愿意向企业提供债务资金，企业要想获得债务资金就要付出更大的代价，从而加大债务资本筹资的资本成本。

3. 企业的资产结构

资产结构是企业筹集资本后进行资源配置和使用后的资金占用结构，包括长短期资产构成和比例，以及长短期资产内部的构成和比例。资产适用于抵押贷款的企业由于抵押资产较多，企业偿债能力也增强，容易获取债务资金，所以负债较多；以技术研发为主的企业因为投资风险较大，举债艰难，所以负债较少。拥有大量固定资产的企业因为长期资产的变现周期长，主要通过长期负债和发行股票筹集资金；拥有较多流动资产的企业如果举借长期债务，资本成本会增加，所以一般更多地依赖流动负债筹集资金。

4. 投资者和管理者的态度

从企业所有者的角度看，如果企业为少数股东控制，并且不愿意让企业的控制权受到影响，企业一般采用优先股或债务资本筹资，从而避免普通股筹资导致的稀释股权。从企业管理者的角度看，如果进行负债筹资，就会加大财务风险，当经营不善或出现财务危机时，管理者可能会面临更多压力。所以，保守的管理者往往选择低负债比例的资本结构。

5. 行业特征和发展周期

不同行业的资本结构是不一样的，产品市场稳定的成熟产业，由于经营风险低，可以适当提高债务资本比重，充分发挥财务杠杆效应，获取更多利润。高新技术企业经营风险高，应适当控制债务资本比重，降低企业的财务风险。不同发展阶段，企业的资本结构状况是不一样的。企业初创阶段，经营风险高，通常表现为低负债经营；企业发展阶段，经营风险逐步下降，负债资金比重逐步上升；企业成熟阶段，经营风险相对稳定，经营风险低，可适度增加债务资本比重，发挥财务杠杆效应；企业衰退阶段，产品市场占有率下降，经营风险逐步加大，应逐步降低债务资本比重，降低财务风险。

6. 税收政策和货币政策

资本结构决策必然要受到经济环境的税收政策和货币政策的影响。当所得税税率越高时，债务资本的利息抵税作用越大，企业增加举债可以充分利用利息抵税的作用。货币政策主要影响资本供给，当国家执行紧缩的货币政策时，货币供给减少，市场利率较高，企业债务资本成本增大。

二、目标资本结构的决策及其应用

资本结构直接影响到资本成本的高低，目前资本结构的决策方法主要包括：综合资本成本比较法、每股收益无差别点法和企业价值分析法。

（一）综合资本成本比较法

综合资本成本比较法是指企业在筹资决策时，拟订多个备选方案，分别计算各个方案的加权平均资本成本，从中选择加权平均资本成本最低的方案，来确定最佳资本结构。采用综合资本成本比较法：第一步，拟订几个筹资方案；第二步，确定各方案的资本结构；第三步，计算各方案的加权平均资本成本；第四步，通过比较，选择加权平均资本成本最低的结构为最佳资本结构。

例题精讲

【例 4—19】 ABC 公司需筹集 100 万元长期资本，可以用长期借款、发行债券、发行普通股三种方式筹集，其个别资本成本已分别测定，有关资料如表 4—7 所示。

表 4—7　　**ABC 公司资本结构与资金成本资料**

筹资方式	资本结构			个别资本成本
	A 方案	B 方案	C 方案	
长期借款	40%	50%	30%	10%
发行债券	20%	30%	20%	11%
普通股	40%	20%	50%	12%
合　计	100%	100%	100%	

解：分别计算三个方案的综合资本成本 K。

A 方案：$K=40\%\times10\%+20\%\times11\%+40\%\times12\% = 11\%$

B 方案：$K=50\%\times10\%+30\%\times11\%+20\%\times12\% =10.7\%$

C 方案：$K=30\%\times10\%+20\%\times11\%+50\%\times12\% =11.2\%$

假设该公司筹资不受其他因素的影响，则 B 方案的综合资本成本最低。这样，该公司的资本结构为长期借款 50 万元，发行债券 30 万元，发行普通股 20 万元。

【例 4—20】 ABC 公司目前拥有资金 500 万元，其中，长期借款 200 万元，年利率 10%；普通股 300 万元，上年支付的每股股利 3 元，预计股利增长率为 5%，发行价格为 20 元，目前价格也为 20 元，该公司计划筹集资金 300 万元，企业所得税税率为 25%。现有两种筹资方案可供选择：

方案 1：增加长期借款 300 万元，借款利率上升到 16%，假设公司其他条件不变。

方案 2：增发普通股 12 万股，普通股市价增加到每股 25 元，假设公司其他条件不变。

要求：

(1)计算 ABC 公司筹资前加权平均资金成本。

(2)用综合资金成本法确定 ABC 公司最佳的资本结构。

解：

(1)目前资金结构为：长期借款为 40%，普通股为 60%。

借款资本成本 $=10\%\times(1-25\%)=7.5\%$

普通股资本成本 $=3\times(1+5\%)\div20+5\%=20.75\%$

加权平均资金成本 $=7.5\%\times40\%+20.75\%\times60\%=15.45\%$

(2)方案 1：

原借款资本成本 $=10\%\times(1-25\%)=7.5\%$

新借款成本 $=16\%\times(1-25\%)=12\%$

普通股资本成本 $=3\times(1+5\%)\div20+5\%=20.75\%$

增加借款筹资方案的加权平均资金成本 $=7.5\%\times(200\div800)+20.75\%\times(300\div800)+12\%\times(300\div800)=14.16\%$

方案 2：

原借款资本成本 $=10\%\times(1-25\%)=7.5\%$

普通股资本成本 $=3\times(1+5\%)\div25+5\%=17.6\%$

增加普通股筹资方案的加权平均资金成本 $=7.5\%\times(200\div800)+17.6\%\times(600\div800)$

$=15.08\%$

通过计算分析可知，ABC 公司应选择方案 1，即增加长期借款筹资。

(二)每股收益无差别点法

将企业的盈利能力和负债对股东收益的影响结合起来，来分析资金结构与每股收益之间的关系，从而确定合理的资本结构的方法，称为每股收益无差别点法。可以用每股收益的变化来判断资本结构是否合理，即能够提高普通股每股收益的资本结构，就是合理的资本结构。在资本结构管理中，利用债务筹资，就在于债务资本能够带来财务杠杆效应，从而利用负债筹资的财务杠杆作用来增加股东收益。

每股收益受到息税前利润、债务利息等因素的影响，分析每股收益与资本结构的关系，可以找到每股收益无差别点。所谓每股收益无差别点，是指不同筹资方式下每股收益都相等时的息税前利润点，这一点是两种资本结构优劣的分界点。根据每股收益无差别点，可以分析判断在什么样的息税前利润水平下，适合采用何种筹资组合方式，进而确定企业的资本结构。息税前利润无差别点的计算公式如下：

$$\frac{(EBIT_{无差别}-I_1)(1-T)-DP_1}{N_1}=\frac{(EBIT_{无差别}-I_2)(1-T)-DP_2}{N_2}$$

其中，$EBIT_{无差别}$ 为息税前利润无差别点；I_1、I_2 为两种筹资方式的债务利息；DP_1、DP_2 为两种筹资方式下的优先股股利；T 为所得税税率；N_1、N_2 为两种筹资方式下的普通股股数。

要找到不同资本结构下每股收益相同的 $EBIT$，如果预期 $EBIT$ 高于每股收益无差别点的 $EBIT$ ，就选择债务比例较大的筹资方案；如果预期 $EBIT$ 低于每股收益无差别点的 $EBIT$ ，就选择债务比例较小的筹资方案。

例题精讲

【例 4—21】 红黄公司目前的资本结构为：总资本 4 000 万元，其中债务资本 1 600 万元(年利息 100 万元)；普通股资本 2 400 万元(2 400 万股，面值 1 元，市价 5 元)。现在企业有一个较好的新投资项目，需要追加筹资 800 万元，有两种筹资方案：

甲方案：向银行取得长期借款 800 万元，利息率为 10%。

乙方案：增发普通股 200 万股，每股发行价 4 元，所得税税率为 25%。

要求：红黄公司应选择哪种筹资方式进行筹资？

解:第一,先求出无差别的 $EBIT$。

$$\frac{(EBIT_{无差别}-100-800\times10\%)(1-25\%)}{2\ 400}=\frac{(EBIT_{无差别}-100)(1-25\%)}{2\ 400+200}$$

计算得出:$EBIT_{无差别}=1\ 140$,$EPS=0.3$。

第二,通过画图分析,找出无差别点的 $EBIT$,如图 4—1 所示。

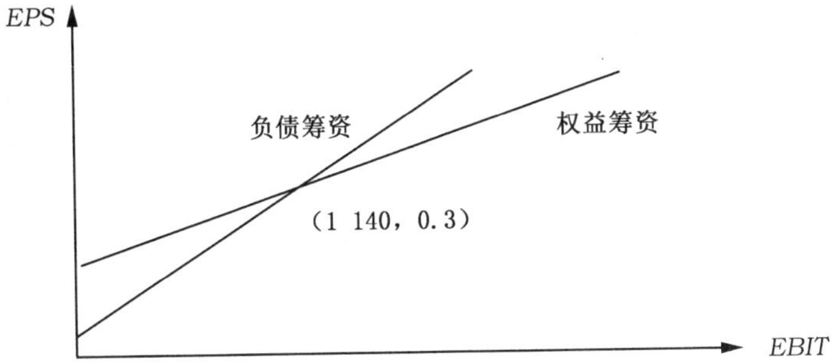

图 4—1　负债筹资与权益筹资无差别点的 EBIT

此时,两个筹资方案的每股收益无差别点是 $EBIT$ 为 1 140 万元,EPS 为 0.3。在此点上,两个方案的每股收益相等。如果红黄公司预期追加筹资后的息税前利润低于无差别点 1 140 万元,则应当采用乙方案,即增发普通股方案;如果红黄公司预期追加筹资后的息税前利润大于无差别点 1 140 万元,则应当采用甲方案,即向银行借入长期借款;若企业预期追加筹资后等于无差别点 1 140 万元,则两种方案均可。

(三)企业价值分析法

以上两种方法都是从账面的角度进行资本结构优化分析,没有考虑市场风险。企业价值分析法是在考虑市场风险的基础上,以公司市场价值为标准,进行资本结构优化。即能够提升公司价值的资本结构,就是合理的资本结构。这种方法主要用于对现有资本结构进行调整,适用于资本规模较大的上市公司资本结构优化分析。同时,在公司价值最大的资本结构下,公司的平均资本成本也是最低的。

采用企业价值分析法:第一步,测算公司价值。根据资本结构理论的有关假设,公司价值实际上是其未来现金流量的现值。相应地,债券和股票的价值都应按其未来现金流量进行折现。第二步,测算公司资本成本。根据前述假定,在公司的总资本只包括长期债券和普通股的情况下,公司的综合资本成本就是长期债券资本成本和普通股资本成本的加权平均数。第三步,公司最佳资本结构的计算与判断。分别计算不同资本结构下的公司价值和综合资本成本,选择公司价值最大、综合资本成本最低的资本结构作为企业最优的资本结构。企业价值分析法的计算公式为:

$$V=S+B$$

其中,V 为公司价值,B 为债务资本价值,S 为权益资本价值。

项目小结

⊙ 资本成本，是指企业筹集和使用资金而付出的代价，一般包括筹资费用和用资费用两个方面。资本成本通常用相对数资本成本率来表示。

⊙ 杠杆利益是企业资本结构决策的一个重要因素，资本结构决策需要在杠杆利益与其相关的风险之间进行权衡。经营杠杆是指由于存在固定成本而造成的息税前利润变动率大于产销量变动率的现象，财务杠杆是指由于存在固定财务费用而造成普通股每股收益变动率大于息税前利润变动率的现象，而复合杠杆效应就是指经营杠杆和财务杠杆共同发挥作用的结果。

⊙ 资本结构是企业各种资金的构成及其比例关系，是长期债务资本和权益资本各占多少比例。资本结构的合理性和最优判断可以通过综合资本成本比较法、每股收益无差别点法和企业价值分析法等进行分析判断。

课后习题与实训

一、单项选择题

1. 在计算资本成本时，需要考虑所得税影响的筹资方式是(　　)。

A. 发行普通股　B. 发行优先股　C. 使用留存收益　D. 银行借款

2. 产生经营杠杆的原因是(　　)。

A. 固定成本的存在　B. 产销量的不变

C. 债务利息的存在　D. 销售单价的不变

3. 息税前利润变动率一般比产销量变动率(　　)。

A. 大　B. 小　C. 相等　D. 不一定

4. 当经营杠杆系数是2，财务杠杆系数是1.3时，总杠杆系数为(　　)。

A. 3　B. 2.6　C. 3.6　D. 2

5. 每股利润变动率相对于息税前利润变动率的倍数，称为(　　)。

A. 财务杠杆系数　B. 经营杠杆系数

C. 综合杠杆系数　D. 边际资本成本

6. 息税前利润变动率相对于产销量变动率的倍数，称为(　　)。

A. 财务杠杆系数　B. 经营杠杆系数

C. 综合杠杆系数　D. 边际资本成本

7. 每股利润变动率相对于销售量变动率的倍数，称为(　　)。

A. 财务杠杆系数　B. 经营杠杆系数

C. 综合杠杆系数　D. 边际资本成本

8. 某企业长期资本总额为2 000万元，借入资金占总资本的50%，借入资金年利息率为10%。当企业销售额为1 800万元时，息税前利润为300万元，则财务杠杆系数为(　　)。

A. 2 B. 3 C. 1.5 D. 1.8

9. 息税前利润等于( )。

A. 边际贡献－固定成本 B. 边际贡献＋固定成本

C. 税前利润＋利息 D. 销售收入－变动成本

10. 一般来说,其他条件不变,固定生产成本越大,( )越大,经营风险也越大。

A. 经营杠杆系数 B. 财务杠杆系数

C. 综合杠杆系数 D. 边际成本

二、多项选择题

1. 影响经营杠杆系数的因素有( )。

A. 固定成本 B. 产销量 C. 息税前利润 D. 所得税

2. 财务杠杆效应产生的原因有( )。

A. 不变的债务利息 B. 不变的固定成本

C. 不变的优先股股利 D. 不变的销售单价

3. 计算综合资金成本时的权数可以选择( )。

A. 账面价值 B. 票面价值 C. 市场价值 D. 目标价值

4. 与综合杠杆系数呈正比例变化的有( )。

A. 经营杠杆系数 B. 财务杠杆系数

C. 销售额变动率 D. 每股利润变动率

5. 资金的筹集费用包括( )。

A. 发行股票的佣金 B. 发行债券的佣金、手续费

C. 借款的手续费 D. 债券利息

6. 在个别资金成本中,具有抵税效应的筹资方式有( )。

A. 发行股票 B. 发行债券

C. 银行借款 D. 吸收直接投资

7. 常用的资金结构决策方法有( )。

A. 比较综合资本成本法 B. 综合杠杆系数法

C. 无差别点分析法 D. 企业价值分析法

8. 融资租赁的常见形式有( )。

A. 直接租赁 B. 经营租赁 C. 售后回租 D. 杠杆租赁

9. 在我国,股票的发行价格可以采取( )。

A. 面值发行 B. 溢价发行 C. 市价发行 D. 折价发行

10. 融资租赁的租金构成包括( )。

A. 租赁资产的价款 B. 垫支资金的应计利息

C. 租赁的手续费 D. 资产的预计净残值

三、判断题

1. 当预计的息税前利润大于每股利润无差别的息税前利润时,负债筹资的普通股每股利润大。 ( )

2. 只要有固定生产成本的存在，经营杠杆系数就恒大于1。 (　　)

3. 杠杆租赁是一种涉及三方面关系人的融资租赁形式。 (　　)

4. 当股票的市场利率低于票面利率时，股票是溢价发行。 (　　)

5. 如果企业的债务资金为零，则财务杠杆系数等于1。 (　　)

6. 在个别资本成本一定的情况下，综合资本成本的高低取决于资金总额。 (　　)

7. 经营杠杆系数越大，财务风险也就越大。 (　　)

8. 经营杠杆系数越大，经营杠杆效应越大，经营风险也越大。 (　　)

9. 长期借款的利息可以在税前扣除，具有抵税作用。 (　　)

10. 企业负债比例越高，财务风险越大，所以，负债对企业总是不利的。 (　　)

四、案例分析题

1. 红星公司在筹资过程中，采用多种筹资方式，该公司本年实施了以下筹资行为：

(1)发行5年期债券，票面面值200万元，票面利率为10%，每年付息一次，发行价200万元。该债务的筹资费用率为3%，所得税税率为25%。

(2)发行普通股10万股，每股面值10元，发行价格20元，筹资费用率为2%，第一年年末的股利率预计为8%，以后每年增长5%。

(3)发行优先股进行筹资，发行2万股，每股发行价为20元，每股年支付股利为2元，发行费率为2%。

(4)利用留存利润60万元，预计普通股下一期股利率为8%，以后每年股利增长5%。该普通股每股面值为10元，发行价20元。

要求：

(1)计算债券的资本成本；

(2)计算普通股的资本成本；

(3)计算优先股的资本成本；

(4)计算留存收益的资本成本；

(5)计算综合资本成本。

2. 红黄公司2018年销售商品2万件，每件售价为380元，每件单位变动成本为180元，全年发生固定成本80万元。该公司拥有总资产500万元，负债占40%，债务资金的利率为10%，自有资金中有50%普通股，每股面值为20元。企业所得税税率为25%。

要求：

(1)计算单位边际贡献、边际贡献总额；

(2)计算息税前利润、利润总额、净利润；

(3)计算普通股每股收益；

(4)计算经营杠杆系数、财务杠杆系数、综合杠杆系数。

3. 红星公司拥有长期资金500万元，由长期借款与普通股构成，其中长期借款200万元，普通股300万元。公司为了维持目前的资本结构筹集新资金用于项目投资，随着筹资额增加，各种资本成本的变化如下表所示。

各种资本成本的变化

资金种类	目标资本结构	新筹资额	资本成本
长期借款	40%	40 万元及以下	5%
		40 万元以上	8%
普通股	60%	72 万元及以下	10%
		72 万元以上	14%

要求:计算各筹资分界点及相应的各筹资范围的边际资本成本。

4. 宏华公司拟筹资 2 000 万元用于开发新产品,现有甲、乙两个方案可供选择。有关资料如下表所示。

甲、乙方案筹资资料　　单位:万元

筹资方式	甲方案		乙方案	
	筹资额	资本成本	筹资额	资本成本
长期借款	500	5%	400	4%
债券	600	8%	750	10%
普通股	900	10%	850	12%
合计	2 000		2 000	

要求:(1)分别计算甲、乙两个方案的综合资本成本。

(2)假设开发新产品的投资报酬率为 9.6%,宏华公司应选择哪一个筹资方案?

5. 红星公司 2018 年初的资本结构如下表所示。

2018 年初资本结构　　单位:万元

筹资方式	筹资金额
长期借款(年利率为 8%)	300
长期债券(年利率为 10%)	500
普通股(4 万股,面值 100 元)	400
合计	1 200

本年度红星公司拟考虑增资 200 万元,有两种筹资方案。

甲方案:发行普通股 2 万股,面值 100 元。

乙方案:向银行借入长期借款 200 万元,年利率为 14%。

增资后,预期息税前利润可达到 160 万元,适用的所得税税率为 25%。

要求:确定红星公司应采用哪种方案筹资。(采用每股收益无差别点法进行分析)

项目五　投资管理

子项目一　项目投资决策

知识导航

- 项目投资决策
  - 任务一　项目投资决策的认知
    - 企业投资的意义及种类
    - 企业项目投资的种类及特点
    - 项目投资的步骤
    - 项目计算期的构成与资本投入方式
  - 任务二　现金流量的预测和计量
    - 现金流量概述
    - 现金流量的假设前提
    - 现金流量的构成
    - 现金流量的作用
    - 现金流量的计算方法
  - 任务三　项目投资决策评价指标的认知
    - 项目投资决策评价指标及其分类
    - 折现评价指标
    - 非折现评价指标
  - 任务四　投资决策评价指标的应用
    - 单一投资项目决策
    - 多个互斥项目方案决策
    - 固定资产更新项目决策

资源宝库

学习目标

⊙ 知识目标：

掌握项目投资的特点和项目投资决策的程序；掌握项目投资现金流量的含义及现金净流量的计算方法；掌握投资回收期、投资利润率、净现值、现值指数、内含报酬率等项目投资决策评价指标的计算方法。

⊙ **能力目标：**

能够分析项目投资现金流量的构成，准确完成项目投资现金流量的计算；能够计算各项投资决策评价指标，并对企业的项目投资做出科学的财务决策。

案例导入

东方稀铝的项目投资

2004年，中央政府实施的宏观调控政策收紧了电解铝行业的银根，加上无法突破中国铝业对氧化铝的垄断，东方希望集团董事长刘永行的造铝之路走得异常艰难，投资150亿元的“巨无霸”工程碰到了障碍。在一期工程于2003年10月正式投产后，东方希望集团包头稀土铝业有限公司（以下简称东方稀铝）的大多数项目却因为资金链的收紧而暂时停止运作。东方希望集团董事长刘永行（曾被《福布斯》评为“中国首富”）仅仅用了两年半时间就把电解铝行业树立为东方希望集团的“第二主业”，但现在他被迫放慢了在这个领域内急速前进的脚步。

当时，东方稀铝每天大约只能生产220吨“乌龟铝”，全年的总产量只有8万吨，这个数字仅仅相当于东方希望集团在包头原计划生产规模的1/12。原定点火投产的一期25万吨电解铝工程1号、2号电解车间东段电解槽尚未完全安装，原定投产的二期工程更是像一个空壳，除厂房盖好了之外，作为电解铝生产线“心脏”部分的电解槽仍然没有到位。整个东方希望包头稀土铝业工业园区正式投产的，仅仅是一期电解铝生产线，为年产量25万吨工程的小半部分，而这部分生产线的电源来自30公里以外的华北电网乌拉山电厂。2004年7月，中国有色金属工业协会会长康义表示，在政府宏观调控政策和市场调节的双重作用下，中国电解铝行业的过度投资势头已经得到基本控制，东方稀铝已经决定将电解铝的设计生产规模从100万吨压缩到50万吨。

然而，东方稀铝动工至今尚未拿到国家发展和改革委员会的批文。根据目前的投资审批体制，投资3 000万元以上的项目需要国家审批，东方稀铝项目已经投进去20亿元，远远超过了这个数字，因此很难再获得贷款。“铁本案”和“建龙案”相继案发之后，国家对贸然上马的民营资本投资重工业项目普遍紧缩银根，这在相当大的程度上导致了东方希望集团的融资进程受阻。有相关人士透露，东方希望集团在东方稀铝项目上的第一期投资就达37亿元之多，而计划总投资为150亿元。现在东方希望集团已经自筹了20亿元，银行原本要提供17亿元的贷款，但现在连这17亿元都很难贷到了。

此时，对刘永行与东方希望集团来说，东方稀铝不仅是他们开辟“第二主业”的主战场，而且是打通东方希望集团“电—铝—饲料”产业链的中枢神经所在。有政府官员乐观地预计，东方稀铝完全建成后销售收入将达到包头钢铁（集团）有限责任公司的3倍。继“钢铁之城”和“稀土之城”之后，包头市政府要借此将包头打造成“草原铝都”。

东方希望集团“造铝”战略遭受的重大挫折凸显了中国民营企业进行重型化转型的艰难。2001年，刘永行曾对媒体表示，国家应该包容与鼓励有挑战精神的民营企业家去尝试。他指的是进入汽车领域时碰上过多限制的李书福。没想到两年后，刘永行也遇到了与李书福类似的情境。有知情人士透露，刘永行在与一家对外投资能力在30亿元以上的国内投资机构紧密接触，据说，一项名为"能源资源产业基金"的资金将打入东方希望集团的银行账号……

以上资料来源自《南方周末》2004-08

通过对本项目的学习，请思考：

1. 通过东方稀铝项目的投资案例分析，说明项目投资对企业发展和战略的重要意义。
2. 结合东方稀铝后期项目叫停的原因，分析项目投资的主要环境因素。

任务一　项目投资决策的认知

一、企业投资的意义及种类

(一)企业投资的意义

企业投资是指公司对现在所持有资金的一种运用，如投入经营资产或购买金融资产，或者是取得这些资产的权利，其目的是在未来一定时期内获得与风险成比例的收益。在市场经济条件下，公司能否把筹集到的资金投放到收益高、回收快、风险小的项目上去，对企业的生存和发展十分重要。

(1)企业投资是实现财务管理目标的基本前提。

(2)企业投资是公司发展生产的必要手段。

(3)企业投资是公司降低经营风险的重要方法。

(二)企业投资的种类

根据不同的划分标准，企业投资可做如下分类：

1. 按照投资行为的介入程度，企业投资可分为直接投资和间接投资

直接投资是指由投资人直接介入的投资行为，即将货币资金直接投入投资项目，形成实物资产或者购买现有企业资产的一种投资。其特点是，投资行为可以直接将投资者与投资对象联系在一起。间接投资是指投资者以其资本购买公债、公司债券、金融债券或公司股票等，以期获取一定收益的投资，也称为证券投资。

2. 按照投资回收时间的长短，企业投资可分为短期投资和长期投资

短期投资又称流动资产投资，是指能够并且也准备在一年以内收回的投资，主要是指对现金、应收账款、存货、短期有价证券等的投资，长期证券如能随时变现，也可作为短期投资。长期投资则是指一年以上才能收回的投资，主要是指对厂房、机器设备等固定资产的投资，也包括对无形资产和长期有价证券的投资。由于长期投资中固定资产所占的比重较大，因此，长期投资有时专指固定资产投资。

3. 按照投入的领域不同，企业投资可分为生产性投资和非生产性投资

生产性投资是指将资金投入生产、建设等物质生产领域中，并能够形成生产能力或可以生产出生产资料的一种投资，又称为生产资料投资。这种投资的最终成果将形成各种生产性资产，包括固定资产投资、无形资产投资、其他资产投资和流动资金投资。非生产性投资是指将资金投入非物质生产领域中，不能形成生产能力，但能形成社会消费或服务能力，满足人民的物质文化生活需要的一种投资。这种投资的最终成果是形成各种非生产性资产。

4. 按照投资的方向不同，企业投资可分为对内投资和对外投资

对内投资是指把资金投在公司内部，购置各种生产经营用资产的投资。对外投资是指公司以现金、实物、无形资产等方式或者以购买股票、债券等有价证券方式向其他单位的投资。对内投资都是直接投资；对外投资主要是间接投资，也可以是直接投资。

另外，按照投资内容不同，企业投资可分为固定资产投资、无形资产投资、其他资产投资、流动资产投资、房地产投资、有价证券投资、期货与期权投资等多种形式。

二、企业项目投资的种类及特点

(一)企业项目投资的种类

项目投资，是指将资金直接投放于生产经营实体性资产，以形成生产能力，如购置设备、建造工厂、修建设施等。它一般是企业的对内投资，也包括以实物性资产投资于其他企业的对外投资。

项目投资可分为新建项目和更新改造项目两大类型。新建项目投资以新增生产能力为目的，基本属于外延式扩大再生产；更新改造项目投资以恢复和改善生产能力为目的，基本属于内涵式扩大再生产。新建项目投资还可进一步分为单纯固定资产投资和完整工业项目投资两类。单纯固定资产投资简称固定资产投资，通常只包括为购建固定资产而发生的资金投入，一般不涉及周转性流动资产的再投入；完整工业项目投资则不仅包括固定资产投资，而且涉及周转性流动资产的投入，甚至还需增加如无形资产、长期待摊费用等其他长期资产项目的投资。

(二)企业项目投资的特点

1. 投资规模较大

在项目投资中，尤其是新建项目投资规模大，需要投资更多资金，对企业总资产的影响也十分明显。因此，对于科学的项目投资管理，可行性研究是极其必要的。

2. 投资回收时间较长

项目投资的寿命一般在几年以上，有的甚至长达几十年，投资一旦完成，就会长时间地对企业的生产经营产生影响。首先，项目本身可能会给企业带来长期的经济效益。其次，项目投资支出主要是资本性支出，这就会使企业在今后一个较长时期内增加一部分固定成本。如果投资形成的生产经营能力不能充分利用，企业难以负担这部分固定成本，就有可能造成长期亏损。最后，项目投资作为一项数额较大的预付成本，一旦支出就意味着将占用大量资金，这有可能使企业在一定时期内资金调度相对紧张。

3. 变现能力较弱

作为长期投资的项目投资，其项目投资周期较长，不会在一年或超过一年的一个营业周期内变现，而且在一年或超过一年的一个营业周期内变现的能力也很弱。因此，一旦提出并执行项目投资，要想改变是相当困难的。

4. 投资风险较大

项目投资所提供的经济效益只能在今后较长时期内逐步实现，未来时期内各种影响投资效益的因素，诸如市场需求、原材料供应、国家政策等，都会发生各种变化，而项目投资又不可逆转，这意味着企业进行项目投资必然要承担较高的风险。

5. 项目投资的次数较少

受项目投资规模、资金的限制，与流动资产投资相比，其不会经常性发生，这为企业管理人员对项目投资的可行性研究提供了充裕的时间。

综上所述，项目投资耗费资金多、经历时间长、投资风险高、影响程度深。同时，投资形成的是企业生产经营的物质技术基础，其合理性是至关重要的。因此，企业绝不可在缺乏调查研究和可行性分析的情况下盲目投资。

三、项目投资的步骤

项目投资具有数额大、时间长、风险高的特点，因此，企业通常将项目投资作为一项重要决策谨慎对待，其制定和实施需要经过一个周密的过程。作为一个完整的决策过程，项目投资一般遵循以下步骤：

（一）项目提出

这是项目投资程序的起点，是在以企业的长远发展战略、中长期投资计划和投资环境的变化为基础，同时把握良好投资机会的前提下，由企业管理当局或企业高层管理人员提出，或者由企业的各级管理部门和相关部门领导提出。

（二）项目投资的可行性分析

企业初步确定的投资计划可能有多个，各投资项目之间会受资金、技术、环境、人力等的限制。这就要求对投资项目进行可行性分析，主要有三个方面：

(1)技术上，要考虑所投项目技术是否先进、能否取得、能否实施、能维持多长时间，同时要考虑项目本身在设计、施工等方面的具体要求。

(2)财力上，首先预测资金的需要量，再看有无足够的资金支持，如果资金不足，能否及时筹措到所需资金，这是投资项目运行的前提。

(3)经济上，要考虑项目投产后产品销路如何、能增加多少销售收入、为此发生多少成本和费用、能提供多少利润、有多大风险、整个方案在经济上是否合理等。

（三）项目的决策评价

项目是否能够实施取决于企业管理当局的决策评价结果。决策者要综合技术人员、财务人员、市场研究人员等的评价结果，集思广益，全面考核，最后做出是否采纳或采纳哪一个项目的决定。财务人员的评价根据和评价方法主要是计算项目的现金流量和以现金流量为基础计算各种评价指标。

（四）项目实施

决定对某项目进行投资后，就要积极筹措资金，实施项目。在投资项目的实施过程中，要对工程进度、工程质量、施工成本和工程概算进行监督、控制和审核，防止工程建设中的舞弊行为，确保工程质量，保证按时完成。

(五)项目再评价

在投资项目的实施过程中，应注意考察原来做出的投资决策是否合理。一旦出现新的情况，就要随时根据变化的情况做出新的评价。如果情况发生重大变化，原来的投资决策变得不合理，那么就要进行是否终止投资或怎样终止投资的决策，以避免更大的损失。

四、项目计算期的构成与资本投入方式

项目计算期是指投资项目从投资建设开始到最终清理结束整个过程的全部时间，即该项目的有效持续期间。

完整的项目计算期包括建设期和生产经营期。其中，建设期的第一年年初称为建设起点，建设期的最后一年年末称为投产日，从投产日到终结点之间的时间间隔称为生产经营期，生产经营期包括试产期和达产期(完全达到设计生产能力)两个阶段。试产期是指项目投入生产，但生产能力尚未完全达到设计能力时的过渡阶段。达产期是指生产运营达到设计预期水平后的时间。运营期一般应根据项目主要设备的经济使用寿命期确定。

项目计算期、建设期和生产经营期三者之间的关系是：

项目计算期＝建设期＋生产经营期

反映项目投资金额的指标主要有原始投资和项目投资总额。原始投资(又称初始投资)等于企业为使该项目完全达到设计生产能力、开展正常经营而投入的全部现实资金，包括建设投资和流动资金投资两项内容。建设投资是在建设期内按一定生产经营规模和建设内容进行的投资。流动资金投资是指项目投产前后分次或一次投放于营运资金项目的投资增加额，又称垫支流动资金或营运资金投资。在财务可行性评价中，原始投资与建设期资本化利息之和为项目总投资，这是一个反映项目投资总体规模的指标。

从时间特征上看，投资主体将资金投入具体投资项目的方式有一次投入和分次投入两种。一次投入方式是指投资行为集中一次发生在项目计算期的第一个年度的某一时间点；如果投资行为涉及两个或两个以上年度，或者虽只涉及一个年度，但同时在该年的不同时点发生，则属于分次投入方式。

任务二　现金流量的预测和计量

一、现金流量概述

现金流量是现代理财学中的一个重要概念，是指企业在一定会计期间按照现金收付实现制，通过一定经济活动(包括经营活动、投资活动、筹资活动和非经常性项目)而产生的现金流入、现金流出及其总量情况的总称，即企业一定时期的现金和现金等价物的流入和流出的数量。例如，销售商品、提供劳务、出售固定资产、收回投资、借入资金等，形成企业的现金流入；购买商品、接受劳务、购建固定资产、现金投资、偿还债务等，形成企业的现金流出。衡量企业经营状况是否良好、是否有足够的现金偿还债务、资产的变现能力等，现金流量是非常重要的指标。

二、现金流量的假设前提

确定项目的现金流量，就是在收付实现制基础上，预计货币资本在项目计算期内各年的收支数额。在现实经济生活中，由于不同投资项目的差异，甚至同一投资项目目的不同、投资时间和视角差异以及影响投资项目的相关因素的不确定性等，都必然会给现金流量的确定带来困难。为了便于理解和简化现金流量的计算，达到投资项目决策的可比性和可验证性，在实际工作中需要进行一些假设。

(一)全投资假设

为了更明确地反映投资项目自身的收益性，假设在确定项目的现金流量时，只考虑全部投资的运动情况，而不具体区分自有资金和借入资金等具体形式的现金流量，即使实际存在借入资金，也将其作为自有资金对待(但在计算固定资产原值和总投资时，还需要考虑借款利息因素)。

(二)时点指标假设

为便于利用资金时间价值的形式，不论现金流量具体内容所涉及的价值指标实际上是时点指标还是时期指标，均假设按照年初或年末的时点指标处理。其中，建设投资在建设期内有关年度的年初或年末发生，流动资金投资则在经营期期初(年初)发生；经营期内各年的收入、成本、折旧、推销、利润、税金等项目的确认均在年末发生；项目最终报废或清理均发生在终结点(但更新改造项目除外)。

(三)建设期间投入全部资金假设

不论项目的原始总投资是一次投入还是分次投入，除个别情况外，假设投资项目的资金都是在建设期投入的，在生产经营期没有投资。

(四)经营期与折旧年限一致假设

假设项目主要固定资产的折旧年限或使用年限与经营期相同。

(五)财务可行性假设

假设投资决策是从企业投资者的立场出发，仅对投资项目的财务可行性进行分析，而不考虑国民经济可行性和技术可行性(假定该项目已经具备国民经济可行性和技术可行性)。

(六)确定性因素假设

影响投资项目的相关因素在未来均有可能发生变动，为了简化现金流量的计算，假设与投资项目的现金流量有关的价格、成本、产销量、所得税税率等相关因素均为已知常数。

三、现金流量的构成

现金净流量是指一定期间现金流入量与现金流出量的差额。流入量大于流出量，净流量为正值；反之，净流量为负值。

(一)现金流出量的内容

现金流出量是指由于项目投资引起的企业现金收入的减少额。

1. 建设投资支出

如果是单纯固定资产投资项目，建设投资支出就是固定资产的投资支出额，主要应当根据项目规模和投资计划所确定的各项建筑工程费用、设备购置成本、安装工程费用和其他费用来估算；如果是完整工业投资项目，除了固定资产的投资支出额外，还有无形资产和开办费支出等。

2. 流动资金投资

流动资金投资是指有关项目用于生产经营期内周转使用的营运资金投资。首先，根据与项目有关的经营期每年流动资产需用额和该年流动负债需用额的差额，确定本年流动资金需用额；然后，用本年流动资金需用额减去截至上年年末的流动资金占用额，确定本年的流动资金增加额。

3. 经营成本

经营成本，也称为付现成本，如在单纯固定资产投资项目中，那就是该固定资产投入使用后每年增加的经营成本；如在完整工业投资项目中，那就是在经营期内为满足正常生产经营而动用货币资金支付的成本费用。与项目相关的某年经营成本等于当年的总成本费用（含期间费用）扣除该年折旧额、无形资产和开办费的推销额，以及财务费用中的利息支出等项目后的差额。

4. 各项税款

如在单纯固定资产投资项目中，各项税款是指该固定资产投入使用后，因收入的增加而增加的相关税金及因纳税所得增加而增加的所得税等；如在完整工业投资项目中，则是指项目投产后依法缴纳的各项税款。在进行新建项目投资决策时，通常只估算所得税。

（二）现金流入量的内容

现金流入量是由于项目投资引起的企业现金收入的增加额。

1. 营业收入

营业收入是指项目投产后每年实现的全部销售收入或业务收入。营业收入是经营期主要的现金流入项目。

2. 回收固定资产的余值

当投资项目的有效期结束，残余的固定资产经过清理会得到一笔现金收入，如残值出售收入。同时，清理时还要支付清理费用，如清理人员报酬。残值收入扣除清理费用后的净额，应当作为项目投资的一项现金流入。

3. 回收垫支的流动资金

当投资项目的有效期结束后，原先投入周转的流动资金可以转化成现金，用于其他方面，从而构成一项现金流入。

（三）现金净流量

现金净流量是现金流量表中的一个指标，是指一定时期内现金及现金等价物的流入（收入）减去流出（支出）的余额（净收入或净支出），反映了企业本期内净增加或净减少的现金及现金等价物数额。按照企业生产经营活动的不同类型，现金净流量可以分为经营活动现金净流量、投资活动现金净流量、筹资活动现金净流量。

现金净流量的计算公式为：

现金净流量(NCF)＝年现金流入量－年现金流出量

项目计算期内某年的现金净流量可能为正,可能为负,也可能为零。

四、现金流量的作用

以现金流量作为项目投资的重要价值信息,其主要作用在于:

(1)现金流量信息所揭示的未来期间货币资金收支运动,可以序时动态地反映项目投资的流出与回收之间的投入产出关系,使决策者在投资主体的立场上,完整、准确、全面地评价具体投资项目的经济效益。

动画微课

(2)利用现金流量指标代替利润指标作为反映项目效益的信息,可以克服因贯彻财务会计的权责发生制原则而带来的计量方法和计算结果的不可比和不透明等问题。即由于不同的投资项目可能采取不同的固定资产折旧方法、存货估价方法或费用摊配方法,从而导致不同方案的利润信息相关性差、透明度不高和可比性差。

(3)利用现金流量信息排除了非现金收付内部周转的资本运动形式,从而简化了有关投资决策评价指标的计算过程。

(4)现金流量信息与项目计算期的各个时点密切结合,有助于在计算投资决策评价指标时应用资金时间价值的形式进行动态投资效果的综合评价。

五、现金流量的计算方法

现金流量按照发生的时间,可分为初始现金流量、营业现金流量和终结现金流量。

(一)初始现金流量

初始现金流量一般包括如下几个部分:

1. 投资前费用

投资前费用是指在正式投资之前为做好各项准备工作而花费的费用,主要包括勘察设计费、技术资料费、土地购入费和其他费用。投资前费用的总额要在综合考虑以上费用的基础上,合理加以预测。

2. 设备购置费用

设备购置费用是指为了购买投资项目所需各项设备而花费的费用。企业财务人员要根据所需设备的数量、规格、型号、性能、价格水平、运输费用等预测设备购置费的多少。

3. 设备安装费用

设备安装费用是指为安装各种设备所需的费用。这部分费用主要根据安装设备的多少、安装的难度、安装的工作量、当地安装的收费标准等因素进行预测。

4. 建筑工程费

建筑工程费是指进行土建工程所花费的费用。这部分费用要根据建筑类型、建筑面积的大小、建筑质量的要求、当地的建筑造价标准进行预测。

5. 营运资金的垫支

投资项目建成后,必须垫支一定的营运资金才能投入运营。这部分营运资金的垫支一般要到项目寿命终结时才能收回。所以，这种投资应看作长期投资，而不属于短期投资。

6. 原有固定资产的变价收入扣除相关税金后的净收益

变价收入主要是指固定资产更新时变卖原有固定资产所得的现金收入。

7. 不可预见费

不可预见费是指在投资项目正式建设之前不能完全估计到的，但又很可能发生的一系列费用，如设备价格的上涨、出现自然灾害等。这些因素也要合理预测，以便为现金流量预测留有余地。

初始现金净流量的简化计算公式：

建设期现金净流量＝－原始投资额

(二)营业现金流量

营业现金流量是指投资项目完工投入使用后，在其寿命周期内，由于生产经营所带来的现金流入和现金流出的数量。这种现金流量一般按年度进行计算。这里的现金流入主要是指营业现金流入和该年的回收额，而现金支出主要是指营业现金支出和缴纳的税金。

营业现金净流量的计算公式：

营业现金净流量＝营业收入－付现成本－所得税

＝营业收入－(总成本－折旧－推销)－所得税

＝净利润＋折旧＋摊销

营业现金净流量计算表如表 5－1 所示。

表 5－1 营业现金净流量计算表

项 目	营业现金净流量			
	第 1 年	第 2 年	…	第 N 年
营业收入				
－付现成本				
－折旧				
税前利润				
－所得税				
净利润				
＋折旧				
营业现金净流量				

(三)终结现金流量

终结现金流量主要包括：(1)固定资产的残值收入或变价收入(指扣除了所需要上缴的税金等支出后的净收入)；(2)原有垫支在各种流动资产上的资金的收回；(3)停止使用的土地的变价收入等。

终结现金净流量＝固定资产残值收入＋回收垫支流动资金等

例题精讲

【例5—1】 能辉公司因扩大生产规模的需要，正在考虑新建一条生产线，目前公司拟订了两个可供选择的方案，相关资料如下：

A方案需投资3 000万元，其中固定资产投资2 500万元、流动资金投资500万元，全部资金一次投入即可开工生产，经营期5年。固定资产按照直线法计提折旧，期满无残值。预计投产后该生产线每年可实现营业收入1 420万元，付现成本600万元。

B方案需投资5 000万元，其中固定资产投资3 500万元、流动资金投资1 500万元，全部资金一次投入即可开工生产，经营期5年。固定资产按照直线法计提折旧，期满出售固定资产可得净残值收入500万元。预计投产后第一年该生产线实现营业收入1 400万元，付现成本500万元，此后每年实现营业收入2 800万元，付现成本700万元。

能辉公司适用的所得税税率为25%，该投资项目的资本成本率为12%，试分析两个方案的现金流量。

解：

A方案：

$NCF_0=-3\,000$（万元）

经营期各年固定资产折旧额＝2 500/5＝500（万元）

经营期各年总成本＝600＋500＝1 100（万元）

经营期各年所得税＝（1 420－1 100）×25%＝80（万元）

$NCF_{1\sim4}=1\,420-600-80=740$（万元）

$NCF_5=1\,420+500-600-80=1\,240$（万元）

表5—2　　**A方案现金净流量计算表**　　单位：万元

项　目	项目计算期（年）					
	0	1	2	3	4	5
现金流入量	0	1	22	33	44	55
营业收入	0	1 420	1 420	1 420	1 420	1 420
回收固定资产余值	0	0	0	0	0	0
回收流动现金	0	0	0	0	0	500
现金流入量合计	0	1 420	1 420	1 420	1 420	1 920
现金流出量						
固定资产投资	2 500	0	0	0	0	0
流动资金投资	500	0	0	0	0	0
付现成本	0	600	600	600	600	600
所得税	0	80	80	80	80	80
现金流出量合计	3 000	680	680	680	680	680
现金净流量	－3 000	740	740	740	740	1 240

B方案：

NCF_0＝－5 000(万元)

经营期各年固定资产折旧额＝(3 500－500)/5＝600(万元)

经营期第1年总成本＝500＋600＝1 100(万元)

经营期第1年所得税＝(1 400－1 100)×25%＝75(万元)

NCF_1＝1 400－500－75＝825(万元)

经营期第2～5年各年总成本＝700＋600＝1 300(万元)

经营期第2～5年各年所得税＝(2 800－1 300)×25%＝375(万元)

$NCF_{2\sim4}$＝2 800－700－375＝1 725(万元)

NCF_5＝2 800＋500＋1 500－700－375＝3 725(万元)

表5－3　B方案现金净流量计算表　单位：万元

项　目	项目计算期(年)					
	0	1	2	3	4	5
现金流入量	0	1	22	33	44	55
营业收入	0	1 400	2 800	2 800	2 800	2 800
回收固定资产余值	0	0	0	0	0	500
回收流动现金	0	0	0	0	0	1 500
现金流入量合计	0	1 400	2 800	2 800	2 800	4 800
现金流出量						
固定资产投资	3 500	0	0	0	0	0
流动资金投资	1 500	0	0	0	0	0
付现成本	0	500	700	700	700	700
所得税	0	75	375	375	375	375
现金流出量合计	5 000	575	1 075	1 075	1 075	1 075
现金净流量	－5 000	825	1 725	1 725	1 725	3 725

若按照“营业现金净流量＝净利润＋折旧＋摊销”的公式计算：

A方案经营期各年固定资产折旧额＝2 500/5＝500(万元)

经营期各年净利润＝(1 420－600－500)×(1－25%)＝240(万元)

NCF_0＝－3 000(万元)

$NCF_{1\sim4}$＝240＋500＝740(万元)

NCF_5＝740＋500＝1 240(万元)

B方案经营期各年固定资产折旧额＝(3 500－500)×5＝600(万元)

第1年净利润＝(1 400－500－600)×(1－25%)＝225(万元)

第2～5年各年净利润＝(2 800－700－600)×(1－25%)＝1125(万元)

NCF_0＝－5 000(万元)

NCF_1＝225＋600＝825(万元)

$NCF_{2\sim4}=1\,125+600=1725$(万元)

$NCF_5=1\,725+500+1\,500=3\,725$(万元)

【例 5—2】 康嘉公司计划新建一条生产线,建设投资需 500 万元,一年后建成,建成后使用期是 5 年。该公司固定资产采用直线法计提折旧,预计残值是原值的 10%。另外,为使项目顺利开工,需追加流动资金 100 万元,生产线投产以后预计每年可取得现金销售收入 830 万元,第一年的付现成本 200 万元,以后每年增加修理费 20 万元,所得税税率 25%。

要求:计算该项目的相关现金流量。

解:(1)分析项目初始现金流量。

已知:固定资产投资是 500 万元,垫支营运资金 100 万元。

那么,初始现金流量=−500−100=−600(万元)

(2)分析项目营业现金流量。

已知:每年折旧费=500×(1−10%)/5=90(万元)

第 2～6 年各年的营业现金流量如表 5—4 所示。

表 5—4　　康嘉公司现金净流量计算表　　单位:万元

项　目	营业现金流量				
	第 2 年	第 3 年	第 4 年	第 5 年	第 6 年
营业收入	830	830	830	830	830
−付现成本	200	220	240	260	280
−折旧	90	90	90	90	90
税前利润	540	520	500	480	460
−所得税	135	130	125	120	115
净利润	405	390	375	360	345
+折旧	90	90	90	90	90
营业现金净流量	495	480	465	450	435

(3)分析终结现金流量。

固定资产净残值是 500×10%=50 万元,收回垫支的流动资金是 100 万元。

那么,终结现金流量=100+50=150(万元)。

任务三　项目投资决策评价指标的认知

一、项目投资决策评价指标及其分类

(一)项目投资决策评价指标

项目投资决策评价指标是指用于衡量和比较投资项目可行性以便据以进行方案决策的定量化标准与尺度,它由一系列综合反映投资效益、投入产出关系的量化指标构成。项目投资决策评价指标较多，本书主要从财务评价的角度介绍投资利润率、投资回收期、净现值、净现值率、现值指数、内含报酬率等指标。

(二)项目投资决策评价指标的分类

1. 按其是否考虑资金时间价值，分为折现评价指标和非折现评价指标

折现评价指标是指在计算过程中充分考虑和利用资金时间价值因素的指标，又称为动态指标，包括净现值、净现值率、现值指数、内含报酬率等。非折现评价指标是指在计算过程中不考虑资金时间价值因素的指标，又称为静态指标，包括投资利润率、投资回收期等。接下来本书主要以这类指标展开介绍。

2. 按其数量特征的不同，分为绝对指标和相对指标

绝对指标包括以时间为计量单位的投资回收期指标和以价值量为计量单位的净现值指标；相对指标除现值指数用指数形式表现外，大多为百分比指标。

3. 按其性质不同，分为正指标和反指标

正指标包括投资利润率、净现值、净现值率、现值指数和内含报酬率。在评价决策中，这些指标值越大越好。反指标是指投资回收期等，在评价决策中，这类指标的值越小越好。

4. 按其在决策中所处的地位，分为主要指标、次要指标和辅助指标

净现值、内含报酬率等为主要指标，投资回收期为次要指标，投资利润率为辅助指标。

二、折现评价指标

动画微课

折现评价指标又称动态评价指标，是在分析项目或方案的经济效益时，要对发生在不同时间的效益、费用计算资金的时间价值，将现金流量进行等值化处理后计算出来的评价指标。动态评价指标能较全面地反映投资方案整个计算期的经济效果，适用于详细可行性研究，或对计算期较长以及处在终评阶段的技术方案进行评价。

(一)净现值

净现值是指在项目计算期内，按照预定的折现率计算的所有现金净流量的现值之和，记为 NPV(Net Present Value)。实际上，净现值就是投资方案未来现金流入量现值与现金流出量现值之间的差额。如果净现值大于零，说明该方案的投资收益率大于预定的折现率；如果净现值等于零，说明方案的投资收益率等于预定的折现率；如果净现值小于零，说明方案的投资收益率小于预定的折现率。

1. 净现值计算公式

$$\text{净现值}(NPV)=\sum_{t=1}^{n}\frac{i\times F}{(1+K)^{t}}+\frac{F}{(1+K)^{n}}$$

(第 t 年的现金净流量×第 t 年的复利现值系数)

或

$$\text{净现值}(NPV)=\text{现金流入量现值}-\text{现金流出量现值}$$

2. 净现值的计算步骤

(1)计算出各期的现金净流量。

(2)按行业基准收益率或企业设定的折现率，将投资项目各期所对应的复利现值系数通过查表确定下来。

(3)将各期现金净流量与其对应的复利现值系数相乘计算出现值。

(4)最后加总各期现金净流量的现值,即得到该投资项目的净现值。

3. 决策原则

净现值是一个金额的绝对值,在单项方案决策中,如果该方案的净现值大于等于零,此方案可行,否则方案不可行;在多个备选方案的互斥决策中(假设备选方案的原始投资相同且项目计算期相等),在净现值大于零的投资项目中,选择净现值较大的投资项目。

4. 指标优缺点评价

净现值指标的优点是:考虑了资金时间价值;利用了项目计算期内的全部现金流量信息,是投资项目财务可行性分析的主要指标。

净现值指标的缺点是:净现值是一个绝对数指标,不能反映投资项目本身所能达到的收益率;当项目投资额不等时,仅用净现值无法确定投资项目的优劣;净现值的计算比较复杂;现金流量的预测和贴现率的选择比较困难。

例题精讲

【例 5—3】 宏运公司准备投资于投资额为 2 万元的 A 项目,项目期限为 4 年,期望投资报酬率为 10%,每年能获取现金流量 7 000 元。试利用净现值法决策该项目的可行性。

解:净现值=7 000×(P/A,10%,4)−20 000=2 189.09(元)

净现值大于或等于零,该项目在财务上可行。

(二)净现值率

净现值率(Net Present Value Rate,NPVR)又称净现值比、净现值指数,是指项目净现值与原始投资现值的比率,又称"净现值总额"。净现值率是一种动态投资收益指标,用于衡量不同投资方案的获利能力大小,说明某项目单位投资现值所能实现的净现值大小。净现值率小,单位投资的收益就低;净现值率大,单位投资的收益就高。

1. 净现值率计算公式

净现值率(*NPVR*)=项目的净现值/原始投资的现值合计

2. 决策原则

只有净现值率大于或等于零的投资项目才具有财务可行性。

3. 指标优缺点评价

净现值率的优点是,可以从动态的角度反映项目投资的资金投入与净产出之间的关系;其缺点是,无法直接反映投资项目的实际收益率。

例题精讲

【例 5—4】 现有三个投资方案,预定的贴现率为 10%,现金流量情况如表 5—5 所示,计算三个方案的净现值率，具体情况如表 5—6 所示。

表 5—5　　三个方案的现金流量情况　　单位：万元

期间	A 方案	B 方案	C 方案
0	−1 000	−5 000	−7 000
1	800	3 000	2 000
2	700	2 000	2 000
3		2 000	2 000
4			2 000

表 5—6　　三个方案的净现值率　　单位：万元

项目	A 方案	B 方案	C 方案
投资项目净现值	305.8	882.7	−660.2
初始投资现值	1 000	5 000	7 000
净现值率（NPVR）	0.305 8	0.176 5	−0.094 3

(三)现值指数

现值指数又称获利指数或利润指数，是指投资项目未来现金净流量的总现值与原始投资现值之比。

如果投资项目的现值指数大于或等于 1，表明该投资项目的投资报酬率高于或等于预定的贴现率，该项目可以接受；如果投资方案的现值指数小于 1，表明该投资项目的投资报酬率低于预定的贴现率，该项目则不可以接受。在多个备选项目的互斥选择中，应接受现值指数大于 1 最多的投资项目。

1. 现值指数计算公式

现值指数(*PI*)＝现金流入量现值/现金流出量现值

现值指数(*PD*)＝投产后各年 *NCF* 的现值合计/原始投资的现值合计

＝1＋净现值率

2. 决策原则

现值指数大于或等于 1，项目投资在财务上可行。

3. 指标优缺点评价

现值指数指标的优点是：考虑了资金的时间价值；由于现值指数是相对数指标，能够反映项目的投资效率，有利于在初始投资额不同的投资方案之间进行对比。现值指数指标的缺点是：无法直接反映投资项目的实际收益率。

例题精讲

【例 5—5】　宏辉公司准备投资于投资额为 2 万元的甲项目，项目期限 4 年，期望投资报酬率为 10%，每年能获取现金流量 7 000 元。用现值指数法决策该项目的可行性。

解：现值指数＝7 000×(P/A，10%，4)/20 000＝1.11

$PVI \geq 1$，该项目在财务上可行。

(四)内含报酬率

内含报酬率(IRR)又称内部收益率，是指使得投资方案净现值等于零的折现率，它是投资项目本身可达到的收益率。

1. 内含报酬率计算方法

(1)经营期各年现金净流量相等时，计算步骤如下：

第一步：计算普通年金现值系数。

$$(P/A, i, n)=\frac{\text{原始投资额}}{\text{经营期各年现金净流量}}$$

第二步：查阅普通年金现值系数表。

若能根据已知的期数直接查到第一步计算出的普通年金现值系数，则其对应的折现率即为项目的内含报酬率；若不能直接查到这个系数，则查其相邻的两个系数以及它们各自对应的折现率，再用插值法计算该项目的内含报酬率。

(2)经营期各年现金净流量不相等时，计算步骤如下：

第一步：预先估计一个折现率，并以此来计算项目的净现值，如果净现值为正数，说明项目的内含报酬率高于预先估计的折现率，应提高折现率后进一步测试；如果净现值为负数，说明项目的内含报酬率低于预先估计的折现率，应降低折现率后进一步测试。经过多次测试，找到使净现值由正到负或由负到正并且接近于零的两个相邻的折现率。

第二步：根据上述两个相邻的折现率，运用插值法计算出项目的内含报酬率。

2. 决策原则

在只有一个备选方案的采纳与否决策中，如果计算出的内含报酬率大于或等于公司的资本成本或必要报酬率，就采纳；反之，则拒绝。在有多个备选方案的互斥选择决策中，选择内含报酬率超过资本成本或必要报酬率最多的投资项目。

3. 内含报酬率优缺点评价

内含报酬率指标的优点是：考虑了资金时间价值，可以反映出投资项目的真实报酬率，且不受行业基准收益率的影响，有利于对投资额不同的项目的决策。

内含报酬率指标的缺点是：计算过程比较复杂，尤其是每年 NCF 不等的投资项目，一般要经过多次测试才能算出；当经营期大量追加投资时，有可能导致多个内含报酬率出现，或偏高或偏低，缺乏实际意义。

例题精讲

【例 5－6】 隆运公司某项目原始投资 700 万元，项目投产后经营期 5 年，每年产生现金净流量 200 万元，计算该项目的内含报酬率。

解：第一步：计算普通年金现值系数。

(P/A，i，5)＝700/200＝3.5

第二步：查阅“普通年金现值系数表”，寻找 $n=5$ 时系数 3.5 所指向的利率，发现与 3.5 接近的系数 3.604 8 和 3.433 1 分别指向 12%和 14%，所以该项目的内含报酬率介于 12%与 14%之间。

利率	普通年金现值系数
12%	3.604 8
IRR	3.5
14%	3.433 1

则有：

$(IRR-12\%)/(14\%-12\%)=(3.5-3.6048)/(3.4331-3.6048)$

$IRR=13.22\%$

(五)动态评价指标之间的关系

在独立项目的评价中，NPV、$NPVR$、PI、IRR 指标之间存在以下数量关系：

(1)当 $NPV>0$ 时，$NPVR>0$，$PI>1$，$IRR>i$（i 为投资项目的行业基准收益率，下同）；

(2)当 $NPV=0$ 时，$NPVR=0$，$PI=1$，$IRR=1$；

(3)当 $NPV<0$ 时，$NPVR<0$，$PI<1$，$IRR<i$。

进行项目投资决策时，净现值、净现值率、现值指数、内含报酬率是主要评价指标，静态投资回收期是次要评价指标，会计收益率是辅助评价指标。在进行单项方案决策时，使用动态评价指标得出的结论基本是一致的；但是在进行多个备选方案的互斥决策时，它们得出的结论却可能不一致，应充分考虑项目目标投资额、项目计算期等因素选择适当的评价指标，采用正确的方法进行决策。一般情况下，净现值是一种可取的方法。通过调查，大多数公司将净现值和内含报酬率作为首选指标，将静态投资回收期作为第二选择的决策方法。

三、非折现评价指标

名师精讲

非折现评价指标又称静态评价指标，是在不考虑时间因素对货币价值影响的情况下，直接通过现金流量计算出来的经济评价指标。静态评价指标主要有：投资利润率和投资回收期。它最大的特点是计算简便。

(一)投资利润率

投资利润率（ROI）是指经营期正常年度利润或年平均利润占投资总额的百分比。计算公式为：

$$\text{投资利润率}(ROI)=\text{年平均利润}/\text{原始投资额}\times 100\%$$

投资利润率的优点是计算简单、明了，易于掌握，并可评价各项目投资方案的收益水平。其缺点是没有考虑资金时间价值，没有反映建设期长短及投资方式和时间不同对项目的不同影响；投资利润率的分子、分母计算口径可比性较差，分子是时间指标，分母是时点指标；投资利润率的计算使用会计利润指标无法直接利用净现金流量信息。

例 题 精 讲

【例 5—7】 创意达公司的年平均利润为 100 万元，原始投资为 1 200 万元，计算其投资利润率。

解：投资利润率（*ROI*）＝100/1 200×100％＝8.33％

（二）投资回收期

投资回收期（简写为 PP）是指在不考虑资金时间价值的情况下计算出的收回投资所需的时间。计算投资回收期时，只需按时间顺序对各期的现金净流量进行累计（不必折现），当累计额为零时，累计时间即为投资回收期。评估标准是回收期越短越好。

（1）若原始投资一次支出、经营期各年现金净流入量相等，可以用简便方法计算：

投资回收期＝原始投资额/各年现金净流入量

（2）若各年现金净流入量不等，或原始投资是分几次投入的，计算投资回收期时，要根据投资回收期的含义，逐年累计现金净流量，并根据每年末尚未回收的投资额加以确定。计算公式为：

投资回收期＝*M*＋第 *M* 年的尚未回收额/第 *M*＋1 年的现金净流量

其中：*M* 为累计现金净流量为正的前一年。

投资回收期的优点是方法简单，易采用，可在一定程度上反映方案的风险程度。一般投资回收期越短，说明投资方案的风险越小；反之，风险越大。其缺点是未考虑货币时间价值因素；未考虑回收期满后继续发生的净现值流量的变化情况，忽视项目投资方案的获利能力。该方法主要用来测定投资项目的流动性而非盈利性。

例 题 精 讲

【例 5—8】 海润公司准备投资一个项目，预计现金流量如表 5—7 所示，计算投资回收期。

表 5—7

年度	现金流量	回收额	未回收额
0	－500		
1	100	100	400
2	300	400	100
3	400	100	0

解：投资回收期＝2＋100/400＝2.25（年）。

【例 5—9】 科迪公司准备投资一个项目，预计现金流量如表 5—8 所示，计算投资回收期。

表 5—8

年度	1	2	3	4	5	6	7
净现金流量	−400	−600	−500	900	400	600	600
累计净现金流量	−400	−1 000	−1 500	−600	−200	400	1 000

解：投资回收期＝5＋200/600＝5.33(年)。

任务四　投资决策评价指标的应用

投资决策评价指标，是指用于衡量和比较投资项目可行性，以便据以进行方案决策的定量化标准与尺度。因为各决策指标的特征不同，优缺点也不同，所以应根据项目投资的实际情况确定如何运用投资决策评价指标。

一、单一投资项目决策

单一投资方案是指方案与方案之间存在相互依赖关系，但又不能相互取代的方案。在单一投资方案情况下，只需利用评价方法中的评价指标对其进行计算和决策即可。

如果一个投资项目的评价指标同时满足以下条件，则可断定该项目具备可行性，应当接受该投资方案：

(1)净现值(*NPV*)≥0；

(2)净现值率(*NPVR*)≥0；

(3)现值指数(*PVI*)≥1；

(4)内含报酬率(*IRR*)≥设定贴现率；

(5)投资回收期(*PP*)≤行业标准投资回收期；

(6)投资利润率(*ROD*)≥事先设定的基准投资利润率。

反之，如果一个投资项目的评价指标不满足上述条件，又同时发生以下情况：*NPV*＜0、*PVI*＜1、*IRR*＜设定贴现率、*PP*＞行业标准投资回收期、*ROI*＜基准投资利润率，就可断定该投资项目不具备财务可行性，应当放弃该投资方案。

例题精讲

【例 5—10】　飞鸟公司投资项目的原始投资额需要 150 万元，项目计算期为 10 年，基准投资报酬率为 8%，行业基准贴现率为 9%，行业标准投资回收期为 4 年。有关投资决策评价指标分别如下：*ROI*＝9.85%，*PP*＝6 年，*NPV*＝15 万元，*PVI*＝1.23，*IRR*＝12.11%。分析该投资项目的财务可行性。

解：*ROI*＝9.85%＞基准投资报酬率(8%)

NPV＝15 万元＞0

PVI＝1.23＞1

$IRR=12.11\%>$行业基准贴现率(9%)

但$PP=6>$行业标准投资回收期(4年)

综上所述，该方案各项主要评价指标都达到或超过相应的标准，所以它具备财务上的可行性。但投资回收期长，并超过了行业标准投资回收期，具有一定的投资风险。

二、多个互斥项目方案决策

互斥方案是指互相关联、互相排斥的方案，即一组方案中的各个方案彼此可以相互代替，采纳方案组中的某一方案，就会自动排斥这组方案中的其他方案。方案之间互相排斥，不能并存，因此决策的实质在于选择最优方案，属于选择决策。从选定经济效益最大的要求出发，互斥决策以方案的获利数额作为评价标准。因此，一般采用净现值法、年等额净回收额法、净现值率法、差额投资内部收益率法等进行选优决策。

名师精讲

(一)净现值法

净现值法是评价投资方案的一种方法。该方法是利用净现金效益量的总现值与净现金投资量算出净现值，然后根据净现值的大小来评价投资方案。当进行原始投资相同且项目计算期相等的互斥方案比较决策时，一般采用净现值法，即选择净现值大的方案作为最优方案。该方法适用于更新改造项目的投资决策。

(二)年等额净回收额法

年等额净回收额法是指在投资额不等且项目计算期不同的情况下，根据各个投资方案的年等额净回收额指标的大小来选择最优方案的决策方法。年等额净回收法适用于投资额不同、项目计算期不同的投资项目之间的比较。计算时，某一方案的年等额净回收额等于该方案的净现值与相关的资本回收系数(即年金现值系数的倒数，见下)的乘积。在该方法下，所有方案中年等额净回收额最大的方案即为最优方案。其计算公式为：

$$\begin{aligned}\text{年等额净回收额}&=\text{某方案净现值}\times\text{回收系数}\\&=\frac{\text{某方案净现值}}{\text{年金现值系数}}\end{aligned}$$

(三)净现值率法

净现值率法是指通过比较所有已具备财务可行性投资方案的净现值率指标的大小来选择最优方案的一种方法。此方法适用于原始投资相同且项目计算期相等的多个互斥方案的比较决策。

(四)差额投资内部收益率法

差额投资内含报酬率法(ΔIRR)是指在计算两个原始投资额不相等的投资项目的差量现金净流量的基础上，计算出差额内含报酬率，并据以判断这两个投资项目优劣的方法，即根据差量的净现金流量计算使得净现值为0的折现率。其计算方法与内部收益率一样，只不过所依据的是差量净现金流量。当进行原始投资额不相等、但计算期相同的多方案比较决策时，应采用差额投资内含报酬率法。差额投资内部收益率大于或等于基准收益率或设定折现率时，投资额大的方案为优；否则，投资额小的方案为优。

例题精讲

【例 5—11】 畅达公司投资项目需要原始投资 1 200 万元，有 A、B 两个互相排斥、但项目计算期相同的备选方案可供选择，A、B 方案的净现值指标分别为 258 万元和 213 万元。根据上述资料，按净现值法作出决策。

解：根据业务设计，决策程序如下：

(1)评价各备选方案的财务可行性：

A、B 两个方案的净现值均大于零，均具有财务可行性。

(2)按净现值法进行比较决策：

A 方案净现值指标为 258 万元＞B 方案净现值指标为 213 万元，所以 A 方案为优。

【例 5—12】 优享公司准备投资建设一条生产线，有 A、B 两个方案可供选择。A 方案的原始投资额为 200 万元，项目计算期为 5 年，净现值为 120 万元；B 方案的原始投资额为 150 万元，项目计算期为 6 年，净现值为 130 万元。企业的资本成本为 10%。根据上述资料，作出决策。

解：若备选方案的原始投资额不同，特别是项目计算期不同，要采用年等额净回收额法进行决策，即通过比较所有投资方案的年等额净回收额(又称为年均净现值)指标的大小来选择最优方案。在此法下，年等额净回收额最大的方案为优。

若某方案净现值为 NPV，设定折现率或基准收益率为 i，P 为现值，项目计算期为 n，年等额净回收额为 A，则：

$$NPV=A\times(P/A, i, n)$$

$$A=NPV/(P/A, i, n)$$

根据业务设计，A 方案和 B 方案的净现值均大于零，这两个方案均具有财务可行性。因原始投资额和项目计算期均不同，所以采用年等额净回收额进行决策。

A 方案年等额净回收额 $=120/(P/A,10\%,5)=31.65$(万元)

B 方案年等额净回收额 $=130/(P/A,10\%,6)=29.85$(万元)

A 方案的年均净现值比 B 方案的年均净现值高，所以选择 A 方案。

【例 5—13】 展鹏公司将进行投资，现在有 A、B 两个项目备选。两个项目的差量现金净流量如表 5—9 所示。假设行业基准贴现率为 10%。

表 5—9　　投资项目差量现金净流量

项　目	年　数					
	0	1	2	3	4	5
A 项目	−640	200	200	200	200	200
B 项目	−530	170	170	170	170	170
差量净现金流量	−110	30	30	30	30	30

根据A、B两种不同情况作出投资选择。

解析：根据资料得：$(P/A,\Delta IRR,5)=110/30=3.6667$

当 $i=10\%$，$(P/A,10\%,5)=3.7908$

当 $i=12\%$，$(P/A,12\%,5)=3.6048$

所以，$10\%<\Delta IRR<12\%$

且 $\Delta IRR=10\%+(3.7908-3.6667)/(3.7908-3.6048)\times(12\%-10\%)=11.33\%$

如果展鹏公司的行业基准贴现率为8%，则 $\Delta IRR>8\%$，应选择A项目。

如果展鹏公司的行业基准贴现率为12%，则 $\Delta IRR<12\%$，应选择B项目。

三、固定资产更新项目决策

随着科学技术的不断进步，固定资产的更新周期大大缩短。尽管旧设备使用一段时间后还能继续使用，但由于旧设备消耗大、维修费用多、利用效率低，容易导致后续支出加大，也可能造成不合格产品增加，这就需要对旧设备进行更新。

固定资产更新项目决策是对继续使用旧设备与购置新设备两个方案的选择。固定资产更新项目的现金流量不同于新建项目，一般设备的更换并不改变企业的生产能力，不增加企业的现金流入，更新项目的现金流量主要是现金流出，即使有少量残值收入，也属于支出抵减，而非实质上的流入增加。

对于固定资产更新项目，可以把继续使用旧设备和购置新设备视为项目的两个互斥方案。如果新旧固定资产的未来使用年限相同（这种情况十分罕见），可以根据两者所产生的现金净流量的现值进行比较，由于固定资产更新项目一般表现为现金的净流出，应选择现金净流出的现值总额较小的方案。如果新旧固定资产的未来使用年限不同，两个方案的现金净流量现值就不具有可比性，应该通过计算平均年成本来进行比较。

固定资产的平均年成本，是指该资产引起的现金流出的年平均值。如果不考虑资金的时间价值，它是未来使用年限内的现金流出总额与使用年限的比值；如果考虑资金的时间价值，它是未来使用年限内的现金流出现值总额与年金现值系数的比值。

项目小结

⊙ 项目投资包括新建项目和更新改造项目两类，它具有数额大、时间长、风险高的特点，所以公司的项目投资决策要经历一个系统的过程。

⊙ 现金流量分析是项目投资决策的关键一步，投资项目产生的现金流量包括现金流入量、现金流出量和现金净流量三项内容，投资项目在不同的时期具有不同的现金流量形式。

⊙ 项目投资评价指标有非贴现指标和贴现指标两类。非贴现指标不考虑资金时间价值，主要包括投资回收期和会计收益率；贴现指标则考虑资金时间价值，主要包括净现值、现值指数和内含报酬率等指标。其中净现值是最基本、最常用的指标，净现值大于0时，项目是可行的，此时现值指数大于1，内含报酬率大于设定的折现率（资本成本或必要报酬率）。

课后习题与实训

一、单项选择题

1. 某一投资项目在建设期内投入全部原始投资，该项目的净现值率为25%，则该项目的获利指数为（　　）。

A. 0.75　　B. 1.25　　C. 4.0　　D. 25

2. 下列投资决策评价指标中，数值越小越好的指标是（　　）。

A. 净现值率　　B. 投资回收期　　C. 内含报酬率　　D. 投资利润率

3. 某项目建设期为零，全部投资均于建设起点一次投入，投产后的净现金流量每年均为100万元，按照内部收益率和项目计算期计算的年金现值系数为4.2，则该项目的静态投资回收期为（　　）年。

A. 4.2　　B. 2.1　　C. 8.4　　D. 无法计算

4. 下列表述中，不正确的是（　　）。

A. 净现值是投资方案现金收入与现金支出现值之差

B. 当净现值等于零时，说明此时的贴现率为内部报酬率

C. 当净现值大于零时，现值指数小于零

D. 当净现值大于零时，说明该方案可行

3. 某项投资方案，当贴现率为16%时，其净现值为338元；当贴现率为18%时，其贴现值为−22元。那么，该方案的内含报酬率为（　　）。

A. 15.88%　　B. 16.12%　　C. 17.88%　　D. 18.14%

4. 某投资项目原始投资额为100万元，使用寿命10年，已知该项目第10年的经营净现金流量为25万元，期满处置固定资产残值收入及回收流动资金共8万元，则该投资项目第10年的净现金流量为（　　）万元。

A. 8　　B. 25　　C. 33　　D. 43

5. 投资项目的建设起点与终结点之间的时间间隔称为（　　）。

A. 项目计算期　　B. 生产经营期　　C. 建设期　　D. 试产期

6. 下列投资项目评价指标中，不受建设期长短、投资回收时间先后、现金流量大小影响的是（　　）。

A. 投资回收期　　B. 投资收益率　　C. 净现值率　　D. 内部收益率

7. 企业投资20万元购入一台设备，预计投产后每年获利4万元，固定资产年折旧额2万元，则投资回收期为（　　）年。

A. 6.7　　B. 10　　C. 3.33　　D. 5

8. 已知某投资项目按14%折现率计算的净现值大于零，按16%折现率计算的净现值小于零，则该项目的内含报酬率（　　）。

A. 大于14%且小于16%　　B. 小于14%

C. 等于15%　　D. 大于16%

9. 当净现值为零时，可说明(　　)。

A. 投资方案无收益　　B. 投资方案只能获得平均利润

C. 投资方案只能收回投资　　D. 投资方案亏损，应拒绝接受

10. 如某投资项目的相关评价指标满足以下关系：$NPV>0$，$NPVR>0$，$PVI>1$，$IRR>$设定贴现率，则可以得出的结论是(　　)。

A. 该项目基本具备财务可行性　　B. 该项目完全具备财务可行性

C. 该项目基本不具备财务可行性　　D. 该项目完全不具备财务可行性

二、多项选择题

1. 影响投资项目每年营业现金净流量大小的因素有(　　)。

A. 企业每年的收入　　B. 企业每年收入的增加额

C. 成本的增加额　　D. 付现成本的增加额

2. 用净现值法评价投资项目可行性时，所采用的折现率通常有(　　)。

A. 投资项目的资金成本率　　B. 投资的机会成本率

C. 行业平均资金收益率　　D. 投资项目的内部收益率

3. 净现值法的优点有(　　)。

A. 考虑了资金时间价值

B. 考虑了项目计算期的全部净现金流量

C. 考虑了投资风险

D. 可从动态上反映项目的实际投资收益率

4. 当新建项目的建设期不为零时，建设期内各年的净现金流量可能(　　)。

A. 小于0　　B. 等于0　　C. 大于0　　D. 大于1

5. 下列各项中，属于项目投资决策的主要方法的有(　　)。

A. 净现值法　　B. 净现值率法

C. 内部收益率法　　D. 年等额净回收额法

6. 内含报酬率是指(　　)。

A. 投资报酬与总投资的比率

B. 项目投资实际可望达到的收益率

C. 投资报酬现值与总投资现值的比率

D. 使投资方净现值为零的折现率

7. 适用于评价原始投资额不相同的互斥型投资方案的方法有(　　)。

A. 投资回收期　　B. 净现值法　　C. 净现值率法　　D. 年均净现值法

8. 若净现值为负数，则表明该投资项目(　　)。

A. 为亏损项目，不可行

B. 其投资报酬率小于0，不可行

C. 其投资报酬率没有达到预定的折现率，不可行

D. 其投资报酬率不一定小于0

9. 企业投资的程序主要包括(　　)。

A. 提出投资领域和投资对象　　B. 评价投资方案的财务可行性

C. 投资方案的比较与选择　　　　　　D. 投资方案的执行以及再评价

三、判断题

1. 净现金流量又称现金净流量，是指在项目运营期内由每年现金流入量与同年现金流出量之间的差额所形成的序列指标。其计算公式为：某年净现金流量＝该年现金流入量－该年现金流出量。（　　）

2. 净现值指标的计算考虑了资金时间价值，但没有考虑风险性。（　　）

3. 内含报酬率是能使项目的获利指数为1时的贴现率。（　　）

4. 当项目建设期为零，全部投资均于建设起点一次投入，投产后的净现金流量表现为普通年金的形式时，可以直接利用年金现值系数计算内部收益率。（　　）

5. 净现值指标可以从动态的角度反映投资项目的实际投资收益水平。（　　）

6. 如果项目的净现值大于0，则净现值率一定大于0，获利指数也一定大于0。（　　）

四、案例分析题

1. 张某准备开设一个彩扩店，通过调查研究提出以下方案：

(1)设备投资：冲扩设备购价20万元，预计可使用5年，使用直线法折旧，残值率为10%；计划在2017年1月1日购进并立即投入使用。

(2)门店装修：装修费用预计3万元，在装修完工的2017年1月1日支付。

(3)收入和成本预计：预计2017年1月1日开业，前6个月每月收入3万元，以后每月收入4万元；耗用相纸和冲扩液等成本为收入的60%；人工费、水电费和房租等费用为每月0.8万元(不含设备折旧、装修费摊销)。

(4)营运资金：开业时垫付2万元。

(5)所得税税率为40%。

(6)业主要求的投资报酬率最低为10%。

要求：用净现值法评价该项目经济上是否可行。

2. 某工业投资项目需要原始投资合计130万元，其中固定资产投资100万元(全部为贷款，年利率为10%，贷款期限为7年)，开办费投资10万元，流动资金投资20万元。建设期为2年。固定资产投资和开办费投资在建设期内均匀投入，流动资金于第二年末投入。该项目寿命期5年，固定资产按直线法计提折旧，期满有1万元净残值；开办费全部在投产第一年年末摊销。预计投产后每年获营业收入为120万元，预计每年外购原材料、燃料和动力费为40万元，工资及福利费为23万元，其他付现费用为5万元。适用的增值税税率为17%，城建税税率为7%，教育费附加为3%。该企业不缴纳消费税。适用的所得税税率为25%，运营期每年维持运营投资为5万元，流动资金于终结点一次收回，项目的折现率为10%。

要求：

(1)计算项目的计算期；

(2)计算项目的投资总额；

(3)计算项目的投资收益率；

(4)计算项目建设期各年的净现金流量；

(5)计算项目的包括建设期的静态投资回收期(所得税后);

(6)计算项目的获利指数和净现值率;

(7)判断项目的财务可行性。

(以上计算结果保留两位小数)

3. 甲公司投资项目的原始投资额需要 1 650 万元,现有 A、B、C、D 4 个相互排斥的方案可供选择,各方案的净现值指标分别为:250.11 万元,195.23 万元,256.14 万元,145.65 万元。A、B、C、D 4 个方案的项目计算期相等。

要求:

(1)评价每个方案的财务可行性;

(2)采用净现值法进行比较决策。

4. 佳佳公司拟增加一条新流水线,有 A、B 两个投资方案可以考虑,每个方案所需投资额均为 20 万元,A、B 两个方案的营业净现金流量如下表所示。

A、B 两个方案的营业净现金流量

方案	第一年	第二年	第三年	第四年	第五年
A	6	6	6	6	6
B	2	4	8	12	2

要求:计算两者的投资回收期并比较优劣。

5. 丽兰公司拟进行某项投资活动,有 A、B 两个备选的互斥投资方案,资料如下:

(1)A 方案原始投资 150 万元,其中固定资产投资 100 万元,营运资本投资 50 万元,全部资金于建设起点一次投入,初始期为 0,经营期为 5 年,到期净残值收入 5 万元,预计投产后年营业收入(不含增值税,下同)90 万元,不包含财务费用年总成本费用 60 万元。

(2)B 方案原始投资额 200 万元,其中固定资产投资 120 万元,营运资本投资 80 万元。初始期为 2 年,经营期为 5 年,资本化利息 10 万元,固定资产投资于初始期起点投入,营运资本投资于初始期结束时投入,固定资产净残值收入 8 万元,项目投产后,年营业收入 170 万元,年付现成本 80 万元,运营期每年归还利息 5 万元。固定资产按直线法折旧,全部流动资金于终结点收回。

要求:

(1)计算 A、B 方案各年的净现金流量;

(2)计算 A、B 方案包括初始期的静态回收期;

(3)丽兰公司所在行业的基准折现率为 10%,计算 A、B 方案的现值;

(4)计算 A、B 方案净现值的等额年金,并比较两个方案的优劣。

课后阅读

宝马收购华晨宝马 25%的股权

10 月 11 日晨,华晨中国(01114.HK)发布了短暂停牌的公告。尽管没有说明停牌的原因，但在交易日的前一个晚上，宝马官方已发布公告：德国宝马计划增加其在华晨宝马中的股份比例，从50%提高到75%。公司已与华晨汽车签署协议，将斥资约36亿欧元从对方手中收购25%的股份。

华晨宝马是华晨中国的主要资产之一，其他则包括华晨雷诺以及华晨汽车集团旗下负责汽车金融业务的华晨东亚汽车金融有限公司。如今，宝马的这一股权收购计划，不仅让其成为中国放开合资股比限制后的第一家受益企业，更在短期内极大影响了华晨中国的业绩。

中国扩大开放　宝马投桃报李

宝马方面是在华晨宝马成立15周年庆典这一喜庆时点发布收购华晨宝马股权公告的。

在这则公告中，宝马方面称已与华晨汽车签署协议，将斥资约36亿欧元从对方手中收购25%的股份；而作为协议的一部分，华晨宝马的合同期限在2028年到期之后将延长到2040年。

华晨宝马成立于2003年5月，华晨和宝马各持股50%。2014年7月，双方签约，将合资协议延长至2028年。宝马同时宣布将拓展国产车型的产品线，从目前的3个系列增加到6个系列。

仅仅过去四年，华晨与宝马的合资协议便再次被延长，只是这一次随之变动的还有股权。

"宝马公司同中方最新合作项目即将落地辽宁沈阳，将是中方放宽汽车行业外商来华投资股比限制后的首个受益者。这表明，中国对外开放的新举措不仅是'说到了'，更是踏踏实实地'做到了'。"10月10日上午，国务院总理在中南海紫光阁会见德国宝马集团董事长科鲁格时表示。

业界便有预测称：宝马将成为第一个改变合资公司股比的企业，其在华晨宝马的股比将突破50%并计划提升到75%。

尽管随后华晨方面否认了这一传闻，但今年7月9日，总理访德期间在德国总理府新闻发布厅的记者会上回答记者提问时表示："我们刚才见证了宝马公司和中国汽车公司合资建新的厂。他们（宝马公司）的比例将不仅超过50%，现在是在商谈可能达到75%。"

中国政府坚定不移的对外开放政策，让宝马成为受益者。投桃报李，宝马在10月11日的庆典上也宣布华晨宝马的投资将增加30亿欧元，未来三到五年内，华晨宝马的年产能将逐渐增加到每年65万辆，并将创造5 000个新的工作机会。而在方兴未艾的新能源汽车领域，宝马旗下的纯电动车BMW iX3也将于沈阳投产，并投放到全球市场出售。

华晨中国业绩堪忧

正当宝马方面以增持股比为自己与华晨15周年的合作献礼之际，资本市场却已开始为华晨中国的报表感到担忧。

10月11日，宝马上述公告发布之后，华晨中国在官网发公告，宣布今日临时停牌，股价停牌前报10.76港元。早在今年7月，德国《经理人杂志》就称宝马将增持华晨宝马股份至75%，消息公布后华晨中国的股价应声重挫，盘中跌幅一度达到19.71%，创2008年10月以来最大盘中跌幅。

事实上，作为华晨中国旗下的重要资产，华晨宝马业已成为华晨中国最为倚重的"利润奶牛"。

华晨中国2018中期财报显示：集团未经审核应占合资企业业绩由2017年上半年26.66

亿元增加37.9%至2018年同期36.77亿元，主要由集团间接拥有50%权益的合资企业华晨宝马所贡献盈利增加所致。而在2017年，华晨宝马对集团净利润贡献较2016年增加31%至52.38亿元。这意味着，如果扣除宝马的利润贡献，华晨中国实则亏损，净亏损达8.62亿元。在2016年，剔除宝马对华晨贡献的39.98亿元纯利，华晨中国2016年的净利润将为负6亿多元，同样处于亏损状态。

从短期内看，华晨中国的报表必然受华晨宝马股比的变化而褪色不少，但长期看，华晨方面已对此做出了相应安排。

在华晨，内部代号为M8X的全新平台已经就绪。在这一平台上，华晨规划了5款新车，除已经上市的V7外，华晨基于第二代EV平台乘用车与城市物流车，基于第三代EV平台乘用车和轻型客车、小MPV等系列化的城市物流车也将于2020年前后推出。而M平台的全系产品都将搭载PHEV插电式混合动力系统，并将于2020年上市销售。与此同时，华晨中国旗下的另一家合资公司，主要负责商用车业务的华晨雷诺也计划逐年推新。

失之东隅，收之桑榆，失去了华晨宝马25%股权后，或许会让华晨中国更加专注于自我造血能力的提升。

（资料来源：https://finance.qq.com/a/20181011/008205.htm）

子项目二　证券投资决策

知识导航

- 证券投资决策
  - 任务一　证券投资的认知
    - 证券的概念和种类
    - 证券投资的特点及目的
    - 证券投资的风险
    - 证券投资的程序
  - 任务二　债券投资的认知和应用
    - 债券的概念与特点
    - 债券的种类
    - 债券的要素
    - 债券的估价
    - 债券投资的收益率
  - 任务三　股票投资的认知和应用
    - 股票投资的特点
    - 股票的价值
    - 股票的收益率
  - 任务四　证券投资组合的认知和应用
    - 证券投资组合的概念及意义
    - 证券投资组合的风险
    - 证券投资组合的策略与方法

学习目标

资源宝库

⊙ 知识目标：

掌握证券的概念和种类、证券的特征和证券投资的意义；掌握债券价值和收益率的计算方法；掌握证券投资组合及风险组合的基本策略。

⊙ 能力目标：

能够熟练估算证券投资的价值；能够运用债券估价模型解决债券投资典型任务及运用股票估价模型解决股票投资典型任务。

案例导入

利民集团的投资之路

利民集团是一家大型制造企业，2017 年初，公司领导召开会议，集体通过利用手中多余资金 2 500 万元对外投资，以获取投资收益的决定。经分析、整理调研资料，拟定以下可供公司选择的投资对象：

(1)国家发行七年期国债,每年付息一次,且实行浮动利率。第一年利率为2.63%,以后每年按当年银行存款利率加利率差0.38%计算支付利息。

(2)文运集团发行十年期企业债券,票面利率为10%,每年付息一次。

(3)格力股份,中期预测每股收益0.45元,股票市场价格为22.50元/股。总股本30 631万股,流通股7 979万股。公司主营:设计制作空调制冷产品,空调使用红外遥控。财务状况十分稳定,公司业绩良好,但成长性不佳。

(4)美林电器,中期预测每股收益0.40元,股票市场价格为17.00元/股。总股本29 617万股,流通股21 676万股。公司主营:家用电器、电风扇、清洁卫生器具。公司空调产销量居国家前列,有行业领先优势,尤其是出口增长迅速,比上年出口增长70.7%,经营业绩稳定增长。

请分析:面对上述可供选择的投资对象,如果利民集团为了扩大经营规模,实现规模效益,应如何进行投资组合,且分散或避免投资风险?如果公司仅为获得投资收益,应如何进行投资组合,且分散或避免风险?

任务一　证券投资的认知

一、证券的概念和种类

(一)证券的概念

证券是多种经济权益凭证的统称,是用来证明券票持有人享有的某种特定权益的法律凭证。

证券的种类繁多,广义的证券包括商品证券、货币证券和资本证券。商品证券是证明持有人有商品所有权或使用权的凭证,取得这种证券就等于取得这种商品的所有权,持有人对这种证券所代表的商品所有权受法律保护。属于商品证券的有提货单、运货单、仓库栈单等。货币证券是指本身能使持有人或第三人取得货币索取权的有价证券。货币证券主要包括两大类:一类是商业证券,主要包括商业汇票和商业本票;另一类是银行证券,主要包括银行汇票、银行本票和支票。资本证券是指由金融投资或与金融投资有直接联系的活动而产生的证券。持有人有一定的收入请求权,它包括股票、债券、基金证券及其衍生品种如金融期货、可转换证券等。

狭义上的证券主要指的是证券市场中的证券产品,其中包括产权市场产品如股票,债权市场产品如债券,衍生市场产品如股票期货、期权、利率期货等。

(二)证券的种类

1. 按照证券发行主体的不同,可分为政府证券、金融证券和公司证券

政府证券是中央政府或地方政府为筹集资金而发行的证券,金融证券是银行或其他金融机构为筹集资金而发行的证券,公司证券是工商企业发行的证券。

2. 按照证券所体现的权益关系，可分为所有权证券和债权证券

所有权证券是指证券的持有人是证券发行单位的所有者的证券，如股票；债权证券是指证券的持有人是证券发行单位的债权人的证券，如债券。

3. 按照证券收益的决定因素，可分为原生证券和衍生证券

原生证券的收益大小主要取决于发行者的财务状况；衍生证券包括期货合约和期权合约两种基本类型，其收益取决于原生证券的价格。

4. 证券按其性质不同，可分为有价证券和凭证证券

有价证券是一种具有一定票面金额，证明持券人有权按期取得一定收入，并可自由转让和买卖的所有权或债权证书，通常简称为证券，主要形式有股票和债券两大类。有价证券本身并没有价值，只是由于它能为持有者带来一定的股息或利息收入，因此可以在证券市场上自由买卖和流通。凭证证券属于无价证券，包括活期存款单、借据、收据等。

二、证券投资的特点及目的

（一）证券投资的特点

1. 虚拟性

证券资产不能脱离实体资产而完全独立存在，但证券资产的价值不是完全由实体资本的现实生产经营活动决定的，而是取决于契约性权利所能带来的未来现金流量，是一种未来现金流量折现的资本化价值。如债券投资代表的是未来按合同规定收取债息和收回本金的权利，股票投资代表的是对发行股票企业的经营控制权、财务控制权、收益分配权、剩余财产追索权等股东权利。证券资产的服务能力在于它能带来未来的现金流量，按未来现金流量折现即资本化价值，是证券资产价值的统一表达。

2. 流动性

证券资产具有很强的流动性，表现在：(1)变现能力强。证券资产往往都是上市证券，一般都有活跃的交易市场可供及时转让。(2)持有目的可以相互转换。当企业急需现金时，可以立即将为其他目的而持有的证券资产变现。证券资产本身的变现能力虽然较强，但其实际周转速度取决于企业对证券资产的持有目的。作为长期投资的形式，企业持有的证券资产周转一次一般会经历一个以上会计年度。

3. 多元性

实体项目投资的经营资产往往是为消耗而持有的，为流动资产的加工提供生产条件。证券资产的持有目的是多元的，既可能是为未来积累现金即为未来变现而持有，也可能是为谋取资本利得即为销售而持有，还有可能是为取得对其他企业的控制权而持有。

4. 分割性

实体项目投资的经营资产一般具有整体性要求，如购建新的生产能力，往往是厂房、设备、配套流动资产的结合。证券资产可以分割为一个最小的投资单位，如一股股票、一份债券，这就决定了证券资产投资的现金流量比较单一，往往由原始投资、未来收益或资本利得、本金回收所构成。

5. 风险性

证券资产是一种虚拟资产，决定了金融投资受公司风险和市场风险的双重影响，不仅发行证券资产的公司业绩影响着证券资产投资的报酬率，资本市场的市场平均报酬率变化也会给金融投资带来直接的市场风险。

(二)证券投资的目的

证券投资是指企业为了获取预期的不确定性收益而购买资本证券，形成金融资产的经济活动。证券投资的主要目的是营利，同时为了相关产业能有影响力，主要目的可分为以下几种：

(1)有效地利用现金。企业在经营过程中，收入和支出货币资金的速度都不是均衡进行的，这就必然造成有时一部分货币资金在循环周转过程中被暂时闲置，而有时又会出现货币资金短缺现象。

(2)从事证券投机。有些企业从事证券投资，往往不只是以在证券持有期限内取得固定收益(股利、债息)或调剂现金余缺为目的。

(3)满足企业扩张需要。企业的生产经营达到一定规模后，为了发展就需要不断投资。

(4)其他。企业投资于证券，有时是出于其他目的，比如，企业可能会为了履行某种义务而购买政府发行的债券，或表示对某些非营利性机构的友好与支持，购买其发行的债券。

三、证券投资的风险

证券投资的风险是指证券预期收益变动的可能性及变动幅度。与证券投资相关的所有风险称为总风险，总风险可以分为系统风险和非系统风险。

(一)系统风险

系统风险是指由于全局性的共同因素引起的投资收益的可能变动，这种因素以同样的方式对所有证券的收益产生影响。现实生活中，这些因素包括社会、政治、经济等各个方面。由于这些因素来自企业外部，是单一证券无法抗拒和回避的，因此又称作不可回避风险。这些共同的因素会对所有企业产生不同程度的影响，不能通过多样化投资而分散，因此又称为不可分散风险。系统性风险包括政策风险、经济周期性波动风险、利率风险和购买力风险等。

(二)非系统风险

非系统风险是指对某个行业或个别证券产生影响的风险，它通常由某一特殊的因素引起，与整个证券市场的价格不存在系统的、全面的联系，而只对个别或少数证券的收益产生影响。非系统风险又可称为可分散风险或可回避风险。非系统风险包括信用风险、经营风险和财务风险等。

四、证券投资的程序

(一)选择投资对象

证券投资首先要选择合适的投资对象，选择投资于哪种证券。合理选择投资对象是证券投资成败的关键。企业应根据一定的投资原则，认真分析投资对象的收益水平和风险程度，合理选择投资对象，将风险降低到最低限度，取得较好的投资收益。

（二）开户、委托买卖

证券投资者首先要到证券登记公司开立账户，之后选择合适的证券商委托代理买卖证券业务。企业可通过电话委托、计算机终端委托、递单委托等方式委托证券商代为买卖有关证券。

（三）清算与交割

企业委托证券商买入某种证券成功后，即应解交款项，收取证券。清算即证券买卖双方结清价款的过程

（四）办理证券过户

投资者从证券市场购买证券后，应到证券发行公司办理证券持有人姓名的变更，证券过户只限于记名证券。

任务二 债券投资的认知和应用

一、债券的概念与特点

（一）债券的概念

债券是政府、金融机构、工商企业等直接向社会借债筹措资金时，向投资者发行，同时承诺按一定利率支付利息并按约定条件偿还本金的一种有价证券。

（二）债券的特点

1. 期限性

债券是一种有约定期限的有价证券。债券代表了债权债务关系，要有确定的还本付息日。当债券到期时，债务人就要偿还本金。

2. 风险较小、安全性高

由于债券发行时就约定了到期后偿还本金和利息，故其收益稳定、安全性高。特别是对于国债及有担保的公司债、企业债来说，几乎没有什么风险，是具有较高安全性的一种投资方式。

3. 收益稳定

债券投资者一方面可以获得稳定的利息收入；另一方面可以利用债券价格的变动，买卖债券，赚取价差。

4. 流动性强

上市债券具有较好的流动性。当债券持有人急需资金时，可以在交易市场随时卖出，而且随着金融市场的进一步开放，债券的流动性将会不断加强。

二、债券的种类

(一)按债券发行主体不同分为政府债券、金融债券和公司债券

政府债券是指政府作为发行人的债券,有短期的国库券、中期债券和长期债券。有的国家允许地方政府发行债券,也属于政府债券,目的是满足地方政府的需要或兴办地方公共事业。政府债券有可转让债券和不可转让债券。

金融债券是经中央银行或其他政府金融管理部门批准,由银行或其他金融机构发行的债务凭证。金融债券的期限一般是1～5年,利率略高于同期的定期存款利率,不能提前抽回本金。如中国建设银行发行的为国家重点建设筹集资金的金融债券,中国农业银行发行的为乡镇企业提供特种贷款而筹措资金的金融债券。

公司债券是指公司为发展业务或补充资本,经股东大会或董事会审议决定,向社会募集资金的债券。

(二)按债券期限长短不同分为短期债券、中期债券和长期债券

短期债券是指期限在1年以内的债券,短期债券具有流动性强、风险低、收益低的特征。

中期债券一般是指期限在1年以上、10年以下的债券。我国财政部发行的各种国债券和银行发行的金融债券多属于中期债券。

长期债券一般是指期限在10年以上的债券。长期债券具有流动性差、风险高、收益高的特征。

(三)按债券利率不同分为固定利率债券和浮动利率债券

固定利率债券具有固定的利息率和固定的偿还期,也称普通债券。这种债券在市场利率稳定的情况下比较流行,但在利率急剧变化时风险大。

浮动利率债券是根据市场利率定期调整的中、长期债券。利率按标准利率(同业拆放利率或银行优惠利率)加一定利差确定,或者按固定利率加上保值补贴率确定。浮动利率债券可以减少投资人的利率风险。为防止市场利率降得过低时影响投资者的利益,这种债券一般规定最低的利率。

除此之外,债券还可按债券利息支付方式、是否记名、是否上市流通、已发行时间等标准进行分类。

三、债券的要素

(一)债券面值

债券面值是指设定的票面金额,它代表发行人借入并承诺于未来某一特定日期偿付给债券持有人的金额。债券面值包括两个基本内容,即币种和票面金额。币种可以是本国货币,也可以是外国货币,这取决于债券发行的地区及对象。票面金额是债券到期时偿还本金的金额,票面金额印在债券上,固定不变,到期必须足额偿还。

(二)债券期限

债券期限是指从发行之日起至到期之日的时间。

(三)债券利率

债券利率一般注明年利率,有固定的也有浮动的。面值与利率相乘即为年利息。

(四)债券偿还时间

债券的偿还时间按其实际发生与规定的到期日之间的关系,分为到期偿还、提前偿还和滞后偿还三类。

1. 到期偿还

到期偿还包括分批偿还和一次偿还两种。如果一个企业在发行同一种债券的当时就为不同编号或不同发行对象的债券规定了不同的到期日,这种债券就是分批偿还债券。因为各批债券的到期日不同,发行价格和票面利率也可能不同,从而导致发行费较高。但由于这种债券便于投资人挑选最合适的到期日,因而便于发行。另外一种就是最为常见的到期一次偿还的债券。

2. 提前偿还

提前偿还又称提前收回或赎回,是指在债券尚未到期之前就予以偿还。只有企业在发行债券的契约中明确规定了有关允许提前偿还的条款,企业才可以进行此项操作。提前偿还所支付的价格通常要高于债券的面值,并随到期日的临近而逐渐下降。具有提前偿还条款的债券可使企业筹资有较大的弹性。当企业资金有结余时,可提前赎回债券;当预期利率下降时,也可提前赎回债券,而后以较低的利率发行新债券。

3. 滞后偿还

债券在到期日之后偿还称为滞后偿还,这种条款一般在发行时便订立,主要是给予持有人延长持有债券的选择权。

(五)债券发行价格

债券的发行价格有三种:一是等价发行即按债券面值发行,二是折价发行即按低于债券面值发行,三是溢价发行即按高于债券面值发行。

债券之所以会偏离面值发行,是因为债券票面利率与金融市场平均利率不一致。如果债券利率大于市场利率,则由于未来利息多计,导致债券内在价值大而应采用溢价发行。如果债券利率小于市场利率,则由于未来利息少计,导致债券内在价值小而应采用折价发行。债券溢价、折价可依据资金时间价值原理计算出的内在价值确定。

四、债券的估价

(一)债券估价的基本模型

债券的价值或债券的内在价值是指债券未来现金流入量的现值,即债券各期利息收入的现值加上债券到期偿还本金的现值。只有债券的内在价值大于购买价格时,才值得购买。典型的债券是固定利率、每年计算并支付利息、到期归还本金。按复利方式计算的债券价值的基本模型是:

$$
\begin{aligned}
V &= \sum_{t=1}^{n} \frac{i \times F}{(1+K)^t} + \frac{F}{(1+K)^n} \\
&= F \times i \times (P/A, K, n) + F \times (P/F, K, n) \\
&= I \times (P/A, K, n) + F \times (P/F, K, n)
\end{aligned}
$$

公式中,V 为债券价值;i 为债券票面利率;I 为债券利息;F 为债券面值;K 为市场利率或投资人要求的必要收益率；n 为付息总期数。

例题精讲

【例5—14】 康丽公司拟购买 A 公司债券面值为 2 000 元，票面利率为 10%，期限为 5 年，康丽公司要对这种债券进行投资，当前的市场利率为 12%，问债券价格为多少时才能进行投资？

解：$V=2\ 000\times10\%\times(P/A,12\%,5)+2\ 000\times(P/F,12\%,5)$

$=200\times3.605+2\ 000\times0.567$

$=1\ 855$（元）

所以，债券的价格低于 1 855 元时才能进行投资。

(二)一次还本付息的单利债券价值估价模型

在确定债券内在价值时，需要估计预期货币收入和投资者要求的适当收益率，也称“必要收益率”。债券的预期货币收入有两个来源：息票利息和票面额。债券的必要收益率一般是比照具有相同风险程度和偿还期限的债券的收益率得出的。我国很多债券属于一次还本付息、单利计算的存单式债券。债券价值的计算公式为：

债券价值＝债券本利和×复利现值系数

1. 一次还本付息债券按单利计息、单利贴现

债券的内在价值计算公式为：

$$V=M(1+i\times n)/(1+r^{n})$$

其中：V 为债券的内在价值；M 为票面价值；i 为每期利率；n 为剩余时期数；r 为必要收益率。

例题精讲

【例5—15】 王某开了一家公司，拟发行面值为 100 元的债券，年收益率为 10%。1 年后，可收回现金 110 元。同时，国家发行同面值的国债，国债的收益率为 15%。要求：应该投资公司债券还是国债？

解：如果用 100 元去买国债，国债的收益率 15%＞公司债券的收益率 10%。显然，应该投资国债，且国债无风险。

2. 一次还本付息债券按单利计息、复利贴现

债券的内在价值计算公式为：

$$V=M(1+i\times n)/(1+r)^{n}=M(1+i\times n)(P/F,r,n)$$

例题精讲

【例 5－16】 索隆公司准备购买另一家公司的企业债券作为投资，该债券面值 1 000 元，期限为 3 年，票面利率为 5%，单利计息，当前市场利率为 6%。要求：计算该债券发行价格为多少元时才能购买。

解：$V=1\,000(1+5\%\times 3)\times(P/F,6\%,3)$

查复利现值系数表可得：$(P/F,6\%,3)=0.839\,6$

因此，该债券的价值为：$V=1\,000\times(1+5\%\times 3)\times 0.839\,6$

$=1\,000\times 1.15\times 0.839\,6=965.54$（元）

所以，该债券的价格低于 965.54 元时才适合购买。

3. 一次还本付息债券按复利计息、复利贴现

债券的内在价值计算公式为：

$$V=M(1+i)^n/(1+r)^n$$

其中：V 为债券的内在价值；M 为票面价值；i 为每期利率；n 为剩余时期数；r 为必要收益率。

（三）零票面利率债券价值模型

有些债券以贴现方式发行，到期按面值偿还，这种债券就是零票面利率债券，其估价模型为：

$$V=M\times(P/F,R,n)$$

例题精讲

【例 5－17】 A 公司准备购买 C 债券，该债券面值为 100 元，10 年期，以贴现方式发行，到期按面值偿还，当时市场利率为 10%。要求：计算其价值。

解：其价值 $V=M\times(P/F,R,n)=100\times(P/F,10\%,10)=100\times 0.385=38.55$（元）

即该种债券的价格低于 38.55 元才值得购买。

（四）永久债券的估价模型

永久债券是指没有到期日、永不停止支付利息的债券。对于永久公债，通常政府都保留了回购债券的权力。优先股实际上也是一种永久债券，如果公司的股利支付没有问题，将会持续地支付固定的优先股息。永久债券的价值计算公式：

$$V=C/k$$

其中，C 为债券年利息额，k 为折现率。

例题精讲

【例 5－18】 甲公司拟购买一优先股，该优先股承诺每年支付优先股股息 40 元。假设折现率为10%。要求：计算该优先股的价值。

解：该优先股的价值为$V=40/10\%=400$(元)

五、债券投资的收益率

(一)决定债券收益率的因素

决定债券收益率的主要因素有债券的票面利率、期限、面值和购买价格。

1. 票面利率

名师精讲

债券的票面利率即债券券面上所载明的利率，在债券到期以前的整个时期都按此利率计算和支付债息。债券的票面利率取决于债券发行时的市场利率、债券期限、发行者信用水平、债券的流动性水平等因素。发行时，若市场利率越高，票面利率就越高；若债券期限越长，票面利率也越高；若发行者信用水平越高，票面利率相反会越低；债券的流动性越强，票面利率也会越低。在银行存款利息率不变的前提下，债券票面利率越高，债券利息收入就越高，债券收益也就越高；反之，则越低。

2. 期限

债券的期限即在债券发行时就确定的债券还本的年限，债券的发行人到期必须偿还本金，债券持有人到期收回本金的权利得到法律的保护。

债券按期限的长短可分为长期债券、中期债券和短期债券。长期债券期限在10年以上，短期债券期限一般在1年以内，中期债券期限则介于两者之间。

债券的期限越长，债券持有者资金周转越慢，在银行利率上升时越有可能使投资收益受到影响。债券的期限越长，债券的投资风险也越高，因此要求有较高的收益率作为补偿，而收益率高的债券价格也高。所以，为了获取与所遭受的风险相对称的收益，债券的持有人会对期限长的债券要求较高的收益率，因此长期债券价格一般要高于短期债券价格。

3. 面值

债券面值是指债券发行时所设定的票面金额，它代表发行人借入并承诺在未来某一特定日期(如债券到期日)偿付给债券持有人的金额。

4. 购买价格

债券的购买价格是指投资人购买债券时所支付的债券价格。它是债券投资成本的主要组成部分。债券的购买价格越高，其投资收益就越低。

(二)债券投资的收益率

投资者进行债券投资的主要目的是获得投资收益，债券投资的收益包括债券的利息收入和买卖债券的价差收益。债券投资的收益有绝对数和相对数两种表示方法，在财务管理中通常用相对数，即收益率来表示，它是衡量债券投资报酬水平高低的指标。债券的利息收入即为其面值与票面利率的乘积。资本利得就是债券的价差收益。再投资收益是将分期收到的利息重新投资于同一项目，并取得与本金同等的利息收益率。

1. 短期债券投资的收益率

短期债券投资收益率的计算一般比较简单，因为期限短，所以一般不用考虑时间价值因素，基本的计算公式为：

$$K=(S_1-S_0+I)/S_0\times100\%$$

其中，K 为债券投资收益率；S_0 为债券买入价格；S_1 为债券卖出价格；I 为债券利息收入。

例题精讲

【例 5—19】 甲公司于 2017 年 6 月 1 日以 95 元购入面值 100 元、票面利率 8%、每年付息一次的债券，并于 2018 年 6 月 1 日以 110 元的价格出售，问该项债券投资的收益率是多少？

解：$K=(S_1-S_0+I)/S_0\times100\%$

$=(110-95+100\times8\%)/95\times100\%=24.21\%$

2. 长期债券投资的收益率

企业进行债券投资，一般每年能获得固定的利息，并在债券到期时收回本金或在中途出售而收回本金。那么，债券收益率可按下列公式计算：

$$V=\sum_{t=1}^{n}\frac{i}{(1+K)^t}+\frac{F}{(1+K)^n}$$

$$=I\times(P/A,K,n)+F\times(P/F,K,n)$$

其中，V 为债券的购买价格；I 为每年获得的固定利息；F 为债券到期收回的本金或中途出售收回的资金；K 为债券投资的收益率；n 为投资期限。

上式无法直接计算收益率，必须采用逐步测试法及内插法来计算。即先设定一个贴现率代入上式，如计算出的 V 正好等于债券买价，该贴现率即为收益率；如计算出的 V 与债券买价不等，则须继续测试，再用内插法求出收益率。

例题精讲

【例 5—20】 辉宏公司以 1 900 元从甲公司购买一张债券，面值为 2 000 元，票面利率为 10%，当前市场利率为 12%，期限为 5 年，按期支付利息，到期按面值收回本金。要求：计算债券的到期收益率。

解：$1\,900=2\,000\times10\%\times(P/A,K,5)+2\,000\times(P/F,K,5)$

(1) 当 $K=12\%$，$V=2\,000\times10\%\times(P/A,12\%,5)+2\,000\times(P/F,12\%,5)$

$=200\times3.605+2\,000\times0.567=1\,855$（元）

(2) 当 $K=11\%$，$V=2\,000\times10\%\times(P/A,K,5)+2\,000\times(P/F,K,5)$

$=200\times3.696+2\,000\times0.593=1\,925.2$（元）

利用插值法得 $K=\dfrac{(12\%-11\%)\times(1\,900-1\,925.2)+11\%\times(1\,855-1\,925.2)}{1\,855-1\,925.2}$

$=11.36\%$

即当债券的购买价格为 1 900 元时，债券的收益率为 11.36%。

任务三　股票投资的认知和应用

一、股票投资的特点

股票是股份公司发行的、用于证明投资者的股东身份和权益,并据以获得股利的一种可转让的有价证券。股票持有者即为该公司的股东,对该公司财产有要求权。股东有权参加股东大会、行使投票表决权、参与公司重要经营决策并具有股息分配请求权等,同时也要承担企业经营风险。

股票投资是投资者购得股票以期获得收益的投资行为。随着我国股票市场的发展,股票投资已经成为企业对外投资的一种重要形式。它具有以下特点:

(一)股票投资是权益性投资

股票是代表所有权的凭证,投资者购买了股票就成为发行公司的股东,可以参与公司的经营决策,具有选举权和表决权。

(二)股票价格起伏较大

股票价格受多种因素影响,波动性极大,政治因素、经济因素、投资人心理因素及企业的盈利状况、风险情况等,都会影响股票价格。自从有股市以来,股价暴涨暴跌的例子屡见不鲜。这一特点决定了股票市场具有极大的投机性,投资者既可以在这个市场上赚取高额利润,也可能会损失惨重。

(三)股票投资的收益不稳定

股票投资的收益稳定性较差。股利直接与公司的经营状况相关,公司盈利多,就可以多发股利;公司盈利少,就可能少发或不发股利。股票转让的价差收益主要取决于股票市场的行情,股市行情好,出售股票就可以得到较大的价差收益;股市低迷,出售股票不仅得不到价差收益,而且会遭受损失。

二、股票的价值

股票的价值指的是投资于股票预期获得的未来现金流量的现值,股票是一种权利凭证,它之所以有价值,是因为它能给持有者带来未来的收益,这种未来的收益包括各期获得的股利、转让股票获得的价差收益、股份公司的清算收益等。价格小于内在价值的股票,是值得投资者投资购买的。股份公司的净利润是决定股票价值的基础。股票给持有者带来未来的收益一般是以股利形式出现的,因此也可以说股利决定了股票价值。

名师精讲

(一)股票价值基本模型

如果投资者永远持有某股票,那么将永远只能获取股利。所有股利的现值就是股票价值:

$$V=\sum_{t=1}^{n}\frac{d_t}{(1+K)^t}\text{(基本模型)}$$

其中：V 为股票内在价值；d_t 为第 t 期的预期股利；K 为投资要求的必要收益率；n 为预计持有股票的期数。

当股票持有者不打算永久持有股票，那么现金流入就是股利和出售时的股价：

$$V=\sum_{t=1}^{n}\frac{d_t}{(1+K)^t}+\frac{V_n}{(1+K)^n}$$

其中：V 为股票内在价值；d_t 为第 t 期的预期股利；K 为投资人要求的必要收益率；V_n 为未来出售时预计的股票价格；n 为预计持有股票的期数。

(二)股利零增长股票价值模型

假设每年股利固定不变，即预期股利增长为零，则所获取的股利收入是一个永续年金，在这种情况下，股票价值为：

$$P_0=D/R_s$$

其中，D 为每年的固定股利。

例题精讲

【例 5—21】 能辉公司购买 A 股票，每年分配股利 2 元，该公司要求的最低报酬率为 16%，要求 A 股票的价值。

解：$P_0=2/16\%=12.50$(元)

A 股票每年带来 2 元的收益，在市场利率为 16% 的条件下，它相当于 12.50 元资本的收益，所以其价值是 12.50 元。

(三)股利固定增长的股票价值模型

如果上年股利为 D_0，本年股利为 D_1，每年股利增长率为 g，当 $K>g$ 时，股票价值模型为：

$$\begin{aligned}V&=D_0(1+g)/(K-g)\\&=D_1/(K-g)\end{aligned}$$

例题精讲

【例 5—22】 辉煌公司拟投资购买持有甲公司股票，该股票每年分配股利 3 元，必要收益率为 9%，预计年增长率为 3%，该股票价格为多少时适合购买？

解：$V=D_0(1+g)/(K-g)$

$=3\times(1+3\%)/(9\%-3\%)$

$=51.5$(元)

即该股票价格低于 51.5 元时才可以购买。

(四)股利非固定增长股票的价值模型

在实际中,有些公司股利是不固定的,比如在一段时间内高速增长,在另一段时间内正常增长或固定不变。在这种情况下,要分段计算才能确定股票价值,其步骤如下:

(1)计算出非固定增长期间的股利现值。

(2)根据固定增长股票估价模型,计算非固定增长期结束时股票的价值,并求其现值。

(3)将上述两个步骤求得的现值加在一起,所得的就是阶段性增长股票的价值。

动画微课

例题精讲

【例 5—23】 博远公司准备购买甲公司的股票,预期该公司未来 5 年高速增长,年增长率为 20%,在此之后转为正常增长,年增长率为 6%。普通股投资的必要收益率为 15%,最近支付股利 2 元。当前该股票的价格为 20 元。

要求:(1)计算高速增长期的股利现值;

(2)计算第 5 年底的股票价值并折算成现值;

(3)计算股票价值;

(4)判断是否值得购买该股票。

解:(1)股利现值计算如表 5—10 所示。

表 5—10

年　份	股利(D)	复利现值系数 $R=15\%$	现　值
第一年	$2(1+20\%)=2.4$	0.870	2.088
第二年	$2(1+20\%)^2=2.88$	0.756	2.177
第三年	$2(1+20\%)^3=3.456$	0.658	2.274
第四年	$2(1+20\%)^4=4.147$	0.572	2.372
第五年	$2(1+20\%)^5=4.977$	0.497	2.474
合　计			11.385

(2)$P_5= D_6/ R_s-g=4.977\times(1+6\%)/15\%-6\%=58.62$

$P_V=58.62/(1+15\%)5=29.133$

(3)$P_0=11.385+29.133\approx40.52$(元)

(4)因为当前的股票价格(20 元)低于其价值(40.52 元),所以值得购买。

三、股票的收益率

投资者进行股票投资的最终目的是获取投资收益,股票投资收益率是衡量股票投资报酬水平高低的指标。股票的绝对收益就是股息，股票的相对收益就是股票收益率。其计算公式为：

$$股票收益率=\frac{收益额}{原始投资额}\times 100\%$$

其中，收益额＝收回投资额＋全部股利－(原始投资额＋全部佣金＋税款)，当股票未卖出时，收益额即为股利。

(一)通常情况下股票投资收益率的计算

通常情况下，企业进行股票投资可以取得股利，股票出售时也可收回一定资金，只是股利不同于债券利息，股利是经常变动的，股票投资的收益率是使各期股利及股票售价的复利现值等于股票买价时的贴现率，即：

$$V=\sum_{t=1}^{n}\frac{d_t}{(1+K)^t}+\frac{V_n}{(1+K)^n}$$

其中：V 为股票的买价；d_t 为第 t 期的股利；K 为收益率；V_n 为股票出售价格；n 为持有股票的期数。

例题精讲

【例 5—24】 畅达公司于 2015 年 6 月 1 日投资 500 万元购买某种股票 100 万股，在 2016 年、2017 年和 2018 年的 5 月 30 日分得每股现金股利分别为 0.5 元、0.7 元和 0.8 元，并于 2018 年 5 月 30 日以每股 10 元的价格将股票全部出售。试计算该项投资的收益率。

解：用逐步测试法计算，先用 36%的收益率进行测算：

$V=50/(1+36\%)^1+70/(1+36\%)^2+1\ 080/(1+36\%)^3$

$=503.95$(万元)

因为 503.95 万元比 500 万元大，再用 37%测试：

$V=50/(1+37\%)^1+70/(1+37\%)^2+1\ 080/(1+37\%)^3$

$=493.8$(万元)

然后用内插法计算得：

$$K=\frac{(500-503.95)\times(37\%-36\%)+36\%\times(493.8-503.95)}{493.8-503.95}=36.39\%$$

(二)短期股票投资收益率的计算

短期股票投资的收益率在计算时不考虑资金时间价值，其公式为：

$$K=(S_1-S_0+D)/S_0\times 100\%$$

其中：K 为股票投资收益率；S_1 为股票出售价格；S_0 为股票购买价格；D 为股票持有期间获得的股利。

(三)长期股票投资收益率的计算

1. 未来准备出售的股票收益率

长期股票投资应考虑资金时间价值因素，其收益率应为使未来现金流量的现值等于股票购买价格的折现率，即求解下列以 K 为未知数的方程：

$$V=D_1/(1+K)^1+D_2/(1+K)^2+\cdots+D_n/(1+K)^n+F_n/(1+K)^n$$

其中：V 为股票购买价格；D 为股票的股利；F 为股票出售价格；n 为持有股票的年数；K 为股票投资收益率。

采用以上公式计算股票投资收益率时，需先逐步测试，再用内插法求解。

2. 长期持有股利稳定不变的股票的收益率

根据长期持有股利稳定不变的股票的股价模型：

$$V=D/K$$

将公式变形，求 K，得到：

$$K=D/V$$

其中：K 为股票投资收益率；V 为股票购买价格；D 为股票的股利。

3. 长期持有股利固定增长的股票的收益率

由固定增长股利价值模型，我们知道：$V=D_1/(K-g)$，将公式移项整理，求 K，可得到股利固定增长收益率的计算模型：

$$K=D_1/V+g$$

例 题 精 讲

【例 5－25】 A 股票的价格为 20 元，预计下一期的股利是 2 元，并且股利以大约 10% 的速度持续增长，求投资于该股票的收益率为多少？

解：根据股利固定增长的股票估价模型，得到：

$$V=D_1/(K-g)$$

将公式变形，求 K，得到：

$$K=D_1/V+g$$

其中：K 为股票投资收益率；V 为股票购买价格；D_1 为股票未来第一年的股利；g 为股利增长率。

即股票的收益率 $K=2/20+10\%=20\%$。

任务四　证券投资组合的认知和应用

一、证券投资组合的概念及意义

(一)证券投资组合的概念

证券投资组合，是指在一定市场条件下，由不同类型和种类，并以一定比例搭配的若干种证券所构成的一项资产。由于证券投资存在着较高的风险，而各种证券的风险大小又不相同，因此企业在进行证券投资时，不应将所有资金都集中投资于一种证券，而应同时投资于多种证券。

（二）证券投资组合的意义

证券投资组合的意义在于采用适当的方法，选择多种证券作为投资对象，通过多种证券的报酬高低、风险大小的互相抵消，达到在保证预定收益的前提下使投资风险最小，或在控制风险的前提下实现投资收益最大化的目标，避免投资过程的随意性。证券投资组合可以降低风险，其中的道理可以用篮子装鸡蛋的例子来说明：如果把鸡蛋放在同一个篮子里，万一篮子不小心掉在地上，所有鸡蛋都可能摔碎；而如果把鸡蛋分别放在不同的篮子里，一个篮子掉了，不会影响到其他篮子里的鸡蛋。证券投资组合理论证明，证券投资组合的风险随着组合所包含的证券数量的增加而降低。

证券投资组合可以实现收益最大化。理性投资者厌恶风险，同时又追求收益最大化。就单个证券而言，风险与收益是成正比的，高收益总是伴随着高风险。但是，各种证券不同比例的组合，却可以使组合整体的“收益一风险”特征达到在同等风险水平上收益最高和在同等收益水平上风险最小的理想状态。

二、证券投资组合的风险

证券投资组合中的关键问题是如何降低风险、增加收益。证券投资组合的风险可以分为两种，即可分散风险和不可分散风险。

（一）可分散风险

可分散风险又称非系统性风险，是指某些因素对单一投资造成经济损失的可能性，包括行业风险、经营风险、财务风险和违约风险等。一般来说，只要投资多样化，这种风险是可以被分散的。而且，随着证券种类的增加，该风险也将逐渐减少并最终降为零。此时，组合投资的风险只剩下不可分散风险了。

但应强调的是，只有负相关的证券进行组合才能降低可分散风险，而正相关的证券进行组合不能降低可分散风险。

例题精讲

【例5—26】 下面以两种股票A和B的组合投资，分析说明投资组合对降低风险的影响。假如远航公司共投资证券100万元，A和B各占50%，其组合方式有3种：完全负相关的投资组合、完全正相关的投资组合和不完全相关的投资组合。

1. 完全负相关的投资组合

假设A和B的报酬率及其变动是完全负相关的，说明A和B的收益变化正好呈相反方向。当A股票的收益上升时，B股票的收益下降；反之则反是。

完全负相关（$r=-1$）的证券组合后，风险可以被全部抵消，如表5—11所示。

表 5—11 完全负相关的 A 和 B 构成的证券组合的报酬情况

方案		A股票		B股票		A+B股票	
		报酬(万元)	报酬率(%)	报酬(万元)	报酬率(%)	报酬(万元)	报酬率(%)
年份	2014	20	40	−5	−10	15	15
	2015	−5	−10	20	40	15	15
	2016	17.5	35	−2.5	−5	15	15
	2017	−2.5	−5	17.5	35	15	15
	2018	7.5	15	7.5	15	15	15
平均数(万元)		7.5	15	7.5	15	15	15
标准差(万元)			22.60		22.60		0

2. 完全正相关的投资组合

假设在市场宏观因素影响下，A 和 B 的报酬率及其变动是完全正相关的，说明 A 和 B 的收益变化正好呈相同方向变化。当 A 股票的收益上升时，B 股票的收益也上升；反之亦然。

完全正相关（$r=1$）的证券组合后的风险不减少也不扩大，如表 5—12 所示。

表 5—12 完全正相关的 A 和 B 构成的证券组合的报酬情况

方案		A股票		B股票		A+B股票	
		报酬(万元)	报酬率(%)	报酬(万元)	报酬率(%)	报酬(万元)	报酬率(%)
年份	2014	20	40	−5	40	40	40
	2015	−5	−10	20	−10	−10	−10
	2016	17.5	35	−2.5	35	35	35
	2017	−2.5	−5	17.5	−5	−5	−5
	2018	7.5	15	7.5	15	15	15
平均数(万元)		7.5	15	7.5	15	15	15
标准差(万元)			22.60		22.60		22.60

3. 不完全相关的投资组合

实际上 A 与 B 股票之间不可能完全负相关，也不可能完全正相关。通常二者之间的相关指数 r 为 0.5～0.7。这种不完全相关的投资组合能降低风险，但不能完全抵消风险。不过，如果证券种类较多，则能分散掉大部分风险，当股票种类足够多时，几乎能把所有的可分散风险分散掉。各种股票之间的相关程度可以通过复杂的计算确定，并在此基础上进一步找出最优的证券组合。

（二）不可分散风险

不可分散风险又称系统性风险，是指由于某些因素给市场上所有的证券带来经济损失的可能性。该风险是由可能影响整体股票市场的事件引起的，如宏观经济状况的变化、国家税法的变化、国家财政政策和货币政策的变化、世界能源状况的改变、战争的爆发等，它们都会使股票收益率发生变动。这些因素影响到所有证券，不可能通过证券投资组合分散掉，故称不可分散风险。但是，这种风险对不同的企业、不同的证券有不同的影响。

系统性风险通常用β系数来计量。β系数是反映个别股票相对于平均股票的变动程度的指标。作为整体的证券市场的β系数为1。如果某种股票的风险情况与整个证券市场的风险情况一致，则这种股票的β系数等于1；如果某种股票的β系数大于1，说明其风险大于整个市场的风险；如果某种股票的β系数小于1，说明其风险小于整个市场的风险。

三、证券投资组合的策略与方法

（一）证券投资组合的策略

1. 保守型策略

这种策略认为，可分散风险是可以避免的，他们只追求市场平均收益，不追求收益最大化。因此，这些投资者会购买尽可能多的证券来分散全部可分散风险，从而得到市场的平均收益。保守型策略的好处就是通过多种证券的有效组合来分散全部可分散风险；它不需要高深的证券投资专业知识，受到大部分普通投资者青睐；不必请专业投资管理经纪人管理，所以证券投资管理费较低。由于保守型策略收益不高，风险也不大，故称之为保守型策略。

2. 冒险型策略

这种策略主要选择高风险、高收益的成长性股票，冒险型策略投资者认为只要投资组合科学而有效，就能取得高于平均收益水平的收益，冒险型策略投资者对于低风险、低收益的股票视而不见，追求高风险、高收益。

3. 适中型策略

适中型策略介于保守型与冒险型策略之间，他们通常选择高质量的股票或债券组成投资组合。采用这种策略的投资者一般需要有专业知识对证券进行分析。适中型策略的投资者认为，股票价格是由企业经营业绩决定的，市场上价格一时的沉浮并不重要。这种投资策略的优点就是能有效降低投资风险，最大限度地增加证券投资收益。其缺点是进行这种组合的人必须具备丰富的投资经验及进行证券投资的各种专业知识。

（二）证券投资组合的方法

防范风险最有效的方法就是进行组合投资，以分散全部可分散风险。在长期的证券投资实践中，人们总结出许多证券投资组合的方法，其中最常用的主要有以下几种：

1. 选择足够数量的证券进行组合

可分散风险是可以避免的，但是当证券数量增加时，可分散风险会逐步减少，当证券数量足够多时，大部分可分散风险能分散掉。随着证券数量的增加，分散风险的效果越来越不明显。

2. 把风险大、风险中等、风险小的证券放在一起进行组合

这种组合方法又称三分法。比较流行的三分法是：三分之一的资金存入银行，以备不时之需；三分之一的资金投资于债券、股票等有价证券；三分之一的资金投资于房地产等不动产。同样，投资于有价证券的资金也要进行三分，即三分之一投资于风险较大、有发展前景的成长性股票；三分之一投资于安全性较高的债券或优先股等有价证券；三分之一投资于中等风险的有价证券。一般来说，这是一种攻守兼备的组合法，虽不会获得太高的收益，但也不会承担巨大的风险。

3. 选择不同的行业、区域和市场的证券作为投资组合

这种投资组合的做法是：尽可能选择足够数量的证券进行投资组合，这样可以分散掉大部分可分散风险；选择证券的行业也应分散，不可集中投资于同一个行业的证券；选择证券的区域也应尽可能分散，这是为了避免因地区市场衰退而使投资遭受重大损失；将资金分散投资于不同的证券市场，这样可以防范同一证券市场的可分散风险。

项目小结

⊙ 证券投资是投资者持有证券以期获利的投资方式，包括债券投资、股票投资等多种形式。

⊙ 债券或股票的内在价值表示为它们未来给投资者带来的现金流量的现值。相反，给出市场价格，就能计算债券或股票的收益率。投资者可以根据证券的内在价值与市场价格之间的关系来决定是否值得投资该证券。

⊙ 证券投资是有风险的，其风险主要来源于两部分：可分散风险和不可分散风险。可分散风险，可以通过证券投资组合来削减，同时投资于多种相关性较弱的股票，可以分散掉大部分可分散风险；不可分散风险，它对所有股票都有影响，不能通过证券投资组合而消除。

⊙ 证券投资组合的任务就是找出一组相关关系较弱的证券，以保证在一定的预期收益率水平上尽可能降低风险。

课后习题与实训

一、单项选择题

1. 债券按经济内容划分，可以分为(　　)。

A. 所有权证券、信托投资证券和债权证券

B. 短期证券和长期证券

C. 政府证券、金融证券和公司证券

D. 固定收益证券和变动收益证券

2. 进行投资组合的主要目的是(　　)。

A. 满足未来投资需要　　B. 分散特定风险

C. 最大限度获得投资收益　　D. 降低现金短缺的风险

3. 非系统性风险(　　)。

A. 归因于宏观经济状况变化　　B. 归因于某一企业特有的事件

C. 不能通过投资组合加以分散　　D. 通常以β系数来衡量

4. 宏展公司拟购买某企业发行的到期一次还本付息的债券，该债券面值为1 000元，期限为5年，票面利率为8%，不计复利，当前市场利率为12%。当该债券的价格为(　　)时，宏展公司才能购买。

A. 低于793.8元　　B. 高于793.8元

C. 低于1 000元　　D. 低于1 200元

5. 创意公司拟投资购买并永久持有甲公司股票，该股票每年分配股利5元，必要收益率为10%，该股票价格为(　　)时适合购买。

A. 20元　　B. 30元　　C. 40元　　D. 50元

6. 下列表述中，不正确的是(　　)。

A. 当证券数量增加时，可分散风险会逐步减少

B. 把不同风险程度的证券组合在一起承担的风险会降低

C. 负相关股票是指一种股票的收益上升而另一种股票的收益下降的两种股票

D. 当证券数量增加时，可分散风险会逐步增加

7. 股票的投资收益不包括(　　)。

A. 股利收益　　B. 资本利得　　C. 转让收益　　D. 利息收益

8. 证券投资组合能分散(　　)。

A. 所有风险　　B. 市场风险　　C. 非系统风险　　D. 系统性风险

9. 某投资者持有甲、乙、丙3种股票，3种股票所占资金的比例分别为20%、30%、50%，其β系数分别为1.2、0.8、1.8，则综合β系数为(　　)。

A. 1.8　　B. 3.8　　C. 1.38　　D. 1.58

10. 甲公司以900元从另一企业购买一张债券，面值为1 000元，票面利率为10%，期限为5年，单利计息，到期还本付息。债券的到期收益率为(　　)。

A. 10%　　B. 9%　　C. 9.58%　　D. 11%

11. 甲公司拟投资购买持有乙公司股票，该股票每年分配股利5元，必要收益率为10%，预计年增长率为2%，该股票价格只有(　　)时适合购买。

A. 低于50元　　B. 低于63.75元　　B. 低于55.5元　　D. 低于60元

12. 将两种完全正相关的证券组成投资组合时，该证券组合(　　)。

A. 能适当地分散风险

B. 不能分散风险

C. 风险等于此两种证券风险的加权平均

D. 可分散掉全部风险

二、多项选择题

1. 下列关于证券投资的意义描述中，正确的有(　　)。

A. 分散投资渠道，降低投资风险　　B. 利用闲置资金，用于资本增值

C. 保障企业正常的生产经营运转　　D. 提高资产的流动性

2. 下列关于保守型策略的说法中，正确的有(　　)。

A. 能分散掉全部可分散风险　　B. 不需要高深的证券投资专业知识
C. 证券投资管理费较低　　D. 收益不高，风险也不大

3. 债券投资的优点主要有(　　)。
A. 本金安全性高　　B. 收入稳定性强
C. 投资收益较高　　D. 市场流动性好

4. 企业可以通过多元化投资予以分散的风险有(　　)。
A. 通货膨胀　B. 技术革新　C. 社会经济衰退　D. 市场利率上升

5. 股票投资的缺点有(　　)。
A. 购买力风险大　B. 求偿权居后　C. 收入稳定性强　D. 价格不稳定

6. 与股票投资相比，债券投资的风险较小，主要原因是(　　)。
A. 收益相对较高　　B. 债券利息稳定
C. 本金安全　　D. 债券价格的变动幅度较小

7. 下列风险中，属于系统风险的有(　　)。
A. 违约风险　B. 利率风险　C. 购买力风险　D. 变现力风险

8. 影响证券组合风险的因素包括(　　)。
A. 证券种类　　B. 证券数量
C. 证券的 β 系数　　D. 不同证券之间的相关性

三、判断题

1. 证券投资的流动性与风险性成正比。(　　)
2. 当证券种类足够多时，几乎可以把所有系统风险分散掉。(　　)
3. 当 β 系数等于零时，表明投资无风险。(　　)
4. 证券都可能存在违约风险。(　　)
5. 与债券投资相比，股票投资具有收益稳定性差、价格波动大、收益率低等缺点。(　　)

四、案例分析题

1. 甲公司准备购买市面上发售的三种证券：第一种是债券，该债券的市场价格为 1 200 元，债券的面值为 1 000 元，期限为 5 年，票面利息率为 15%，每年支付一次利息。该公司要求的年投资回报率为 16%。第二种是优先股，该优先股面值为 100 元，每年支付 14 元现金股利。当前市场售价为 95 元。该公司要求优先股的投资回报率为 16%。第三种是普通股，面值为 25 元，该股票去年支付的现金股利为每股 5 元，股利增长率为 5%，该普通股票目前的市场价格为每股 45 元，公司对普通股票要求的投资回报率为 18%。

要求：

(1)根据要求的投资回报率计算三种证券的价值。

(2)甲公司应购买哪种证券？为什么？

(3)如果甲公司对公司债券、优先股和普通股的投资回报率分别变为 12%、14% 和 16%，(1)(2)两问的结果将有何变化？

2. 王某持有 SKY 公司的股票，他的预期投资最低报酬率为 15%。预计 SKY 公司未来

3 年股利将高速增长，年增长率为 20%。在此以后转为正常增长，增长率为 12%。公司最近支付的股利是每股 2 元。当前该股票的价格为 30 元。

要求：计算该公司阶段性增长股票的价值。

3. A 公司于 2018 年 4 月 1 日发行面额为 1 000 元的债券，其票面利率为 8%，每年 4 月 1 日计算并支付利息，并于 5 年后的 3 月 31 日到期，同等风险投资的必要报酬率为 10%，计算该债券的内在价值。

项目六　营运资金管理

知识导航

- 营运资金管理
  - 任务一　营运资金的认知
    - 营运资金的含义
    - 营运资金的特点和管理原则
    - 营运资金管理策略
  - 任务二　现金管理的认知和应用
    - 持有现金的动机
    - 现金持有的成本
    - 最佳现金持有量的确定
    - 现金收支的日常管理
  - 任务三　应收账款管理的认知和应用
    - 应收账款的功能
    - 应收账款的成本
    - 应收账款政策的制定
    - 应收账款的分析方法
    - 应收账款的日常管理
  - 任务四　存货管理的认知和应用
    - 存货的概念
    - 存货的分类
    - 存货的功能与成本
    - 存货的管理方法

学习目标

资源宝库

⊙ 知识目标：

了解流动资产和流动负债的特点；了解营运资金的概念、内容及管理原则；掌握现金管理的目标，最佳现金持有量的计算方法，存货经济进货批量的基本计算；掌握存货管理的方法。

⊙ 能力目标：

能帮助企业确定最佳的现金持有量，能合理地进行现金的日常管理；能够合理制定应收账款的信用政策；能够进行存货进货批量决策，能够对存货进行合理控制。

案例导入

ST 保千里

ST 保千里(600074):亏损金额无法确定,有退市风险。2017 年 1 月 30 日晚间,ST 保千里发布公告称,公司预计 2017 年大幅亏损,且亏损金额无法确定,如大额亏损超出公司净资产总额,公司可能出现 2017 年末净资产为负的情形,导致公司股票被实施退市风险警示。至 2018 年 1 月 31 日,ST 保千里已经收出连续 24 个跌停板。

ST 保千里表示,由于公司在原控股股东及实际控制人庄敏主导下对外投资过度,公司出现了资金链紧张的情况,导致公司产生流动性风险,公司商业信用萎缩导致供应链紧张,公司原材料采购困难,客户订单不能正常承接,下半年产能下降,导致公司下半年客户流失,下半年销售额下降。公司应收账款、预付账款等存在较大无法回收的风险,将计提大额坏账准备。

通过上述引例,让你对营运资金管理有一个初步的认识和了解。

任务一 营运资金的认知

一、营运资金的含义

营运资金也称营运资本,有狭义和广义之分。广义的营运资金是指企业生产经营活动中投资在流动资产上的资金,即一个企业流动资产的总额,又称总营运资金。狭义的营运资金是指流动资产减去流动负债后的余额,又称净营运资金。营运资金包括流动资产和流动负债两个方面。营运资金管理的主要内容是对资金运用和资金筹措的管理。

(一)流动资产

流动资产,是指可以在一年或超过一年的一个营业周期内变现或耗用的资产,流动资产具有占用时间短、周转快、易变现等特点。企业拥有较多的流动资产,可在一定程度上降低财务风险。流动资产按不同的标准可进行不同的分类,常见分类方式有以下几种:

1. 按占用形态不同分类

流动资产按占用形态不同,可分为库存现金、银行存款、其他货币资金、交易性金融资产、应收账款、应收票据、预付账款、其他应收款、存货(原材料、库存商品、周转材料、在产品)等。

2. 按变现能力不同分类

流动资产按变现能力的容易程度不同,可分为速动资产和非速动资产。其中,速动资产是指可以迅速转换成为现金或已属于现金形式的资产,计算方法为流动资产减去变现能力较差且不稳定的存货、预付账款、一年内到期的非流动资产和其他流动资产等之后的余额。

非速动资产是指不能快速转换成现金或已属于现金形式的资产。

3. 按在生产过程中所处的环节不同分类

流动资产按在企业生产过程中所处的环节不同,可以分为生产领域中的流动资产、流通领域中的流动资产以及其他领域中的流动资产。

(二)流动负债

流动负债,是指在一年或者超过一年的一个营业周期内必须偿还的债务。流动负债又称短期负债,具有成本低、偿还期短的特点。流动负债按不同标准可以进行不同分类,常见的分类方式有以下几种:

1. 按应付金额是否确定分类

流动负债按应付金额是否确定,可以分为应付金额确定的流动负债和应付金额不确定的流动负债。其中,应付金额确定的流动负债是指那些根据合同或法律规定到期必须偿付,并有确定金额的流动负债;应付金额不确定的流动负债是指那些要根据企业生产经营状况,到一定时期或具备一定条件才能确定的流动负债,或应付金额需要估计的流动负债。

2. 按流动负债的形成情况分类

流动负债按形成的情况,可以分为自然性流动负债和人为性流动负债。其中,自然性流动负债是指不需要正式安排,由于结算程序或有关法律法规的规定等原因而自然形成的流动负债,如应付账款、预收账款等商业信用形式;人为性流动负债是指根据企业对短期资金的需求情况,通过人为安排所形成的流动负债,如短期借款。

3. 按是否支付利息分类

流动负债按是否支付利息,可以分为带息流动负债和无息流动负债。其中,带息流动负债是指需要计算和偿还利息的流动负债;无息流动负债是指只需要还本金,无须偿还利息的流动负债。

营运资金越多,企业的偿债风险越小。因此,营运资金的多少可以反映企业偿还短期债务的能力。

二、营运资金的特点和管理原则

(一)营运资金的特点

营运资金在企业日常活动中是必不可少的。为了有效管理企业的营运资金,必须熟悉营运资金的特点,以便有针对性地进行管理。营运资金具有以下特点:

1. 来源的多样性

营运资金由流动资产和流动负债两部分构成,形成营运资金的来源、方式与筹集长期资金的方式相比,更具有多样性。营运资金通常有库存现金、银行存款、其他货币资金、应收账款、应收票据、存货、短期借款、商业信用、应付利润、应付工资、预收货款、票据贴现等。

2. 数量的波动性

营运资金的需求会随企业内外条件的变化而变化,忽高忽低,波动性很大。在实务中,营运资金随着企业业务量的增减变动而变动,呈现出波动性。季节性企业是这样,非季节性企业也是如此。当业务量增加时，营运资金随之增加；当业务量减少时，营运资金随之减少。

3. 周转的短期性

营运资金由流动资产和流动负债两部分构成。流动资产的变现能力很强，通常会在一年或超过一年的一个营业周期内收回，占用时间很短；流动负债在短期内需要偿还，期限也很短。因此，营运资金周转呈短期性。

4. 实物形态的变动性

营运资金包括库存现金、银行存款、其他货币资金、应收账款、应收票据、存货、短期借款、商业信用、应付利润、应付工资、预收货款、票据贴现等。随着企业业务发生变化，企业营运资金的状态也随之发生改变，呈现出营运资金项目的变动性。在实务中，企业的营运资金形态是经常变化的，如在库存现金、银行存款、原材料、在产品、库存商品、应收账款和应收票据之间不断循环转化。

5. 易变现性

营运资金很大程度上取决于流动资产，流动资产的变现能力是非常强的，如库存现金、银行存款本来就可以随时用于支付；交易性金融资产、应收账款、应收票据也很容易就变成实际的货币；大部分存货具有较强的变现能力。当企业急需资金时，这些流动资产可以快速变现，呈现出易变现性。

（二）营运资金的管理原则

营运资金在企业的全部资金中占有相当大的比重，而且周转期短，易变现，是企业财务管理工作的一项重要内容。企业进行营运资金管理，应遵循以下原则：

1. 坚持风险与收益兼顾，保证合理的资金需要量

企业应认真分析生产经营状况，合理确定营运资金的需要数量。企业营运资金的需求数量与企业生产经营活动有直接关系。一般情况下，当企业产销较旺时，流动资产会不断增加，流动负债也会相应增加；而当企业产销量不断下降时，流动资产和流动负债也会相应减少。

2. 坚持高效运转，提高资金使用效率

加速资金周转是提高资金使用效率的主要手段之一。提高营运资金使用效率的关键就是采取得力措施，缩短营业周期，加速变现过程，加快营运资金周转。因此，企业要想方设法加速存货、应收账款等流动资产的周转，以提高资金的使用效率，为企业取得更好的经济效益提供条件。

3. 坚持成本效益兼顾，节约资金成本

在营运资金管理中，企业必须正确处理好生产经营需要与节约资金使用成本二者之间的关系。既要能保证企业生产经营的需要，又要遵守勤俭节约的原则，尽力降低资金使用成本。一方面，要挖掘资金潜力，盘活全部资金，精打细算地使用资金；另一方面，积极拓展筹资渠道，合理配置资源，筹措低成本资金，更好地服务生产经营。

4. 保持资产流动性，保证企业的短期偿债能力

合理安排流动资产与流动负债的比例关系，保持流动资产结构与流动负债结构的适配性，保证企业的短期偿债能力是营运资金管理的重要原则之一。流动资产与流动负债二者之间的关系能较好地反映企业的短期偿债能力。流动负债是在短期内需要偿还的债务，而流动资产则是在短期内可以转化为现金的资产。因此，如果一个企业的流动资产比较多，流动负债比较少，就说明该企业的短期偿债能力较强；反之，则说明其短期偿债能力较弱。但如果企业的流动资产过多，流动负债过少，也不是好现象，这可能是因流动资产闲置或流动负债利用不足所致。

三、营运资金管理策略

在风险环境中，企业应当采用合理的手段评估营运资金的需求量和风险收益情况，强化对营运资金的管理，建立完善的营运资金管理体系。营运资金管理策略包括营运资金的投资策略和融资策略。一个合格的财务管理人员应当关注企业需要多少营运资金，以及如何为营运资金融资。

（一）流动资产的投资策略

企业在激烈的环境中生存和发展，所生产的产品或提供的劳务都通过市场转化为收入，同时结转相应的成本费用。但是，激烈的市场竞争，让企业在日常管理中面临很多不确定性，存在很多风险。因此，企业流动资产的投资策略十分重要，直接影响到企业营运资金的供给和使用。企业面临的不确定性和风险忍受的程度决定了其流动资产的投资水平。企业面临的不确定性越多，流动资产储备越多；反之，流动资产储备越少。

企业应当选择与业务量和管理政策相适应的流动资产投资策略。流动资产的投资策略包括紧缩型的流动资产投资策略和宽松型的流动资产投资策略。

1. 紧缩型的流动资产投资策略

紧缩型的流动资产投资策略，是指企业保持较低水平的流动资产与销售收入比率，即企业储备较少的流动资产来应对较高的业务收入。

紧缩型的流动资产投资策略因为用较少的流动资产储备来应对较高的业务收入需求，在管理存在漏洞或外界环境发生剧烈变动的时候，面临很高的风险，这些风险源于收紧信用政策、存货管理政策、应付账款未能及时偿还导致延期。当然，紧缩型的流动资产投资策略可能会给企业带来高额的收益。

2. 宽松型的流动资产投资策略

宽松型的流动资产投资策略，是指企业保持高水平的流动资产与销售收入比率，即企业储备较多的流动资产来应对业务收入。宽松型的流动资产投资策略，通常体现为企业将保持较多的现金、较多的应收账款和较多的存货，用以满足客户的需求。宽松型的流动资产投资策略占用了大量流动资产，可能导致投资收益率较低；但是，由于较高的流动资产储备，企业的风险较低。

（二）流动资产的融资策略

企业在激烈的市场竞争中发展，由于销售面临不确定性，对流动资产的需求量也存在不确定性。通常，流动资产的需求量会随着产品销售的变化而变化，当销售额增加时，流动资产的需求量会增加；当销售额下降时，流动资产的需求量会下降。在企业经营稳定的情况下，流动资产的需求是相对稳定的，属于刚性需求，这部分流动资产称为永久性流动资产；当销售额发生季节性变化时，流动资产将会在永久性水平的基础上增加或减少，这部分流动资产称为波动性流动资产。因此，流动资产可以分为永久性流动资产和波动性流动资产。

流动资产需求发生变化时，企业应当采用合理的融资策略进行融资，以满足流动资产的需求。流动资产融资策略包括匹配型融资策略、保守型融资策略和激进型融资策略。

1. 匹配型融资策略

匹配型融资策略，是指企业在融资中，永久性流动资产和固定资产的需求以长期融资方式满足，波动性流动资产的需求用短期融资方式满足。在匹配型融资策略下，企业的融资数量反映了当期波动性流动资产的需求数量。当波动性资产扩张时，信贷额度也跟着增加，满足企业扩张的需求；当波动性资产收缩时，企业的投资将会释放出资金，这些资金将会用于弥补信贷额度的下降。

2. 保守型融资策略

保守型融资策略，是指企业在融资中，固定资产、永久性流动资产和部分波动性流动资产的需求通过长期融资来满足，部分波动性流动资产的需求通过短期融资来满足。在保守型融资策略下，企业通常使用长期融资方式来满足大部分资产的需求，融资成本较高，但融资风险较低。

3. 激进型融资策略

激进型融资策略，是指企业所有固定资产和一部分永久性流动资产的需求通过长期融资方式满足，一部分永久性流动资产和所有波动性流动资产的需求通过短期融资方式满足。在激进型融资策略下，企业通常大量使用短期融资方式，融资成本较低，但融资风险较高。

任务二　现金管理的认知和应用

货币资金，是指企业拥有的在生产经营过程中处于货币形态、可随时使用的那部分资金，包括库存现金、银行存款和其他货币资金。本项目所讲的现金实质上就是货币资金。在资产中，现金是变现能力最强的资产，可以满足企业生产经营开支的各种需要，也是还本付息和履行纳税义务的重要保证，拥有足够的现金对于降低企业的风险、增加企业资产的流动性和债务的可清偿性有重要的意义。但是，现金又属于获利能力最弱的一项资产，持有量过多，会导致企业的收益水平降低。因此，企业必须合理确定现金的持有量，既能满足企业的日常需要，又不过多持有现金。

一、持有现金的动机

企业持有一定数量的现金，是为了满足其生存和发展的需要，保障企业稳定。企业持有现金的动机有以下几个：

(一)交易性动机

企业持有一定数量的现金，首先是为了满足日常经营活动的交易需要。企业为了组织生产经营活动，必须保持一定数量的现金，用于购买原材料、支付员工工资、缴纳税款、偿还到期债务、分发现金股利等。企业取得收入和发生支出，发生时间和数量通常是不一致的。

因此，保持一定的现金余额可在企业现金支出大于现金收入时，不导致业务中断，业务活动能够正常进行下去。

（二）预防性动机

企业持有一定数量的现金，除了满足正常的交易性动机外，还应用来应付意外事件对现金的支出需要。市场瞬息万变，各种不确定因素随时可能出现，使企业对未来现金流入量与流出量很难做出准确的估计和预测，一旦意外事件发生，就可能扰乱企业正常的生产经营活动。因此，企业必须持有一定数量的现金来预防意外事件的发生。预防性动机所需现金的多少取决于三个方面：一是企业对现金流量预测的准确程度；二是企业临时举债能力的强弱；三是企业愿意承担风险的程度。

（三）投机性动机

企业持有一定数量的现金，还应用来满足企业投机性的需要，即抓住各种稍纵即逝的良好投资机会，获取较大利润。比如，当企业遇到原材料或其他资产即将涨价时，可用留存现金大量购入，降低存货整体成本；再如，在证券市场价格大幅度下跌时购入有价证券，以期在价格反弹时卖出证券获取高额收益；等等。投机性动机的现金持有量大小往往与企业在金融市场上的投资机会和企业对待风险的态度有关。

二、现金持有的成本

企业持有一定数量的现金，可以满足企业的交易性动机、预防性动机和投机性动机，从而给企业带来一定的经济利益。然而，持有一定数量的现金，同样会发生一定的成本，主要包括机会成本、管理成本、短缺成本和转换成本。

（一）机会成本

机会成本，是指企业因持有现金，放弃其他投资机会而失去的最大收益。企业持有一定数量的现金，就意味着失去了将这些现金投入其他方面从而获得投资收益的机会，这种有可能获得的最大收益就是持有现金的机会成本。机会成本与现金持有量的多少成正比例关系。

（二）管理成本

管理成本，是指为保管现金而支付的各种费用。企业持有现金必然有相应的管理人员，管理人员的工资以及必要的安全措施费等都是管理成本。不管现金持有量的多少，在一定的范围内所引起的管理成本是不变的。因此，管理成本在一定的范围内不会随着现金持有量的变化而变化，是一个相对固定的成本项目。

（三）短缺成本

短缺成本，是指现金持有量不足而又无法及时得到补充而给企业造成的损失。比如，不能支付材料款而停工待料给企业带来的经济损失。现金的短缺成本随着持有量的增加而降低，随着持有量的减小而上升，短缺成本与现金持有量成反比例关系。

（四）转换成本

转换成本，是指企业用现金购买有价证券以及转让有价证券换取现金时付出的交易费用，如委托买卖佣金、委托手续费、证券过户费等。一般而言，转换成本与转换次数有关，持有现金余额越多，转换次数越少，它所负担的转换成本就越低；反之，持有现金余额越少，转换次数越多，它所负担的转换成本就越高。

三、最佳现金持有量的确定

企业持有一定数量的现金，可以满足企业的交易性动机、预防性动机和投机性动机；同时，企业持有一定数量的现金，会发生持有成本。因此，企业应当根据自身的实际情况和企业的经营环境，合理确定最佳的现金持有量，以谋求最大的经济利益。

最佳现金持有量是指使持有现金发生的总成本最少的现金持有量，也就是现金的机会成本、管理成本、短缺成本和转换成本保持最低组合水平的现金持有量。对于最佳现金持有量，可以采用不同的模式进行确定。

名师精讲

(一)现金周转期模式

现金周转期模式是一种确定最佳现金持有量的计算方式，全面地描述现金周转的过程，为准确计算现金周转期提供了有效的依据。

现金周转期模式是以现金的周转速度来确定最佳现金持有量的模式。它是现金从投入生产经营到最终再转化为现金的一个全过程。其计算公式为：

现金周转期(现金周转天数)＝存货周转期＋应收账款周转期－应付账款周转期

现金周转率(次数)＝360÷现金周转期

$$最佳现金持有量=\frac{预计全年现金需要量}{现金周转率}$$

例题精讲

【例6—1】 红星公司预计全年需要现金为2 000万元，预计应收账款周转期为40天，应付账款周转期为60天，存货周转期为110天，要求：计算该企业的最佳现金持有量。

解：现金转周期＝110＋40－60＝90(天)

现金周转率(次数)＝360/90＝4(次)

最佳现金持有量＝2 000/4＝500(万元)

(二)存货模式

现金持有量的存货模式来源于存货的经济批量模型，是指将存货经济批量模型原理应用于确定最佳现金持有量，其着眼点也是如何使现金相关成本最低。存货模式将现金视为一项特殊的存货，假定企业的现金流入和流出稳定并且可以预测，在需要现金时可以通过出售有价证券迅速变现取得，短期有价证券利率稳定可知，每次将有价证券变现的交易成本已知。

在存货模式下只考虑现金的机会成本和转换成本，而不考虑现金的管理费用和短缺成本。如果企业持有现金的量大，则现金的机会成本高，转换成本低；如果企业持有现金的量小，则现金的机会成本低，而转换成本高。最佳现金持有量就是使现金管理的机会成本和转换成本之和最低的现金持有量。其计算公式为：

现金管理相关总成本(*TC*)＝持有机会成本＋转换成本

即

$$TC=\frac{Q}{2}K+\frac{T}{Q}F$$

通过整理得最佳现金持有量的模型为：

$$\text{最佳现金持有量}(Q)=\sqrt{\frac{2TF}{K}}$$

将上述最佳现金持有量(Q)代入现金管理相关总成本，可得到此时最低的相关总成本：

$$\text{最低总成本}(TC)=\sqrt{2TKF}$$

其中，TC 表示现金管理相关总成本；K 表示有价证券利息率(机会成本率)；F 表示每次转换有价证券的固定成本；Q 表示最佳现金持有量(每次证券变现的数量)；T 表示一定时期的现金总需求量。

例题精讲

【例 6—2】 红星公司预计明年需要 40 万元现金，持有现金的机会成本率为 10%，将有价证券转换为现金的成本为 800 元/次。要求：计算红星公司最佳现金持有量和相关总成本。

解：最佳现金持有量(Q)$=\sqrt{\frac{2\times400\ 000\times800}{10\%}}=80\ 000$(元)

最低总成本(TC)$=\sqrt{2\times400\ 000\times800\times10\%}=8\ 000$(元)

其中：转换成本=(400 000÷80 000)×800=4 000(元)

机会成本=(80 000÷2)×10%=4 000(元)

转换次数=400 000÷80 000=5(次)

转换间隔天数=360÷5=72(天)

(三)成本分析模式

企业持有现金，必然存在一定的成本。成本分析模式是根据持有现金所存在的成本，分析预测总成本最低时现金持有量的一种方法。运用成本分析模式确定现金最佳持有量时，只考虑因持有一定数量的现金而产生的机会成本、管理成本和短缺成本，不考虑转换成本。在成本分析模式下，最佳现金持有量就是持有现金而产生的机会成本、管理成本与短缺成本之和最小时的现金持有量。在成本分析模式下应分析机会成本、管理成本、短缺成本。虽然管理成本是固定成本，一般与决策无关，但是为了匡算总成本的大小，仍将它考虑在内，对决策结果不会造成影响。

例题精讲

【例 6—3】 红黄公司现有 A、B、C、D 四种现金持有方案，有关成本资料如表 6—1 所示。采用成本分析模式。要求：确定该公司最佳现金持有量备选方案。

表 6—1　　持有现金成本项目明细对比　　单位：元

项目	A	B	C	D
现金持有量	200 000	300 000	400 000	500 000
机会成本率	10%	10%	10%	10%
短缺成本	50 000	36 000	24 000	15 000
管理成本	3 000	3 000	3 000	3 000

解：根据表 6—1 的资料测算各个方案的成本，如表 6—2 所示。

表 6—2　　不同方案持有现金成本分析　　单位：元

方案及现金持有量	机会成本	短缺成本	管理成本	相关总成本
A(200 000)	20 000	50 000	3 000	73 000
B(300 000)	30 000	36 000	3 000	69 000
C(400 000)	40 000	24 000	3 000	67 000
D(500 000)	50 000	15 000	3 000	68 000

将表 6—2 中各个方案的总成本进行比较，C 方案的相关总成本最低，因此，企业选择持有 400 000 元现金，即最佳现金持有量为 400 000 元。

四、现金收支的日常管理

动画微课

企业持有一定数量的现金，必然承担一定的成本，影响企业的获利能力。因此，应尽可能地减少现金闲置，加快现金的周转速度，提高现金的使用效率，这对促进企业发展有至关重要的作用。所以，企业必须加强现金收支的日常管理。

（一）现金收入管理

企业现金收入的主要来源是企业账款的收回，而企业账款的收回通常需要经过四个时点，即客户开出付款票据，企业收到票据，企业将票据交存银行和企业收到现金。这样，企业账款的收回时间就由票据的邮寄时间、票据在企业的停留时间和票据结算时间三个部分组成。票据在企业停留的时间可以由企业通过相应的方法来控制，但是对于票据邮寄时间和票据结算时间，企业一般是无法控制的。因此，企业还必须采取有效措施充分调动客户和银行的积极性，才能实现有效控制。

企业可以通过以下方法来调动客户和银行的积极性：(1)折扣与折让激励法；(2)邮政信箱法；(3)银行业务集中法；(4)大额款项专人处理法；(5)其他方法。

（二）现金支出管理

提高现金使用效率的手段一方面是加速现金回收，另一方面是延缓现金支付。延缓现金支付的方式包括以下几种：

1. 使用现金浮游量

现金浮游量，是指由于企业提高收款效率和延长付款时间所产生的企业账户上的现金余额与银行账户上的企业存款余额之间的差额。充分利用现金浮游量，可以在一定程度上解决企业资金的紧张，实现短时间的现金周转。

2. 推迟应付款项支付

推迟应付款项支付，是指企业在不影响信誉的情况下，充分利用供货方所提供的信用优惠条件，尽可能地推迟应付款项的支付时间。推迟应付款项支付的前提是不影响企业的信誉，在与供应商的正常业务合作上，利用供应商确定的付款期限，尽可能推迟应付款项支付。

3. 汇票代替支票

汇票按承兑人不同分为商业承兑汇票和银行承兑汇票，汇票的付款期最长为 6 个月，因此，可以使用汇票替代支票，起到延缓付款的作用。采用汇票替代支票的方式，企业就只需在银行中保持较少的现金余额。它的缺点是某些供应商可能并不喜欢用汇票付款，银行也不喜欢处理汇票，它们通常需要耗费更多人力。

4. 改进工资的支付方式

企业在支付工资时，可以尽量延缓现金支付的时间，如本月工资在下月中旬前支付。另外，企业可以设立一个工资账户，通过银行向职工支付工资。为了最大限度地减少工资账户的存款余额，企业要合理预测企业开出支付工资的支票到职工去银行兑现的具体时间。

5. 透支额度

企业可以向银行申请信用卡，在适度的范围内透支，减少现金的流出。在企业有信用卡的情况下，企业开出支票的金额可以大于活期存款余额。它实际上是银行向企业提供的信用。透支的限额，由银行和企业签订合同，根据合同执行。

（三）闲置资金投资管理

企业在筹集资金和经营活动中会取得大量现金，这些现金在用于资本投资或其他业务活动之前，通常会闲置一段时间。对于这些现金，如果企业一味闲置，就会造成资金浪费，对企业来说是一种损失。因此，企业应充分利用这部分闲置资金，将其投入流动性高、风险低、期限短且易变现的项目，比如可转让大额存单、回购协议、金融债券投资等，来获取更多收益。但是，一般不提倡投资股票、期货等风险较高的项目。

总之，企业现金日常收支管理主要是为了在保证日常生产经营活动的现金需求的前提下，最大限度地加速资金周转，提高资金使用效率，从而使企业获得最大的经济利益。

任务三　应收账款管理的认知和应用

应收账款，是指企业对外销售商品、提供劳务等应向购货单位或接受劳务单位收取而未收取的款项。应收账款与企业赊销商品或劳务有密切关系。企业可以通过提供商业信用，采取赊销、分期付款等方式扩大销售额度，增强市场竞争力，获得更多利润。应收账款作为企业扩大销售和增加盈利的一项信用投资，也会发生一定的成本。因此，企业需要在应收账款所增加的盈利与所增加的成本之间作出权衡，即权衡风险与收益。应收账款管理主要是通过对赊销风险与获利能力之间的权衡而制定适当的信用政策，从而改变应收账款的水平。

一、应收账款的功能

企业执行赊销政策，采用应收账款是为了扩大企业的销售额，增加企业的利润，同时可以减少企业的存货。因此，应收账款主要有扩大销售和减少存货两项功能。

(一)扩大销售

企业的销售模式有两种：一种是现销，另一种是赊销。现销是指企业在销售产品或提供劳务过程中执行一手交钱、一手交货或服务，现金流入与货物(服务)流出同步。现销是一种较为理想的销售方式，可以及时回笼资金。但是，在激烈的市场竞争中，现销会把一部分资金紧张、不能及时付款的客户拒之门外，影响企业的销售量。因此，企业通过提供赊销可以吸引这一部分不能及时付款的客户，有效地扩大销售范围，增加销售额。特别是在经济不景气、资金匮乏时，赊销的促销作用更加明显。此外，赊销在企业销售新产品、开拓新市场方面也起着重要作用。

(二)减少存货

企业采用赊销方式，能够扩大销售，从而促进产成品存货的减少，使存货转换成应收账款。存货会占用一定的现金和发生一定的机会成本，同时也会发生存货过期或者与市场不适应的情况，增加企业风险。企业采用赊销政策，一方面可以扩大销售；另一方面可以减少存货，降低库存压力。因此，应收账款的增加意味着存货的减少，增加销售可以减少存货在企业仓库的停留时间和停留数量，不但能减少存货的管理成本、储存成本和保险成本，而且能降低存货资金的占用时间，加快存货周转速度。因此，企业在存货较多时，可采用赊销方式，增加销售数量，减少存货，从而节约各项支出。

二、应收账款的成本

企业采用赊销方式可以促进销售，但会因为持有应收账款而付出一定的代价，这种代价就是应收账款的成本。

(一)机会成本

应收账款的机会成本是指企业的资金投放在应收账款上而放弃其他投资机会所丧失的最大收益。应收账款机会成本的大小取决于企业的赊销额、平均收账天数、变动成本率、资金成本等因素的大小。其计算公式为：

应收账款机会成本＝维持赊销业务所需资金(应收账款占用资金)×资金成本

其中，维持赊销业务所需资金又称应收账款占用资金；资金成本一般是指有价证券收益率。

一般应收账款机会成本的计算步骤如下：

1. 计算应收账款平均余额

应收账款平均余额＝年赊销额÷360×平均收账天数
＝平均日赊销额×平均收账天数

其中，平均收账天数又称平均收账期，是应收账款的周转天数。一年通常按 360 天计算。

2. 计算维持赊销业务所需资金

$$维持赊销业务所需资金=应收账款平均余额\times变动成本率$$

其中：

$$变动成本率=变动成本/销售收入$$

3. 计算应收账款机会成本

$$应收账款机会成本=年赊销额\div360\times平均收账天数\times变动成本率\times资金成本$$

例题精讲

【例6—4】 假设红星公司预测年度的赊销收入为3 600万元，应收账款平均收账期为40天，变动成本率为60%，资金成本为10%。要求：计算红星公司预测年度应收账款的机会成本。

解：应收账款平均余额＝3 600÷360×40＝400（万元）

应收账款占用资金＝400×60%＝240（万元）

应收账款机会成本＝240×10%＝24（万元）

红星公司预测年度应收账款的机会成本为24万元。

（二）管理成本

应收账款的管理成本，是指企业在进行应收账款管理时，所发生的各种费用。应收账款的管理成本主要包括：调查顾客资信状况的费用、收集各种信息的费用、账簿的记录费用、收账费用及其他费用等。其中主要是收账费用，赊销额越大，应收账款越多，收账费用就越高。

（三）坏账成本

应收账款的坏账成本，是指在赊销期间，由于各方面原因的影响，导致应收账款无法收回而发生的损失。企业执行赊销政策，实际上是给予客户一定的信用，然而，有些客户由于各种原因无法偿还欠款，从而给企业带来损失。一般来说，赊销期越长，发生坏账的可能性就越大；赊销数量越大，应收账款越多，坏账成本也就越高。

三、应收账款政策的制定

动画微课

应收账款政策，又称应收账款的信用政策，是指企业对应收账款进行规划与控制而确立的基本原则与行为规范，主要包括信用标准、信用条件和收账政策三部分。应收账款政策是企业财务政策的一个重要组成部分。制定合理的信用政策，是加强应收账款管理、提高应收账款投资收益的重要前提。

（一）信用标准

信用标准，是指客户获得企业提供的商业信用所应具备的最低要求，即客户达到什么条件，企业才给予相应额度的赊销额。通常，如果企业执行的信用标准过于严格，只对信誉好、坏账损失率低的客户给予赊销，则会减少坏账损失，减少应收账款的机会成本和收账费用，但是，不利于企业扩大销售和提高市场竞争力；反之，如果企业执行的信用标准过于宽松，可能会对不符合可接受信用风险标准的客户提供赊销，虽然会增加销售量，提高市场竞争力和占有率，但是会使坏账损失风险加大和收账费用增加。因此，企业应根据具体情况进行分析，制定适合企业的信用标准。企业信用标准的制定主要是对赊销所带来的收益与随之产生的风险和成本进行权衡，其前提就是赊销带来的收益要大于赊销所引起的成本。企业应从影响制定信用标准的内外因素方面进行分析。

1. 外部因素

赊销的外部因素主要考虑同行的竞争对手。应对竞争对手，首先要了解对手，制定有利于企业扩大市场份额、增加销量的标准。如果对手实力很强，企业通常需要采取比竞争对手低的信用标准；反之，其信用标准应严格些。除了竞争对手，还应考虑国家的宏观经济政策、产品发展前景和季节变化等外部因素的影响。

2. 内部因素

赊销的内部因素主要考虑企业承受风险的能力。如果企业承受风险的能力较强，就可以采用较宽松的信用标准去吸引客户、增加销量；反之，如果企业承受风险的能力较弱，就应制定较严格的信用标准，尽可能减少违约风险带来的损失。

3. 客户因素

客户资信程度的高低对企业制定信用标准具有很大影响，因此，必须对客户进行资信调查，在此基础上进行分析，判断客户的信用等级，并决定给予客户什么样的信用标准。判断客户资信情况的方法有很多，本节主要介绍“5C”评估法。

(1)品质(Character)。品质是指客户的信誉，即客户履行约定或违约的可能性。客户是否愿意按期还款与该客户在以往的交易过程中所表现出来的品质有很大关系，因此，品质是信用评价体系中的重要因素。

(2)能力(Capacity)。能力是指客户偿还债务的能力。客户的偿债能力主要取决于流动资产的数量、变现能力、流动比率等的高低。

(3)资本(Capital)。资本是指客户的经济实力和财力状况。该指标主要是根据有关的财务比率来预测客户净资产的大小及其获利能力的可靠性，是客户偿还债务的保障。

(4)抵押品(Collateral)。抵押品是指当客户拒付或无法偿还款项时，能被用作抵押的资产。当企业怀疑客户的信用状况时，如果客户能提供足够的抵押品，就可以向客户提供商业信用。

(5)条件(Condition)。条件是指可能影响客户还款能力和还款意愿的经济环境，对客户的这些条件进行评价以决定是否给其提供商业信用。

上述五个方面的资料，可以通过过去与客户交往的经验来获得，也可以求助于提供信用服务的外部机构。

(二)信用条件

信用条件，是指企业向对方提供商业信用时要求对方支付赊销款项的条件，主要包括信用期限、折扣期限及现金折扣等。信用条件是企业评价客户等级，决定给予或拒绝客户信用额度的依据。当企业决定给予客户信用优惠时，就需要考虑具体的信用条件。

1. 信用期限

信用期限，是指企业允许客户从购货到支付货款的最长时间。企业产品销售量与信用期限之间存在着一定的依存关系。通常，延长信用期限，可以在一定程度上扩大销售量，增加利润。但不适当地延长信用期限，会给企业带来不良后果：一是使平均收账期延长，占用在应收账款上的资金相应增加，引起机会成本增加；二是引起坏账损失和收账费用的增加。因此，企业是否给客户延长信用期限，应视延长信用期限增加的边际收入是否大于由此而增加的边际成本而定。

2. 现金折扣和折扣期限

为了加速资金周转，及时收回货款，减少坏账损失，企业往往给客户提供一个折扣期限。对于在折扣期内清偿货款的客户可按销售收入的一定比例享受现金折扣。其中，“2/10，n/30”表示赊销期限为 30 天，若客户在 10 天以内付款，可享受 2%的现金折扣，即只需支付原价的 98%，如果总价为 10 000 元，在 10 天内付款只需支付 9 800 元；n/30 表示付款的最后期限为 30 天，此时付款无优惠。现金折扣条款有利于增加销售，及时收回货款，而且能够降低应收账款的机会成本、管理成本和坏账成本，但是也需要付出一定的代价，即现金折扣的成本。现金折扣成本是信用决策中的相关成本。

现金折扣实际上是对现金收入的扣减，企业决定是否提供以及提供多大程度的现金折扣，应着重考虑提供折扣后所得的收益是否大于现金折扣的成本。

例题精讲

【例 6—5】 红星公司采用赊销方式销售 A 产品，该产品单位售价 40 元，单位变动成本为 25 元，固定成本总额为 50 万元。当该公司没有对客户提供现金折扣时，该产品的年销售量为 9 万件，应收账款的平均收款期为 40 天，坏账损失率为 2%。为了增加销量，同时加速资金的回收，公司考虑给客户提供“2/10，n/50”的信用条件。预计采用这一信用条件后，销售量将增加 10%，有 50%的客户将会在折扣期内付款，坏账损失率将为 1%。另外，应收账款的机会成本率为 20%，生产能力尚有剩余。要求：选择对企业最有利的信用条件。

解：(1)采用旧的信用条件时的净收益：

销售收入＝40×90 000＝3 600 000(元)

信用成本前边际收益＝3 600 000－25×90 000＝1 350 000(元)

应收账款机会成本＝$3\ 600\ 000 \div 360 \times 40 \times \frac{25}{40} \times 20\%$＝50 000(元)

应收账款坏账成本＝3 600 000×2%＝72 000(元)

信用成本后收益＝1 350 000－50 000－72 000＝1 228 000(元)

(2)采用新的信用条件时的净收益：

销售收入＝90 000×(1＋10%)×40＝3 960 000(元)

信用成本前边际收益＝3 960 000－25×90 000×(1＋10%)＝1 485 000(元)

现金折扣＝3 960 000×50%×2%＝39 600(元)

平均收账天数＝10×50%＋50×50%＝30(天)

应收账款机会成本 $=3\ 960\ 000 \div 360 \times 30 \times \frac{25}{40} \times 20\% = 41\ 250$（元）

应收账款坏账成本 $=3\ 960\ 000 \times 1\% = 39\ 600$（元）

信用成本后收益 $=1\ 485\ 000 - 39\ 600 - 41\ 250 - 39\ 600 = 1\ 364\ 550$（元）

通过上述计算可知，新的信用条件比原有信用条件下信用成本后收益增加 136 550 元（1 364 550－1 228 000）。因此，应采用新的信用条件。

3. 信用条件备选方案的评价

虽然企业在信用管理政策中，已经对可接受的信用风险水平作了规定，但当企业的生产经营环境发生变化时，就需要对信用管理政策中的某些新规定进行修改和调整，并对改变条件后的各种备选方案认真进行评价。

（三）收账政策

收账政策，是指客户超过信用期限而仍未付款或者拒绝付款时企业所采取的收账策略。企业在向客户提供商业信用时应制定相应的收账政策，不同的收账政策会给企业带来不同的影响。企业采取积极的收账政策，就可以减少应收账款和坏账损失，但会使收账成本增加；企业采取消极的收账政策，则会使应收账款和坏账损失增加，但会降低收账成本。

通常情况下，大部分应收账款能按时收回，但也有难以收回的账款。应收账款无法收回的原因有很多，有的是信用条件不错的企业出现暂时性财务困难，一时难以偿付；有的是故意拖欠，无偿占用资金等。企业在制定收款政策时，要区分不同的原因，针对性地制定有效的收款方法，才能达到预期效果。对于拖欠的应收账款，无论企业采用何种收款方式都会产生一定的成本，即收账费用，如收款所花费的邮电通信费、派专人收款的差旅费和法律诉讼费等，通常只要应收账款超过了规定期限还未收到，企业就应该采取各种方式进行催收。企业制定收账政策要合理，企业制定的收款政策过于宽松，会导致逾期未付款的客户拖延付款期限，对企业不利；收账政策过严，有可能会伤害无意拖欠的客户，影响未来的销售和利润。因此，企业在制定收账政策时，应权衡利弊，具体客户具体对待。

一般来说，收账费用支出越多，坏账损失越少。企业开始花费一些收账费用，应收账款和坏账损失降低较少；随着收账费用的继续增加，应收账款和坏账损失明显减少；收账费用达到某一限度以后，应收账款和坏账损失减少就不那么明显了，这个限度称为饱和点。制定收账政策就是要在增加收账费用与减少坏账损失之间进行权衡，若收账费用的增加幅度小于坏账损失的降低幅度，则制订的收账方案是可取的。

在企业中，有很多因素会影响企业的信用条件和收账政策，如销售规模、赊销期限、现金和折扣比例、坏账损失率、信用资料收集费、机会成本、存货过剩或不足等。因此，企业在制定应收账款管理政策时，要将各方面的因素综合考虑，制定适合企业的应收账款管理政策，使企业的收益实现最大化。

四、应收账款的分析方法

名师精讲

实施信用政策时，企业应当监督和控制每一笔应收账款和应收账款总额。可以运用应收账款周转天数来衡量应收账款的回收时间长短，可以通过账龄分析表追踪每一笔应收账款，可以通过 ABC 分析法来确定重点监控的对象等。

(一)应收账款周转天数

应收账款周转天数又称平均收账期，是衡量应收账款管理状况是否良好的一种方法。应收账款周转天数的计算方法为：将期末在外的应收账款除以该期间的平均日赊销额。应收账款周转天数提供了一个简单的指标，将企业当前的应收账款周转天数与规定的信用期限、历史趋势以及行业正常水平进行比较，可以反映企业整体的收款效率。但是，应收账款周转天数可能会受销售量的变动趋势、销售的剧烈波动以及季节性销售等的影响。

例题精讲

【例6—6】 红星公司2018年8月底的应收账款为400 000元，信用条件为在60天按全额付清货款，过去三个月的赊销情况为：5月份为130 000元，6月份为150 000元，7月份为170 000元。要求：计算应收账款的平均日销售额、周转天数、平均逾期天数。

解：平均日销售额＝(130 000＋150 000＋170 000)÷90＝5 000(元)

应收账款周转天数＝400 000÷5 000＝80(天)

平均逾期天数＝80－60＝20(天)

(二)账龄分析表

应收账款的账龄是指未收回的应收账款所拖欠的时间。企业应收账款的账龄有长有短。账龄分析表法是将企业的应收账款根据账龄的长短进行划分并进行分析的方法，是衡量应收账款管理状况是否良好的一种方法。实务中，企业既可以对应收账款总额进行账龄分析，也可以对顾客进行账龄分析。账龄分析法可以确定逾期应收账款，随着逾期的时间越长，应收账款收回的可能性越小，发生坏账的可能性越大。

账龄分析表法比应收账款周转天数法更能揭示应收账款的变化趋势，因为账龄分析表可以看出应收账款分布的模式，而不只是一个平均数。应收账款周转天数有可能与信用期限相一致，但是有一些账户可能拖欠很严重，应收账款周转天数法不能明确地表现出应收账款的拖欠情况。因此，大多数企业会选择账龄分析表来分析应收账款。

例题精讲

【例6—7】 红黄公司2018年的应收账款为400 000元，假定信用期限为60天，收款期限如表6—3所示。

表6—3 应收账款的账龄表

账龄(天)	应收账款金额(元)
0～30	140 000
31～60	120 000
61～90	80 000
91以上	60 000
合　计	400 000

解:红黄公司的账龄分析如表 6—4 所示。

表 6—4　　应收账款账龄分析表

账龄(天)	应收账款金额(元)	占应收账款总额的百分比(%)
0～30	140 000	35
31～60	120 000	30
61～90	80 000	20
91 以上	60 000	15
合　计	400 000	100

通过表 6—4 可知,红黄公司按期收回的应收账款占 65%,逾期的应收账款占 35%。

(三)ABC 分析法

ABC 分析法又称重点管理法,是现代经济管理中广泛采用的一种应收账款的管理方法。它是将企业的所有欠款客户按其金额的多少进行分类排序,然后分别采用不同的收账政策的一种方法。它一方面可以加快应收账款的收回,另一方面能将收账费用与预期收益联系起来。

例题精讲

【例 6—8】 红黄公司应收账款逾期金额为 400 万元,欠款客户为 50 家,为了及时收回逾期货款,企业采用 ABC 分析法来加强应收账款的回收,具体数据及分析如表 6—5 所示。

表 6—5　　欠款客户 ABC 分类法情况

顾客	逾期金额(万元)	逾期期限	逾期金额所占比重(%)	类别
A	120	5 个月	30	A
B	80	7 个月	20	
C	40	6 个月	10	
小计	240		60	
D	36	3 个月	9	B
E	28	2 个月	7	
F	24	2 个月	6	
G	16	50 天	4	
H	12	40 天	3	
小计	116		29	
I	8	30 天	2	C
J	6	28 天	1.5	

续表

顾客	逾期金额(万元)	逾期期限	逾期金额所占比重(%)	类别
…	…	…	…	
小计	44		11	
合计	400		100	

首先,把所有客户的应收账款按逾期金额的大小分类排序,并计算出逾期金额所占比重。从表6—5中可以看出,应收账款逾期金额在40万元以上的有3家,占客户总数的6%,逾期总额为240万元,占应收账款逾期金额总数的60%,我们将其划入A类,这类客户作为催款的重点对象。应收账款逾期金额在12万~36万元的客户有5家,占客户总数的10%,其逾期总额为116万元,占应收账款逾期金额总数的29%,我们将其划入B类,这类客户应该对其进行一般监控;欠款在8万元以下的客户有42家,占客户总数的84%,但其逾期金额仅占应收账款逾期金额总数的11%,我们将其划入C类。

对这三类不同的客户,应采取不同的收款政策,如对A类客户,可以发出措辞较为严厉的信件催收、派专人催收或委托收款代理机构处理,甚至可以通过法律途径解决;对B类客户则可以多发几封信函催收或打电话催收;对C类客户只需要发出通知其付款的信函即可。

五、应收账款的日常管理

企业制定合理的信用政策后,还应当加强对应收账款的日常管理工作,对客户进行必要的信用调查和信用评价,以确定是否给客户提供商业信用。

(一)企业的信用调查

信用调查,是指企业收集和整理反映客户信用状况的有关资料的工作。信用调查是企业应收账款日常管理的基础,是正确评价客户信用状况的前提。企业对客户进行信用调查主要有直接调查法和间接调查法。

1. 直接调查法

直接调查法,是指企业调查人员通过与客户直接接触、当面采访、询问、观看等方式获取客户信用资料的一种方法。直接调查法可以保证收集资料的准确性和及时性,但是,如果不能得到客户的合作,则调查工作就很难开展。

2. 间接调查法

间接调查法,是指以从客户以及其他单位获取的有关原始记录和核算资料为基础,通过加工整理获得客户信用资料的一种方法。间接调查法主要包括以下几个方面:

(1)客户的财务报表。通过对客户提供的财务报表进行分析,可以基本掌握一个企业的财务状况和信用状况。

(2)信用评估机构。专门的信用评估部门的评估方法先进、评估调查细致、评估程序合理,所以可信度较高。在信用评估等级方面,主要有两种:一种是采用3类9级制(AAA,AA,A,BBB,BB,B,CCC,CC,C),另一种是采用三级制(AAA,AA,A)。

(3)银行。银行是企业获取信用资料的一个重要来源,许多银行设有信用部,可以通过向当地的开户银行征询来获得被调查单位的有关信用资料。

(4)其他途径。如财税部门、工商管理部门、消费者协会等机构都可能提供相关的信用状况资料。

(二)企业的信用评估

企业对客户的信用资料进行收集以后,需要对这些信用资料进行分析、评价。企业一般采用5C评估法和信用评估法。

1. 5C评估法

5C评估法是重点分析影响客户信用的品德、能力、资本、抵押品和条件五个方面的一种评估方法。

2. 信用评分法

信用评分法是对一系列财务比率和信用情况指标进行评价后进行加权平均,得出顾客的综合信用分数,并以此进行信用评估的一种方法。

(三)收款的日常管理

收账是企业应收账款管理的一项重要工作。收账管理应包括以下几方面内容:

1. 建立应收账款的坏账准备金制度

企业只要有应收账款,就有发生坏账的可能性。根据权责发生制和谨慎性原则的要求,企业应该对坏账发生的可能性预先进行估计,并计提相应的坏账准备金。坏账准备金的计提比例与应收账款的账龄密切相关。应收账款坏账准备金的具体计提比例由企业根据自己的实际情况和以往经验来确定。坏账准备计提比例一旦确定,不得随意变更。

2. 确定合理的收账程序

催收账款的一般程序是:信函催收、电话催收、派专人面谈和法律行动。当顾客拖欠账款时,先要有礼貌的用信件通知,接着可以寄出一封措辞严厉的信件,进一步可以进行电话催收,如再无效,企业收账员可直接与客户面谈,协商解决,如果谈判不成,可以交给企业的律师采取法律行动。

3. 确定合理的收账方法

顾客拖欠货款的原因有很多,但概括起来无非是无力偿还和故意拖欠。因此,企业应根据具体情况,确定合理的处理方法。对于无力偿还的情况,企业要具体分析。如果确定顾客只是遇到暂时困难,企业应该帮助顾客渡过难关,这样才能收回更多账款;如果顾客遇到严重困难,已经达到破产界限,无法再经营下去,则应及时向法院起诉,这样在破产清算时才能收回相应的账款。对于故意拖欠的客户,企业应该立即采取措施收回账款。

小思考

企业的应收账款是多好还是少好?

任务四　存货管理的认知和应用

一、存货的概念

存货，是指企业在正常经营活动中持有以备出售的产成品或商品，仍在生产过程中的在产品以及在生产过程或提供劳务过程中耗用的材料、物料等。存货主要包括原材料、燃料、包装物、低值易耗品、在产品、半成品、产成品和商品等。存货管理水平的高低直接影响企业的生产经营活动，并最终影响企业的收益。因此，企业加强对存货的管理是保障企业生产经营活动正常开展的重要条件。

二、存货的分类

1. 存货按储存目的不同分类

存货按储存的目的，可以分为销售存货、生产存货和其他存货。其中，销售存货是指企业在日常活动中处于销售过程中或处于待销售过程中的商品或产成品；生产存货是指企业在日常活动中用于生产和销售耗用的原材料、燃料动力、外购零部件及正处于生产加工过程中的产成品等；其他存货是指企业供近期使用的库存用品，运输用品等。

2. 存货按存放地点的不同分类

存货按存放地点的不同，可以分为库存存货、在途存货和委托加工存货。其中，库存存货是指已经运达企业，并已验收入库的各类材料和商品，以及已验收入库的自制半成品和产成品；在途存货是指货款已经支付，尚未验收入库或者正在验收入库的各种材料和产品；委托加工存货是指委托其他单位加工的各种材料和半成品。

三、存货的功能与成本

企业在日常经营活动中持有一定数量的存货，通常会产生一定的成本。企业持有存货是为了满足生产经营活动的需要。对存货进行管理的目的是控制存货水平，在充分发挥存货功能的基础上，减少存货的数量，降低存货成本。

(一)存货的功能

1. 防止停工待料，保证生产连续性

企业在日常活动中开展经营业务，需要一定数量的存货来满足生产经营周转。对于连续生产的企业来说，在供应、生产和销售环节上都需要存货。由于信息不对称，企业很难保证在需要的时候就有足够的存货储备，很难在数量上和时间上保持绝对的平衡。企业如果没有一定数量的存货储备，一旦某个环节出现问题，就会影响企业的正常生产和销售。如材料供应商没有及时发货，运输途中出现了意外事故，所供货物数量、质量与需求不符等，任何方面出现问题，企业都要停工待料。因此，有了存货储备，就有了应对意外情况的保障，可以避免停工待料，保证生产的连续性。

2. 降低成本,保障销售

许多企业为了扩大销售,对于大批量购进原料、燃料动力等的单位,给予一定的价格优惠;对采购单位来说,又可以减少采购次数,降低采购费,提高利润。因此,在企业仓储能力范围内,批量购进材料、燃料动力等,既可以获得采购价格优惠,又可以避免价格波动给企业带来的影响;批量存储有利于存货的管理,降低存货管理费用,实现存货效益增加。另外,一定数量的存货储备,有利于保障企业的正常销售,避免缺货导致的销售中断而给企业带来的损失。

3. 适应市场变化,维持均衡生产

一定数量的存货储备能够增强企业在生产和销售方面的机动性和适应市场变化的能力。企业有了足够的存货,当市场需求量突然增加时,就能及时满足市场的变化。此外,当发生通货膨胀时,适当的存货储备能够使企业获得物价上涨的益处。有些企业的产品具有季节性,如空调、羽绒服等,这些产品的需求很不稳定。如果根据需求状况进行生产,有时会造成生产能力剩余,有时又会出现超负荷生产,这些都会使生产成本相应提高。所以,企业保存适当的产成品存货和原材料存货,可以降低生产成本,实现均衡生产。

(二)持有存货的成本

存货成本是指企业持有存货所耗费的总成本,主要包括存货的取得成本、储存成本和缺货成本。

1. 取得成本

取得成本,是指企业为取得某种存货而发生的成本,又称进货成本,通常又分为订货成本和采购成本。

(1)订货成本。订货成本又称进货费用,是指为订购货物而发生的费用,如差旅费、邮资、电报电话费、运输费、检验费、入库搬运费等。订货成本中有一部分与订货次数无关,如常设采购机构的基本开支等,称为固定性订货成本;另一大部分与订货次数有关,如差旅费、邮资等,称为变动性订货成本。因此,企业为降低订货成本,就需要增加订货批量、减少订货次数。

(2)采购成本。采购成本又称为进价成本或购置成本,是指存货本身的价值,它等于采购数量乘以采购单价。由于采购量是根据生产经营部门的需要确定的,因此,采购成本管理的重点是如何降低存货的采购单价。

2. 储存成本

储存成本,是指企业为保存存货而发生的相关成本费用,包括存货占用资金所计算的利息(机会成本)、仓库费用、保险费用、存货破损和变质损失等。储存成本也可以分为固定成本和变动成本两种。储存固定成本是指存货存放仓库的固定性开支,如折旧费、仓库维修费和库房管理人员费用支出等,这部分支出与存货的多少没有太大的关系;储存成本的变动成本与储存数量有直接关系,如保险费、占用资金的利息(机会成本)等。储存成本重点管理的是变动性的储存成本。

3. 缺货成本

缺货成本,是指企业由于存货储备不足而给企业造成的损失。如因材料供应中断造成的停工损失、产成品库存缺货造成的延迟发货损失和错过销售机会的损失及造成企业的商誉损失等。因此，企业必须储备一定数量的存货，以满足生产经营的需要。然而，存货的储备也不能过多，否则，追加的存货储备的持有成本会抵消短缺成本所获取的利益。

四、存货的管理方法

名师精讲

存货的管理方法，是指企业对存货进行管理所采用的方法。如何对存货进行管理与控制，对企业具有重要影响。目前，常用的存货管理方法有存货经济进货批量模型、存货 ABC 分类法和适时库存管理系统。

(一)存货经济进货批量模型

存货的经济进货批量，是指能够使企业一定时期内存货的相关总成本达到最低点的进货量。根据对存货成本的分析可知，决定存货经济进货批量的因素主要包括变动性进货费用、变动性储存成本以及允许缺货时的缺货成本。在成本项目中，不同的成本项目与进货批量存在不同的变动关系，如减少进货批量就会增加进货次数，导致进货费用与缺货成本的提高；相反，增加进货批量就会减少进货次数，有利于降低进货费用和缺货成本。因此，如何处理好各项成本之间的关系，使总成本保持最低水平，是企业存货管理应当解决的首要问题。

1. 经济进货批量的基本模型

经济进货批量基本模型有严格的假设条件，具体包括以下几个方面：(1)企业一定时期的进货总量可以较为准确地预测；(2)存货的耗用或者销售比较均衡；(3)存货的价格稳定，且不存在数量折扣，进货日期完全由企业自行决定，并且每当存货量降为零时，下一批存货马上就到；(4)仓储条件及所需现金不受限制；(5)不允许出现缺货；(6)所需存货市场供应充足，不会因买不到所需存货而影响其他方面。

由于不允许缺货，因此经济进货批量只需要考虑变动性订货成本(相关订货成本)和变动性储存成本(相关储存成本)。二者之和最低时的进货批量就是经济进货批量。

经济进货批量下的存货总成本计算公式为：

$$\text{存货相关总成本}=\text{相关订货成本}+\text{相关储存成本}$$

即：

$$TC=\frac{D}{Q}K+\frac{Q}{2}K_c$$

其中，TC 为经济进货批量时的相关总成本；D 为存货的全年需要量；Q 为存货的经济进货批量；K 为平均每次进货费用；K_c 为单位存货年平均储存成本。

由计算公式分析可知，当相关订货成本与相关储存成本相等时，存货相关总成本达到最低，此时的进货量就是经济进货批量。其计算公式为：

$$\text{经济进货批量}(Q)=\sqrt{\frac{2DK}{K_c}}$$

$$\text{经济进货批量时的存货相关总成本}(TC)=\sqrt{2DKK_c}$$

$$\text{经济进货批量平均占用资金}(I)=\frac{Q}{2}U$$

$$\text{年度最佳进货次数}(N)=\frac{D}{Q}$$

其中，U 为进货单价。

例题精讲

【例 6—9】 红黄公司每年需耗用 A 材料 10 000 千克，单位材料年存储成本为 200 元，平均每次进货费用为 400 元，A 材料全年平均单价为 900 元。假定不考虑其他因素。

要求：

(1)计算 A 材料的经济进货批量；

(2)计算 A 材料年度最佳进货批次；

(3)计算 A 材料的相关进货成本；

(4)计算 A 材料的相关储存成本；

(5)计算 A 材料经济进货批量平均占用资金；

(6)计算 A 材料的相关总成本。

解：(1)A 材料的经济进货批量$=\sqrt{\dfrac{2DK}{K_c}}=\sqrt{\dfrac{2\times10\ 000\times400}{200}}=200$(千克)

(2)A 材料年度最佳进货批次$=10\ 000\div200=50$(次)

(3)A 材料的相关进货成本$=50\times400=20\ 000$(元)

(4)A 材料的相关储存成本$=200\div2\times200=20\ 000$(元)

(5)A 材料经济进货批量平均占用资金$=200\div2\times900=90\ 000$(元)

(6)A 材料的相关总成本$=\sqrt{2DKK_c}=\sqrt{2\times10\ 000\times400\times200}=40\ 000$(元)

2. 经济进货批量的扩展模型

在实际工作中，为了鼓励客户购买更多商品，销售企业通常会给客户不同程度的价格优惠，即数量折扣。客户购买得越多，所获得的价格优惠就越大。此时，进货企业对经济进货批量的确定，除了考虑进货费用与储存成本以外，还应考虑存货的进价，此时的存货进价成本已经与进货数量有了直接的联系，属于决策的相关成本。在经济进货批量基本模型的其他各种假设条件不变的情况下，存在数量折扣时的存货相关总成本计算公式为：

相关总成本＝存货进价＋变动性储存成本＋变动性进货费用

即
$$TC=DU+\frac{D}{Q}K+\frac{Q}{2}K_c$$

在这种情况下，分别计算没有数量折扣和有数量折扣的存货相关总成本，比较大小，从中选择存货相关总成本较小的那个。

实行数量折扣的经济进货批量的确定步骤如下：

第一步，按照基本经济进货批量模型确定经济进货批量。

第二步，计算经济进货批量进货时的存货相关总成本。

第三步，计算按给予数量折扣的进货批量进货时的存货相关总成本。

第四步，比较不同进货批量的存货相关总成本，最低存货相关总成本对应的进货批量就是实行数量折扣的最佳经济进货批量。

例题精讲

【例 6—10】 红黄公司 B 材料的年需要量为 80 000 千克，每千克单价为 40 元。销售方规定，客户每批购买量达 2 000 千克时价格可优惠 2%；每批购买量达到 2 500 千克时价格可优惠 3%。已知每批订货成本为 640 元，单位材料的年储存成本为 40 元。要求：确定最佳的经济进货批量。

解：(1)按经济进货批量基本模型确定的经济进货批量为：

$$Q=\sqrt{\frac{2\times 80\ 000\times 640}{40}}=1\ 600(\text{千克})$$

每次进货 1 600 千克时的存货相关总成本为：

$$TC=DU+\frac{D}{Q}K+\frac{Q}{2}K_c$$

$$=80\ 000\times 40+\frac{80\ 000}{1\ 600}\times 640+\frac{1\ 600}{2}\times 40$$

$$=3\ 264\ 000(\text{元})$$

(2)每次进货 2 000 千克时的存货相关总成本：

$$TC=DU+\frac{D}{Q}K+\frac{Q}{2}K_c$$

$$=80\ 000\times 40\times(1-2\%)+\frac{80\ 000}{2\ 000}\times 640+\frac{2\ 000}{2}\times 40$$

$$=3\ 201\ 600(\text{元})$$

(3)每次进货 2 500 千克时的存货相关总成本：

$$TC=DU+\frac{D}{Q}K+\frac{Q}{2}K_c$$

$$=80\ 000\times 40\times(1-3\%)+\frac{80\ 000}{2\ 500}\times 640+\frac{2\ 500}{2}\times 40$$

$$=3\ 174\ 480(\text{元})$$

由以上结果可以看出，每次进货 2 500 千克时的存货相关成本最低，所以最佳经济进货批量为 2 500 千克。

(二)存货 ABC 分类法

存货 ABC 分类法是按一定的标准把企业存货划分为 A、B、C 三类，按照重要程度进行分类管理的方法。企业存货品种繁多，尤其是大中型企业存货更是多达几千甚至上万种。不同的存货对企业财务目标的实现有不同作用。有的存货品种数量少，但金额巨大，如果管理不善，将给企业造成极大的损失；有的存货虽然品种数量繁多，但金额很小，即使管理中出现一些问题，也不至于对企业产生较大的影响。因此，企业不可能也没有必要对所有存货都严加管理。ABC 分类管理就是基于这一考虑提出的一种方法，其目的在于使企业分清主次，突出重点，以提高存货管理的整体效果。

存货 ABC 分类管理的一般程序是：首先计算各类存货在一定时期内的资金占用额度；然后计算各类存货的资金占用额占全部存货资金占用额的比重，并按大小顺序排列；接着根据事先确定的标准将全部存货划分为A、B、C三类。其中，A类存货是指那些资金占用额大但数量不多的存货，这类存货品种数量一般只占企业全部存货种类的5%～20%，但资金占用额却占企业总存货资金额的60%～80%；B类存货是指那些资金占用额占存货资金占用额15%～30%，存货品种数量占全部存货种类的比重为20%～30%的存货；C类存货是指那些资金占用额占存货资金占用额的5%～15%，存货品种数量占全部存货种类的比重为60%～70%的存货。实务中，企业要根据具体情况确定A、B、C三类存货的划分标准。最后对存货进行区别对待，分类管理，其中A类作为重点来控制，B类次之，C类最后，总结如表6—6所示。

表6—6　　存货ABC分类管理标准参考表

存货类别	特点	金额比重%	数量比重%	管理方法
A	金额巨大，数量较少	60%～80%	5%～20%	重点控制
B	金额一般，数量较多	15%～30%	20%～30%	一般控制
C	金额很小，数量繁多	5%～15%	60%～70%	灵活控制

(三)适时库存控制系统

适时库存控制系统又称零库存管理，是指企业事先与供应商和客户协调好，供应商在规定的时间内供货，客户在规定的时间内运走商品，企业不保留存货的管理系统。在适时存货管理系统管理模式下，只有当企业在生产过程中需要原材料时，供应商才会将原材料按规定的时间和数量送来；当产品生产完工验收合格后就全部被客户运走，企业不留任何存货。在适时库存控制系统下，企业的库存持有水平就会大幅度下降。但是，适时库存控制系统需要稳定标准的生产程序以及供应商、客户具有良好的信誉，否则，只要其中一个环节出现差错将导致整个生产线的中断。目前，已有越来越多的公司利用适时制库存控制系统减少甚至消除对库存的需求，如沃尔玛、丰田、海尔等。

小思考

企业如何降低存货的总成本？

项目小结

⊙ 营运资金也称营运资本，有狭义和广义之分，广义的营运资金是指企业生产经营活动中投资在流动资产上的资金，即一个企业流动资产的总额，又称总营运资金。狭义的营运资金是指流动资产减去流动负债后的余额，又称净营运资金。

⊙ 流动资产，是指可以在一年或超过一年的一个营业周期内变现或耗用的资产，流动资产具有占用时间短、周转快、易变现等特点。企业拥有较多的流动资产可以降低企业的财务风险。流动资产主要包括现金、应收账款、存货等。

⊙ 流动负债是指需要在一年以内或者超过一年的一个营业周期内偿还的债务。流动负债又称短期融资，具有成本低、偿还期限短的特点，应该认真进行管理。

⊙ 现金是流动性最强的资产，持有现金的动机包括交易性动机、预防性动机和投机性动机。现金的持有成本包括机会成本、管理成本、短缺成本和转换成本。

⊙ 应收账款是企业应收而未收的款项。应收账款管理涉及的内容有应收账款的成本、应收账款的持有动机、信用政策与应收账款的管理控制方法。

⊙ 存货是企业经营活动中必不可少的，存货管理主要涉及存货持有动机、存货管理成本、最佳存货量的确定与存货管理控制方法。

课后习题与实训

一、单项选择题

1. 下列关于流动资产和流动负债的说法中，错误的是(　　)。

A. 流动资产具有占有时间短、周转快、收益高等特点

B. 企业拥有较多的流动资产，可在一定程度上降低财务风险

C. 流动负债又称短期负债，具有成本低、偿还期短的特点

D. 流动负债以应付金额是否确定为标准，可以分成应付金额确定的流动负债和应付金额不确定的流动负债

2. 下列有关流动资产的投资战略的说法中，错误的是(　　)。

A. 在紧缩的流动资产投资战略下，一个公司维持低水平的流动资产—销售收入比率

B. 紧缩的流动资产投资战略可能是最有利可图的，只要不可预见的事件没有损坏公司的流动性以致严重的问题

C. 对流动资产的高投资可能导致较低的投资收益率，但由于有较大的流动性，企业的运营风险较大

D. 在宽松的流动资产投资战略下，一个公司维持较高水平的流动资产—销售收入比率

3. 某企业拥有流动资产 150 万元(其中永久性流动资产 50 万元)、长期融资 270 万元、短期融资 60 万元，则以下说法中正确的是(　　)。

A. 该企业采取的是激进融资战略　　B. 该企业采取的是保守融资战略

C. 该企业的风险和收益居中　　D. 该企业的风险和收益较高

4. 最佳现金持有量的存货管理模式中，应考虑的相关成本主要有(　　)。

A. 机会成本和转换成本　　B. 转换成本和短缺成本

C. 机会成本和短缺成本　　D. 持有成本和短缺成本

5. 下列对于应收账款信用期限的表述中，正确的是(　　)。

A. 信用期限越长，企业坏账风险越小

B. 信用期限越长，表明客户享受的信用条件越优惠

C. 信用期限越长，应收账款的机会成本越低

D. 延迟信用期限，不利于扩大销售收入

6. 现金的机会成本与现金持有量之间的关系(　　)。

A. 成正比例关系　　B. 反向变动
C. 无明确变动比率　　D. 不相关

7. 下列各项与存货有关的成本中，不影响经济进货批量的是(　　)。
A. 采购员的差旅费　　B. 专设采购机构的基本开支
C. 存货资金占用费　　D. 存货的保险费

8. 某企业每月现金需要量为 300 000 元，现金及有价证券的每次转换金额为 50 000 元，每次转换成本 300 元，则每月现金的转换成本是(　　)元。
A. 2 000　　B. 1 800　　C. 2 100　　D. 3 000

9. 以下成本中，属于固定储存成本的是(　　)。
A. 存货占用资金的机会成本　　B. 仓库折旧
C. 存货毁损和变质损失　　D. 存货保险费

10. 下列各项中，不属于信用条件的是(　　)。
A. 商业折扣　　B. 现金折扣　　C. 信用期限　　D. 折扣期限

11. 存在数量折扣的条件下，与最佳经济批量无关的成本是(　　)。
A. 进货成本　　B. 资金成本　　C. 储存成本　　D. 购置成本

12. 信用条件为“2/10，n/40”时，预计有 60%的客户选择现金折扣优惠，则平均收款期为(　　)天。
A. 22　　B. 16　　C. 26　　D. 28

13. 某企业现金收支情况比较稳定，预计全年(按 360 天)需要现金 20 万元，现金与有价证券的转换成本为每次 100 元，有价证券利率为 10%，每短缺 100 元现金的成本为 20 元，则运用存货模式确定的最佳现金持有量为(　　)元。
A. 20 000　　B. 14 600　　C. 16 165　　D. 15 143

14. 下列各项中，属于应收账款机会成本的是(　　)。
A. 应收账款占用资金的应计利息　　B. 坏账损失
C. 收账费用　　D. 客户资信调查费

15. 持有过量现金可能带来的不利后果是(　　)。
A. 偿债能力下降　　B. 财务风险加大
C. 收益水平降低　　D. 资产流动性降低

二、多项选择题

1. 流动资产的特点有(　　)。
A. 流动性强　　B. 变现能力强
C. 周期短　　D. 周期较长

2. 应收账款管理中通常应制定信用条件，信用条件包括(　　)。
A. 信用标准　　B. 信用期限
C. 现金折扣　　D. 商业折扣

3. 为了加强企业现金的支出管理，企业可运用的策略有(　　)。
A. 用信用卡透支　　B. 用汇票代替支票
C. 合理使用现金“浮游量”　　D. 推迟应付款的支付

4. 企业延长信用期限，可能导致的结果有（　　）。

A. 扩大当期销售　　B. 延长平均收款期

C. 增加坏账损失　　D. 增加收账费用

5. 营运资金的管理，应该遵循的原则有（　　）。

A. 保证合理的资金需求　　B. 提高资金使用效率

C. 节约资金使用成本　　D. 保证足够的短期偿债能力

6. 存货的成本包括（　　）。

A. 变动订货成本　　B. 变动储存成本

C. 购置成本　　D. 缺货成本

7. 用存货模式分析确定最佳现金持有量时，应予考虑的成本费用项目有（　　）。

A. 现金管理费用　　B. 现金与有价证券的转换成本

C. 持有现金的机会成本　　D. 现金短缺成本

8. 某企业的信用条件为“5/10，2/20，n/30”，则以下选项中正确的有（　　）。

A. 5/10 表示在 10 天内付款，可以享受 5%的价格优惠

B. 2/20 表示在 20 天内付款，可以享受 2%的价格优惠

C. n/30 表示的是最后付款期限是 30 天，此时付款无优惠

D. 如果该企业有一项 100 万元的款项需要收回，客户在 25 天内付款，则该客户只需付 98 万元货款

9. 经济订货批量模型是建立在一系列严格的假设基础之上的，这些假设包括（　　）。

A. 存货总需求量是已知的　　B. 订货提前期是常数

C. 货物可以及时入库　　D. 单位货物成本是常数，无批量折扣

10. 与应收账款的机会成本有关的因素有（　　）。

A. 应收账款平均余额　　B. 变动成本率

C. 销售成本率　　D. 资金成本率

三、判断题

1. 在利用成本分析模式和存货模式确定现金最佳持有量时，都可以不考虑管理成本的影响。（　　）

2. 在存货的 ABC 分类管理法下，应当重点管理的是品种数量较少，但金额较大的存货。（　　）

3. 在存货年需求量一定的情况下，经济进货批量越大，进货间隔时间越长，进货次数越少。（　　）

4. 一般来说，当某种存货品种数量比重达到 70%左右时，可将其划分为 A 类存货，进行重点管理和控制。（　　）

5. 如果存货市场供应不足，即使满足有关的基本假设条件，也不能利用经济进货批量基本模型进行存货管理。（　　）

6. 企业进行正常的短期投资活动所需要的现金，属于正常交易动机所需现金。（　　）

7. 存货管理的目标，就是要尽力降低存货成本。（　　）

8. 在存货管理中，与持有存货有关的成本，包括取得成本和储存成本。（　　）

9. 企业之所以持有一定数量的现金，主要是出于交易动机、预防动机和投机动机。 （ ）

10. 企业现金持有过多，会降低企业的收益水平。 （ ）

11. 应收账款的机会成本等于企业因赊销而产生的应收账款数量。 （ ）

12. 营运资金仅指流动资产。 （ ）

13. 流动资金是企业生产经营活动所必需的，所以，企业持有现金越多越好。 （ ）

14. 企业放宽信用标准可以促进销售，因此，企业的信用标准越宽越好。 （ ）

15. 企业营运资金余额越大，说明企业的风险越小、收益率越高。 （ ）

四、案例分析题

1. 红黄公司有A、B、C、D四种现金持有方案，各个方案的有关成本资料如下表所示。

现金持有方案

单位：元

方案	A	B	C	D
现金持有量	60 000	70 000	80 000	90 000
机会成本率	6%	6%	6%	6%
管理成本	4 000	4 000	4 000	4 000
短缺成本	3 000	2 000	1 000	0

要求：用成本分析方法计算该公司的最佳现金持有量。

2. ABC公司全年需要甲材料4 000千克，每批进货费用为800元，单位材料的年储存成本为10元，甲材料每千克进价为30元。销售方规定：客户每批购买量低于1 000千克的，按标准价格计算；每批购买量为1 000千克的，价格优惠2%；每批购买量为1 250千克的，价格优惠3%。

要求：(1)计算该公司的进货批量为多少时，才是最有利的？

(2)计算该公司的最佳进货次数。

(3)计算最佳经济进货批量平均占用资金。

3. 宏光公司生产丙产品，固定成本为20万元，变动成本率为40%。当该公司没有对客户提供现金折扣时，该产品的年销售收入为270万元，应收账款的平均收款期为60天，坏账损失率为2%。现考虑是否给客户提供信用条件为“2/10，n/40”的政策。估计采用这一信用政策后，销量将增加20%，有60%的客户将在折扣期内付款，另外40%的客户平均收账期为40天，坏账损失率降为1%，企业的生产能力能够满足生产，资金成本率为10%。

要求：确定宏光公司是否应采用新的信用政策。

4. 红星公司全年的现金需求量为200 000元，有价证券转为现金每次交易成本为180元，有价证券的年利率为2%。

要求：(1)利用存货模式确定最佳现金持有量；

(2)计算持有现金的机会成本；

(3)计算出售有价证券的交易成本；

(4)计算现金使用的总成本。

课后阅读

碧桂园“高周转”模式

所谓高周转，即业内俗称的“不压货”：拿了地，快开工，快销售，快速回笼资金后再投资。其主要是指房地产企业在楼市流动性收紧的情况下，以快速开工、销售的方式提高资金利用效率。高周转模式可以追溯到2010年，万科等房企运用高周转模式创造了前所未有的销售额，这一年也被券商称为高业绩和高周转的“元年”。

碧桂园不是高周转模式的最先使用者，却把这种模式发挥到了极致。碧桂园的高周转被业内称为“456模式”，即拿地4个月开盘，5个月资金回笼，6个月资金再周转。根据碧桂园今年流传的内部文件，碧桂园已意图把开盘工期压缩到3个月，“开盘工期≤3个月，奖励20万元；开盘工期在3～4个月，奖励10万元”。

“开盘工期和施工工期不是一回事，高周转抢的是商品房预售许可证。”深圳瑞诚房地产营销策划有限公司董事长王大国对《中国经济周刊》记者说，根据相关规定，开发商在投入一定比例资金后，当地住建部门会发放预售许可证。

“开发商拿到许可证后就可以销售，在购房者交完首付之后到房管局备案，再与购房者到银行面签之后就等银行放款了。一个施工期为一至两年的楼盘，仅6个月就完成了销售，这意味着开发商又可以拿这些钱去做投资了，资金成本和时间成本都节省了，这也是不少房企热衷于高周转的原因。”王大国说。王大国还介绍说，各地发放商品房预售许可证的时间不同，有的是在地下室建好之后，有的是在楼层盖到一半时，还有的是在楼盘完工后。记者注意到，根据2007年修订的《城市房地产管理法》，要取得商品房预售许可证，除了已交付全部土地使用权出让金、持有建设工程规划许可证外，还必须“按提供预售的商品房计算，投入开发建设的资金达到工程建设总投资的25%以上，并确定施工进度和竣工交付日期”。碧桂园能达到6个月资金再周转，与房地产市场上行有很大关系，特别是品牌房企开盘就能很快卖光，这使不少房企都推崇高周转模式。

《中国经济周刊》记者梳理发现，除了碧桂园，泰禾集团(000732.SZ)、阳光城(000671.SZ)、新城控股(601155.SH)等上市房企也是高周转模式的拥趸。

泰禾集团是高周转的多年实践者，其董事长黄其森今年5月表示，高周转就是利润，就是竞争力，今年重点围绕高周转进行优化升级，集中力量强化高周转，旗下项目追求6个月的开盘速度。该公司要求各大区域公司将节点指标梳理出来，分解到每个部门。

为何采用高周转模式的房企越来越多？曾担任多家房企高管的中国企业资本联盟副理事长柏文喜向《中国经济周刊》记者分析说：“在去杠杆、防风险的大形势下，民营房企的各种融资途径有限，资金链的紧张迫使企业采取了超出正常项目程序和流程的高周转措施；由于竞争的加剧，加之对企业规模、投资回报的追求，高周转逐渐走向反面，即违背正常项目施工程序和必要的流程、所允许工艺时间。”

关于房企融资渠道受限，《中国经济周刊》记者曾以《房企发债变难了吗?》进行过报道。近三年，房企融资结构已发生较大变化，传统的融资渠道已经因为严厉的房地产调控而收窄。华南一家上市房企高管也对《中国经济周刊》记者说：“现在的房企重视排名，主要是因为只有排名靠前，才更容易融资。如果不在房企前50名内，银行可能都不会放贷款，这或许也是房企想通过高周转使自身规模更大的因素之一。"

上述高管还称,高周转是整个房地产开发企业的惯用手法。"不得不高周转。如果房企愿意放慢速度,也可以对资金不那么在意,但又担心行业排名下降,因此,不敢放慢速度。当然,这会造成两个极端:一些房企高周转越快,扩张也快,排名就很靠前;反之,一些房企因融资受限,最终可能会被淘汰出局。"

此外,根据净资产收益率(ROE)这一财务指标,也能直观看出高周转对一家房企收益的重要性。按照"ROE=销售净利率×资产周转率×权益乘数"计算公式,在销售净利率因房价难以走高,权益乘数(指资产总额是股东权益总额的多少倍,权益乘数反映了企业财务杠杆的大小,权益乘数越大,说明股东投入的资本在资产中所占的比重越小,财务杠杆越大)所表达的高杠杆受限背景下,房企要不断提升收益能力,只能依靠较高的资产周转率这一条路。

碧桂园应该是高周转模式的直接受益者。根据克而瑞地产 2012 年至 2018 年前 7 个月的房企销售额排行看,碧桂园只用了 6 年时间就坐上了 2017 年销售冠军的宝座。其销售金额也从 2012 年的 475 亿元增至 2017 年的 5 500.1 亿元,增幅为 10.58 倍。如果再从 ROE 角度来看,资产周转率对碧桂园收益的贡献度超过同级别的一些房企。以 2017 年为例,在 4 家知名房企中,尽管碧桂园权益乘数即财务杠杆并不高,但它的 ROE 排名却居第二位,这与它的资产周转率排名第一是分不开的。

(资料来源:http://news.officese.com/)

项目七　利润分配管理

知识导航

- 利润分配管理
  - 任务一　利润分配的认知
    - 利润的构成及其意义
    - 利润分配的原则
    - 利润分配的程序
  - 任务二　股利分配理论的认知和应用
    - 股利理论
    - 股利政策
    - 股利支付方式
    - 股利发放日期
  - 任务三　股票分割与股票回购的认知和应用
    - 股票分割
    - 股票回购

学习目标

资源宝库

◉ 知识目标：

掌握公司利润分配的构成及原则；掌握股利理论及政策；掌握股票分割的作用。

◉ 能力目标：

能够理解公司利润分配程序；能够理解股利的发放程序及支付方式；能够理解股票回购的动机与方式。

案例导入

天一电器的目标利润

天一电器的一个分公司只产销一种型号的电器，2016 年销售量为 10 000 件，单价为 300 元，贡献毛益率为 40%，固定成本总额为 450 000 元，适用的企业所得税税率为 25%。该公司计划在 2017 年度增加净利润 20%。

(1)请你分析计算该公司 2016 年度的盈亏临界点销售量、安全边际率及实现的收益。

(2)如果2017年度该公司支付广告费50 000元可使销售量增加5%,做广告营销是否可行？或者如果企业2017年度可通过降价使销量达到12 000件,则该公司可接受的最低价格为多少？

(3)假定采取某项措施时其他条件不变,你认为公司可以分别采取哪些单项措施以实现2017年度的增利计划？

通过本任务的学习,你可以运用本量利分析法回答以上问题。

企业经营的主要目的就是获取利润,那么企业在本期经营过程中,实现多少利润、怎样计算利润以及对企业的目标利润怎样进行预测呢？这就需要企业根据经营情况选择合适的计算方法,对企业的经营利润进行计算,对企业的目标利润进行预测,这也是企业管理者对企业开展绩效管理的一项非常重要的内容。学习收益计算的主要任务是：

(1)理解利润与目标利润的概念；

(2)会计算企业的目标利润；

(3)掌握几种目标利润的预测方法；

(4)能运用本量利分析法进行会计分析。

任务一　利润分配的认知

利润分配就是对企业所实现的经营成果进行分割与派发的活动。企业利润分配的基础是净利润,也就是企业缴纳所得税后的利润。利润分配既是对股东投资回报的一种形式,也是企业内部融资的一种方式,对企业的财务状况会产生重要影响。

一、利润的构成及其意义

(一)利润的构成

动画微课

所谓利润,是指公司、企业在一定期间内生产经营活动的成果,即收入与费用相抵消后的差额,它是反映经营成果的最终要素。利润是公司、企业生产经营成果的综合反映。如果收入大于费用,其净额为利润；如果收入小于费用,其净额为亏损。

企业在生产经营过程中,通过销售过程将产品卖给购买方,实现收入。收入扣除与其相配比的费用,再加减非经营性质的收支及投资收益(或损失),即为企业的利润总额或亏损总额。

有关计算公式如下：

利润总额＝营业利润＋营业外收入－营业外支出

营业利润＝营业收入－营业成本－营业税金及附加－期间费用
　　　　　资产减值损失＋公允价值变动净收益＋投资净收益

期间费用＝营业费用＋管理费用＋财务费用

净利润＝利润总额－所得税费用

从以上计算公式可以看出，企业在一定会计期间形成的利润(或发生的亏损)取决于该期间全部收入和全部费用的对比。因此，正确计算某一会计期间的盈亏的关键在于合理确认该会计期间的收入和费用。

(二)利润的意义

对利润进行预测和规划可以及时反映企业在一定会计期间的经营业绩和获利能力，有助于企业投资者和债权人据此进行盈利预测，评价企业经营绩效，作出正确的决策，对于反映企业的投入产出效率和经济效益具有重要的意义。

(1)利润是企业经营所追求的目标。

(2)利润是企业投资人和债权人进行投资决策和信贷决策的重要依据。

(3)利润是企业分配的基础。

二、利润分配的原则

企业的利润分配又称收益分配，它有广义的收益分配和狭义的收益分配之分。广义的收益分配是指对企业的收入进行分配的过程；狭义的收益分配则是指对企业净利润的分配。利润分配是企业财务管理的重要内容。一个企业的利润分配不仅会影响企业的筹资和投资决策，而且涉及国家、企业、投资者、职工等多方面的利益关系，涉及企业长远利益与近期利益、整体利益与局部利益等各种关系的处理与协调。为合理组织企业财务活动和正确处理财务关系，企业在进行利润分配时应遵循以下原则：

(一)依法分配原则

为规范企业的利润分配行为，国家制定和颁布了若干法规，这些法规规定了企业利润分配的基本要求、一般程序和重要比例。企业的利润分配必须依法进行，这是正确处理企业各项财务关系的关键。

(二)分配与积累并重原则

企业的利润分配，要正确处理长期利益与近期利益这两者之间的关系，坚持分配与积累并重。企业除按规定提取法定盈余公积金以外，可适当留存一部分利润作为积累，这部分未分配利润仍归企业所有者所有。这部分积累的净利润不仅可以为企业扩大生产筹措资金，增强企业发展能力和抵抗风险的能力，同时，还可以供未来年度进行分配，起到以丰补歉、平抑收益分配数额波动、稳定投资报酬率的作用。

(三)兼顾各方面利益原则

企业是经济社会的基本单元，企业的利润分配直接关系到各方的切身利益。企业除依法纳税外，投资者作为资本投入者、企业的所有者，依法享有净收益的分配权。企业的债权人在向企业投入资金的同时也承担了一定的风险，企业的收益分配中应当体现出对债权人利益的充分保护，不能伤害债权人的利益。另外，企业的员工是企业净收益的直接创造者，企业的收益分配应当考虑员工的长远利益。利润分配是利用价值形式对社会产品的分配，直接关系到企业利益集团有关各方的利益。因此，利润分配要坚持全局观念，应统筹兼顾，合理安排，维护投资者、企业与职工的合法权益。

(四)投资与收益对等原则

企业分配收益应当体现“谁投资,谁受益”、收益大小与投资比例相适应,即投资与收益对等原则。企业在向投资者分配利益时,应本着平等一致的原则,按照各方投入资本的多少来进行,绝不允许发生任何一方随意多分多占的现象。遵循投资与收益对等原则可以从根本上保证投资者的利益,促进投资者投资的积极性。

(五)资本保全原则

资本保全原则就是企业的利润分配必须建立在盈利确认的基础上,也即利润分配必须是建立在企业资本增值的基础之上而不是对投资者本金的返还,所以企业进行利润分配时应避免在不盈利甚至亏损的情况下的所谓“利润分配”,只有这样才能最终保护投资各方的权益。

三、利润分配的程序

(一)非股份制企业的利润分配程序

根据我国《公司法》等有关规定,非股份制企业当年实现的利润总额应按国家有关税法的规定作相应的调整,然后依法缴纳所得税。缴纳所得税后的净利润除法律、行政法规另有规定外,应按下列顺序进行分配。

动画微课

1. 弥补以前年度的亏损

企业的营业收入减去营业成本、费用、税金,再减去财务费用、管理费用,加上投资净收益,加上(或减去)营业外收支净额以后,如果计算结果小于零,即利润总额为负数,企业亏损。出现亏损以后,企业应该认真分析原因,采取有效的措施尽快扭亏为盈。企业经营中发生的亏损应当弥补。按照我国财务和税务制度的规定,企业年度亏损,可以由下一年度的税前利润弥补,下一年度税前利润尚不足弥补的,可以由以后年度的利润继续弥补,但用税前利润弥补以前年度亏损的连续期限最多不得超过 5 年。5 年内未能弥补的亏损,用本年税后利润弥补。本年净利润加上年初未分配利润为企业可供分配利润,只有可供分配利润大于零时,企业才能进行后续分配。

2. 提取法定盈余公积金

企业提取法定盈余公积金,可以税后利润扣除弥补以前年度的亏损后的 10%提取,盈余公积金已达到注册资金的 50%时可不再提取。法定盈余公积金可以用于弥补亏损,也可以用于转增资本金等,但转增资本金后,企业法定盈余公积金一般不得低于注册资金的 25%。法定盈余公积金是按照有关法规制度的要求强制性提取的,其主要目的是保全资本,防止企业滥分税后利润。

3. 向投资者分配利润

企业以前年度未分配的利润,并入本年度利润,在充分考虑现金流量状况后,向投资者分配。属于各级人民政府及其部门、机构出资的企业,应当将应付国有利润上缴财政。国有企业可以将任意公积金与法定公积金合并提取。股份有限公司依法回购后暂未转让或者注销的股份，不得参与利润分配；以回购股份对经营者及其他职工实施股权激励的，在拟订利润分配方案时，应当预留回购股份所需利润。

（二）股份制企业的利润分配程序

股份公司的利润分配顺序应为：

（1）弥补企业以前年度亏损。

（2）按照税后利润不低于10%的比例提取法定盈余公积金。

（3）支付优先股股利。企业应按事先确定的股息率向优先股股东支付股息。如果公司的优先股股东购买的是可参与优先股，那么在向股东支付固定股息后，还应该按约定的条款允许优先股股东与普通股股东一起参与剩余利润的分配。

（4）提取任意盈余公积金。任意盈余公积金是根据企业发展的需要自行提取的公积金，其提取基数与计提盈余公积金的基数相同，计提比例由股东大会根据需要决定。

（5）支付普通股股利。企业应按已经确定的利润分配方案向普通股股东支付股利。我国修订后的《企业财务通则》规定，企业弥补以前年度亏损和提取盈余公积后，当年没有可供分配的利润时，不得向投资者分配利润，但法律、行政法规另有规定的除外。

（6）未分配利润，即税后利润中的未分配部分，可转入下一年度进行分配。

从上述分配程序看，股利来源于企业的税后利润，但净利润并不能全部用于股利的发放，股份制企业必须按照有关规定和公司章程规定的顺序、比例，在提取了法定盈余公积金后，才能向优先股股东支付股息，在提取了任意盈余公积金后，才能向普通股股东发放股利。若股份公司当年无利润或出现亏损，原则上不得分配股利。但为了维护公司股票的信誉，经股东大会特别决议，可按股票面值较低比例用盈余公积金支付股利，支付股利后留存的法定盈余公积金不得低于注册资本的25%。

例题精讲

【例7—1】 飞达股份有限公司2018年有关数据如下：

（1）2018年度实现利润总额4 000万元，所得税税率按25%计缴；

（2）公司前两年累计亏损1 000万元；

（3）经董事会决定，法定盈余公积金提取比例为10%，任意盈余公积金提取比例为20%；

（4）支付1 000万股普通股股利，每股0.5元。

根据以上资料，试确定飞达股份有限公司的利润分配顺序。

解：（1）弥补亏损、计缴所得税后的净利润：(4 000－1 000)×(1－25%)＝2 250(万元)

（2）提取法定盈余公积金：2 250×10%＝225(万元)

（3）提取任意盈余公积金：2 250×20%＝450(万元)

（4）可用于支付股利的利润：2 250－225－450＝1 575(万元)

（5）实际支付普通股股利：1 000×0.5＝500(万元)

（6）年末未分配利润：1 575－500＝1 075(万元)

任务二　股利分配理论的认知和应用

一、股利理论

所谓股利分配理论，是指人们对股利分配的客观规律的科学认识与总结，其核心问题是股利政策与公司价值的关系问题。在市场经济条件下，股利分配要符合财务管理目标。在股利分配对公司价值的影响这一问题上，存在不同的观点并形成了不同的股利理论。股利理论主要形成两大流派：股利无关论和股利相关论。

（一）股利无关论

股利无关论认为，公司的股利政策不会对公司价值（股票价格）产生影响。股利无关论是建立在“完美及完全的资本市场”这一严格假设基础上的。这一假设包括：

（1）完善的竞争假设，即任何一位证券交易者都没有足够的力量通过其交易活动对股票的现行价格产生明显的影响。

（2）信息完备假设，即所有投资者都可以平等地免费获取影响股票价格的任何信息。

（3）交易成本为零假设，即证券的发行和买卖等交易活动不存在经纪人费用、交易税和其他交易成本，在利润分配与不分配或资本利得与股利之间均不存在税负差异。

（4）公司的投资决策与股利决策彼此独立（公司的股利政策不影响投资决策）。

（二）股利相关论

股利相关理论认为，企业的股利政策会影响到股票价格，主要观点包括以下几种：

1. 股利重要论

股利重要论又称为“一鸟在手”理论，这种理论认为，用留存收益再投资带给投资者的收益具有很大的不确定性，并且投资风险将随着时间的推移而进一步增大，因此，投资者更喜欢现金股利，而不大喜欢将利润留给公司。对投资者来说，现金股利是“抓在手中的鸟”，是实在的，而公司留利则是“躲在林中的鸟”，随时都可能飞走。依据这种理论，公司需要定期向股东支付较高的股利。公司分配的股利越多，公司的市场价值也就越大。

2. 信号传递理论

信号传递理论认为，在信息不对称的情况下，公司可以通过股利政策向市场传递有关公司未来盈利能力的信息。一般来说，如果公司连续保持较为稳定的股利支付率，那么，投资者就可能对公司未来的盈利能力与现金流量抱有较为乐观的预期。不过，公司以支付现金股利的方式向市场传递信息，通常也要付出较为高昂的代价，包括：（1）较高的所得税负担；（2）一旦公司因分派现金股利造成现金流量短缺，就有可能被迫重返资本市场发行新股，摊薄每股收益，对公司的市场价值产生不利影响；（3）如果公司因分派现金股利造成投资不足，并丧失有利的投资机会，还会产生一定的机会成本。

3. 税收效应理论

税收效应理论认为，在考虑税负因素，并且是在对股利和资本收益征收不同税率的假设下，公司选择不同的股利支付方式，不仅会对公司的市场价值产生不同的影响，而且会使公司（及个人）的税收负担出现差异。此外，继续持有股票可延缓资本收益的获得而推迟资本收益的纳税时间。考虑到纳税的影响，投资者对具有较高收益的股票要求的税前收益要高于低股利收益的股票。这说明股利政策不仅与股价相关，而且由于税赋的影响，企业应采用低股利政策，以实现其资本成本最小化和价值最大化。

4. 客户效应理论

客户效应理论认为，投资者不仅对资本利得和股利收入有偏好，即使投资者本身，因其税收类别不同，对公司股利政策的偏好也是不同的。富有的投资者偏好低股利支付率的股票，偏好少分现金股利，多留存。这样既可以避免因取得股利收入而进一步增加其按较高税率计算并支付的个人所得税，又可以为将来积累财富。收入比较低的投资者喜欢高股利支付率的股票，偏好经常性的高额现金股利，因为较多的现金股利可以弥补其收入的不足，并可以减少不必要的交易费用。较高的现金股利满足不了富有的投资者的需要，而较低的现金股利又会引起低收入阶层的不满。所以，投资者会根据自己的偏好，选择股利政策不同的公司。

二、股利政策

股利政策是确定公司的净利润如何分配的方针和策略。公司的净利润是公司从事生产经营活动所取得的剩余收益，是股东对公司进行投资应得的投资报酬。从权益上讲，公司实现的净利润是属于全体股东的权益，无论是以现金的形式给股东分红，还是作为留存收益留在公司内部，都属于股东的财富。公司将净利润以现金股利的形式分配给股东，股东可以用这些现金进行其他的投资或者用于消费；公司将净利润留在公司内部，实际上是股东对公司进行再投资。因此，无论如何分配都没有改变净利润是股东财富的性质。但是，公司如何分配利润对股东财富具有现实的影响。这样股利政策就成为公司财务管理的一项重要政策。在实践中，公司的股利政策主要包括四种类型：

（一）剩余股利政策

剩余股利政策就是在公司有着良好的投资机会时，根据一定的目标资本结构（最佳资本结构），测算出投资所需的权益资本，先从盈余中留用，然后将剩余的盈余作为股利予以分配。由于股利分配与公司的资本结构相关，而资本结构又是由投资所需资金构成的，因此，实际上股利政策要受到投资机会及其资金成本的双重影响。

（二）固定或持续增长股利政策

固定或持续增长的股利政策是将每年发放的股利固定在某一固定的水平上并在较长的时间内不变，只有当公司认为未来盈余会显著地、不可逆转地增长时，才提高年度的股利发放额。不过，在通货膨胀的情况下，大多数公司的盈余会随之提高，且大多数投资者也希望公司能提供足以抵消通货膨胀不利影响的股利，因此在长期通货膨胀的年代里也应提高股利发放额。

（三）固定股利支付率政策

固定股利支付率政策，是公司确定一个股利占盈余的比率，长期按此比率支付股利的政策。在这一股利政策下，各年发放的股利额随公司经营的好坏而上下波动，获得较多盈余的年份股利额高，获得盈余少的年份股利额低。

（四）低正常股利加额外股利政策

低正常股利加额外股利政策，是公司一般情况下每年只支付固定的、数额较低的股利；一般情况下，公司每期都按此金额支付正常股利，只有在盈余多的年份，再根据实际情况向股东发放额外股利。但额外股利并不固定化，不意味着公司永久地提高了股利率。

三、股利支付方式

按照股份有限公司对其股东支付股利的不同方式，股利可以分为不同种类。其中常见的有以下四类：

名师精讲

（一）现金股利

现金股利是指股份公司以现金的形式发放给股东的股利，它是股利支付最常见的方式。发放现金股利的多少主要取决于公司的股利政策和经营业绩。公司采用现金股利形式时，必须具备两个基本条件：一是公司要有足够的未指明用途的留存收益（未分配利润）；二是公司要有足够的现金。上市公司发放现金股利主要出于三个原因：投资者偏好、减少代理成本和传递公司的未来信息。

（二）财产股利

财产股利是以现金以外的资产支付的股利，主要是以公司所拥有的其他企业的有价证券，如债券、股票作为股利支付给股东。

（三）负债股利

负债股利是公司以负债支付的股利，通常以公司的应付票据支付给股东，在不得已的情况下也有发行公司债券抵付股利的。

财产股利和负债股利实际上是现金股利的替代。这两种股利方式目前在我国公司实务中很少使用，但并非法律所禁止。

（四）股票股利

股票股利是公司以增发股票的方式所支付的股利，即按股东股份的比例发放股票作为股利的一种形式。在我国实务中通常也称其为“红股”。股票股利形式是指企业以股票形式发放的股利，它不会引起公司资产的流出或负债的增加，只是将公司的留存收益转化为股本，不会改变股票面值，不会影响股东持股比例，持股的市场价值总额发生变化。但是，股票股利会增加流通在外的股票数量，同时降低股票的每股价值。它不改变公司股东权益总额，但是会改变股东权益的构成。

例题精讲

【例 7—2】 珂润公司年终进行利润分配前的股东权益情况如表 7—1 所示。

表 7—1　　珂润公司年终股东权益情况　　单位:万元

股本(面值 1 元,已发行 1 000 万股)	1 000
资本公积	3 000
盈余公积	2 000
未分配利润	3 000
股东权益合计	9 000

假设公司宣布发放 10%的股票股利,股票每股市价 5 元,那么随着股票的发放,权益利润分配项目中的"未分配利润"将会减少,减少金额为:1 000×10%×5=500(万元)。

发放股票股利的同时,普通股股数增加,但是其面值不变,仍为 1 元,发放 100 万股,"普通股"项目只增加 100 万元(100×1),其余的 400 万元(500－100)应转为"资本公积——股本溢价"会计科目。但是,此时的股东权益总额并未发生变化,仍是 9 000 万元。股票股利发放后的股东权益情况如表 7—2 所示。

表 7—2　　珂润公司股票股利发放后的股东权益　　单位:万元

股本(面值 1 元,已发行 1 100 万股)	1 100
资本公积	3 400
盈余公积	2 000
未分配利润	2 500
股东权益合计	9 000

从表 7—2 中可以看出,发放股票股利不会改变公司股东权益总额,但是会引起股东权益项目内部结构的变化。发放股利后,如果盈利总额不变,会由于普通股股数增加而引起每股收益和每股市价的下降;但是由于股东所持股票的比例不变,每位股东所持股票的市场价值总额仍保持不变。

若某股东在公司派发股利前持有公司普通股 10 万股,那么:

该股东拥有的持股比例=10/1 000×100%=1%

派发股利后,该股东拥有公司股票数量和股份比例为:

股票数量=10×(1+10%)=11(万股)

股份比例=11/1 100×100%=1%

四、股利发放日期

股份公司分配股利必须遵循法定的程序,先由董事会提出分配预案,然后提交股东大会决议,股东大会决议通过分配预案之后,向股东宣布发放股利的方案,并确定股权登记日、除息(或除权)日和股利支付日等。

(一)股利宣告日

股利宣告日即公司董事会宣布发放股利的日期。股份公司分配股利,一般是先由公司董事会提出分配预案，再提交股东大会决议通过，然后由董事会对外宣布每股支付的股利、股权登记日、除息日和股利支付日。在股利宣告日，公司应将决定支付的股利总额作为负债加以确认。

（二）股权登记日

股权登记日即有权领取股利的股东资格登记的最后日期。一般公司宣布发放股利后，可规定一段时期供股东过户登记。只有在股权登记日及之前列入股东名册的股东，才有权获得本次分派的股利。

（三）除息除权日

除息除权日即除去交易中的股票领取本次分配的股利权利的日期。除息、除权分别适用于分配现金股利和股票股利的情况。凡在除息除权日之前购买股票的股东，有权领取本次股利；而在除息除权日及之后购买股票的股东无权获得本次股利。这是因为，股票买卖的成交、办理交割和过户手续并不是同时完成的，往往需要一定的时间，如果股票的交易离股权登记日太近，就有可能无法保证在股权登记日完成交割和过户手续，新股东不能成为法定意义的股东，而失去本次发放的股利。

（四）股利支付日

股利支付日即公司将股利正式发放给股东的日期。公司应将现金股利以邮寄的方式或以将款项打入股东账户的方式向股东发放。

任务三　股票分割与股票回购的认知和应用

一、股票分割

（一）股票分割的含义

股票分割又称拆股，即将一股股票拆分成多股股票的行为。例如，将原来每股面值为10元的普通股分割为2股面值为5元的普通股。股票分割对公司的资本结构和股东权益不会产生任何影响。股票分割时，发行在外的股数增加，使得每股面值降低，并由此引起每股收益和每股市价下跌，但公司价值不变，股东权益总额、股东权益各项目金额及其相互间的比例也不会改变。因此，股票分割不会增加公司价值，也不会增加股东财富。

名师精讲

（二）股票分割的作用

股票分割增加了投资者持有的股票数，给投资者带来了今后可多分股息和获得更高收益的希望，因此股票分割往往比增加股息派发对股价上涨的刺激作用更大。股票分割主要具有以下作用：

（1）有利于促进股票流通和交易。

（2）有助于公司并购政策的实施，增加对被并购方的吸引力。

（3）可能增加股东的现金股利。

(4)有利于增强投资者对公司的信心。

例题精讲

【例 7—3】 甲公司是一家小型的信息技术公司,目前公司普通股股数为 5 000 万股,每股面值为 10 元。由于公司正处于快速成长时期,每年盈利的增长都高于行业平均水平,股票上市 3 年来股价不断上涨,已由 2 年前上市时的 12 元/股上涨到目前的 58 元/股。由于股价较高且股票数量较少,已经影响到股票在市场上的流动性,因此公司董事会决定进行股票分割,按照 1∶2 的比例将 1 股分割为 2 股,每股面值降至 5 元,普通股股数增加到 10 000 万股,这样就可吸引更多投资者购买公司股票。通过这样的股票分割,股价会相应地降低到 29 元/股,而股东所持有的股票数量会增加 1 倍。

(三)股票分割的影响

1. 股票分割对公司的影响

通过增加股票股数降低每股市价,从而吸引更多投资者。分割往往是成长中的公司所为,给人们一种公司正处于发展中的印象,这种有利信息会对公司有所帮助。

2. 股票分割对股东的影响

第一,股票分割后各股东持有的股数增加,持股比例不变,持有股票的总价值不变。不过只要股票分割后每股现金股利下降幅度小于股票分割幅度,股东仍能多获得现金股利。

第二,股票分割向社会传播的有利信息降低了的股价,可能使购买股票的人数增加,反使其价格上升,进而增加股东财富。

例题精讲

【例 7—4】 嘉年上市公司在 2017 年年末资产负债表上的股东权益账户情况如表 7—3 所示。

表 7—3 **2017 年年末公司股东权益** 单位:万元

股东权益	金　额
普通股(面值 10 元,发行在外 1 000 万股)	10 000
资本公积	10 000
盈余公积	2 000
未分配利润	8 000
股东权益合计	30 000

假设股票市价为 20 元,该公司宣布发放 10%的股票股利,即现有股东每持有 10 股即可获赠 1 股普通股。

要求:

(1)发放股票股利后，股东权益有何变化？每股净资产是多少？

(2)假设该公司按照 1∶2 的比例进行股票分割。股票分割后，股东权益有何变化？每股净资产是多少？

解：(1)发放股票股利后股东权益情况如表 7—4 所示。

表 7—4　　**发放股票股利后股东权益**　　单位：万元

股东权益	金　额
普通股(面值 10 元，发行在外 1 100 万股)	11 000
资本公积	11 000
盈余公积	2 000
未分配利润	6 000
股东权益合计	30 000

每股净资产＝30 000/(1 000＋100)＝27.27(元/股)

②股票分割后股东权益情况如表 7—5 所示。

表 7—5　　**股票分割后股东权益**　　单位：万元

股东权益	金　额
普通股(面值 5 元，发行在外 2 000 万股)	10 000
资本公积	10 000
盈余公积	2 000
未分配利润	8 000
股东权益合计	30 000

每股净资产＝30 000/(1 000×2)＝15(元/股)

股票分割不属于股利支付方式，股票分割使股票面值变小，每股收益和每股市价下降，普通股股数增加，资产总额、负债总额、股东权益总额不变。

知识归纳

股票股利与股票分割的异同点比较，如表 7—6 所示。

表 7—6　　**股票股利与股票分割的异同点比较**

内容	股票股利	股票分割
不同点	面值不变 股东权益结构变化 属于股利支付方式	(1)面值变小 (2)股东权益结构不变 (3)不属于股利支付方式
相同点	(1)普通股股数增加(股票分割增加更多) (2)每股收益和每股市价下降(股票分割下降更多) (3)股东持股比例不变 (4)资产总额、负债总额、股东权益总额不变	

二、股票回购

(一)股票回购的概念

股票回购是指股份公司利用现金等方式,从股票市场上购回本公司发行在外的一定数额的股票的行为。公司不得随意收购本公司的股份,只有满足相关法律规定的情形才允许股票回购。但在绝大多数情况下,公司将回购的股票作为“库藏股”保留,不再属于发行在外的股票,且不参与每股收益的计算和分配。库藏股日后可移作他用,如发行可转换债券、雇员福利计划等,或在需要资金时将其出售。

(二)股票回购的动机

1. 传递股价被低估的信号

外部投资者与公司管理层之间存在信息不对称,二者对股票价值的认识可能会存在较大差异,当资本市场低迷时,公司的股价就有可能被低估。如果管理层认为本公司股票被严重低估,公司就可以通过股票回购行为来传达这种信号,从而促使公司股价上涨。实际上,公司的股票回购公告发布之后,通常会令股票价格上涨。

2. 为股东避税

由于资本利得与现金股利存在税率差异,现金股利的税率通常高于资本利得的税率,公司为了减少股东缴纳的个人所得税,可以用股票回购的方式代替发放现金股利,从而为股东带来税收利益。

3. 减少公司自由现金流量

在公司存在过多自由现金流量的情况下,公司可以通过股票回购的方式将现金分配给股东。股票回购可以使公司流通在外的股票数量减少,由于每股利润增加,在市盈率不变的情况下,股价会上涨,股东所持有的股票总市值会增加,这等于向股东分配了现金。此外,由于公司的自由现金流量减少,也降低了公司的代理成本。

4. 反收购

当公司的股票被低估时,就有可能成为被并购的目标,从而对现有股东的控制权产生威胁。为了维护原有股东对公司的控制权,预防或抵制敌意并购,公司可以通过股票回购方式,减少流通在外的股票股数,提高股票价格。

5. 提高每股收益

财务上的每股收益指标是以流通在外的股份数作为计算基础的,有些公司为了自身形象、上市需求和投资人渴望高回报等原因,采取股票回购的方式来减少实际支付股利的股份数,从而提高每股收益指标。

6. 巩固既定控制权或转移公司控制权

许多股份公司的大股东为了保证其所代表股份公司的控制权不被改变,往往采取直接或间接的方式回购股票,从而巩固既有的控制权。

(三)股票回购的方式

1. 公开市场回购

公开市场收购是指公司在股票市场以等同于任何潜在投资者的地位，按照公司股票当前的市场价格回购。这种方式一般在股票市场价格欠佳时小规模回购特殊用途(如股票期权)所需股票。

2. 要约回购

要约回购是指公司在特定时间发出的以某一高出股票当前市场价格的价格水平回购既定数量股票的要约。为了在短时间内回购数量相对较多的股票，公司可以宣布固定价格回购要约。与公开市场收购相比，要约回购通常被市场认为是更积极的信号，其原因可能是要约价格存在高出当前市场价格的溢价。但是，溢价的存在也使得价格回购要约的执行成本较高。

3. 协议回购

协议回购是指公司与特定的股东私下签订购买协议回购其持有的股票。协议回购方式通常作为公开市场回购方式的补充。采用这种方式，公司必须公开披露股票回购的目的、数量等信息，并保证回购价格公平，以避免公司向特定股东进行利益输送，侵害其他股东利益。协议回购方式回购股票的价格通常低于当前市场价格，并且一次回购股票的数量较大，作为大宗交易在场外进行。

4. 转换回购

转换回购是指公司用债券或者优先股代替现金回购普通股的股票回购方式。采取转换回购方式，公司不必支付大量现金，对于现金流量不十分充足的公司而言，这是一种可选的回购方式，而且采用这种回购方式还可以起到调整资本结构的作用。但是，由于债券或优先股的流动性比普通股要差，因而采用转换回购方式时，可能需要支付一定的溢价，因此提高了股票回购成本。

项目小结

⊙ 利润分配是指企业按照国家财经法规和企业章程，对所实现的净利润在国家、企业与投资者之间以及利润分配各项目之间进行分配。利润分配必须遵循依法分配原则，考虑各方面利益，兼顾积累与分配，坚持投资与收益对等。

⊙ 根据我国《公司法》等有关规定，非股份制企业利润分配的程序为：弥补以前年度亏损→提取法定盈余公积金→向投资者分配利润。

⊙ 股份制企业的利润分配程序为：弥补企业以前年度亏损→提取法定盈余公积金→支付优先股股利→提取任意盈余公积金→支付普通股股利。

⊙ 股利政策是指在法律允许的范围内，企业管理当局就是否发放股利、发放多少股利以及何时发放股利所采取的方针策略。目前，股利政策主要有以下几种类型：剩余股利政策、固定股利政策、固定股利支付率政策和低正常股利加额外股利政策因素。

⊙ 公司股利的发放必须遵循法定的程序，一般是先由董事会提出分配预案，然后提交股东大会决议通过才能进行分配。股东大会决议通过分配预案后，要向股东宣布发放股利的方案，并确定股权登记日、除息日和股利发放日。

课后习题与实训

一、单项选择题

1. 下列项目中，不属于利润分配的项目是(　　)。

A. 提取法定盈余公积金　　B. 提取任意盈余公积金

C. 向股东分配股利　　D. 上缴所得税

2. 下列各项中，不属于股票回购方式的是(　　)。

A. 用本公司普通股股票换回优先股

B. 与少数大股东协商购买本公司普通股股票

C. 在市场上直接购买本公司普通股股票

D. 向股东投标出价购买本公司普通股股票

3. 股利相关论认为(　　)。

A. 股利支付率会影响公司的价值　　B. 投资人并不关心股利的分配

C. 股利支付率不影响公司的价值　　D. 投资人对股利和资本利得并无偏好

4. 某企业当年净利润为300万元，年初累计亏损为500万元，法定盈余公积金提取比例为10%，则当年可提取的法定盈余公积为(　　)万元。

A. 20　　B. 0　　C. 不变　　D. 以上都有可能

5. 成长中的公司发放股票股利，每股市价将(　　)。

A. 上升　　B. 下降　　C. 不变　　D. 以上都有可能

6. (　　)是指股份公司出资将其发行流通在外的股票以一定价格购回予以注销或作为库存股的一种资本运作方式。

A. 股票股利　　B. 股票回购　　C. 现金分割　　D. 股票分割

7. 相对于其他股利政策而言，既可以维持股利的稳定性，又有利于优化资本结构的股利政策是(　　)。

A. 剩余股利政策　　B. 固定股利政策

C. 固定股利支付率政策　　D. 低正常股利加额外股利政策

8. 天一公司原发行普通股100 000股，拟发放15 000股股票股利，已知发放股票股利前的收益总额为345 000元，则发放股票股利后的每股收益为(　　)元。

A. 3　　B. 3.2　　C. 4　　D. 4.2

9. 下列关于股票分割的说明中，不正确的是(　　)。

A. 股票分割会改变公司价值

B. 股票分割会增加发行在外的普通股股数

C. 股票分割会使普通股每股面额降低

D. 股票分割会使每股盈余下降

二、多项选择题

1. 发放股票股利虽( ),但对股东和公司都有着特殊意义。

A. 不直接增加股东财富 B. 不增加企业价值

C. 直接增加股东财富 D. 增加企业价值

2. 股票分割的主要作用有( )。

A. 有利于促进股票流通和交易

B. 有助于公司并购政策的实施,增加对被并购方的吸引力

C. 可能增加股东的现金股利,使股东感到满意

D. 有利于增强投资者对公司的信心

3. 影响利润分配的其他因素主要包括( )。

A. 控制权 B. 超额累积利润约束

C. 债务合同约束 D. 通货膨胀的影响

4. 影响利润分配的内部因素有( )。

A. 盈利状况 B. 筹资能力 C. 法律因素 D. 变现能力

5. 股票回购的方式有( )。

A. 公开市场购买 B. 议价购买 C. 投标出价购买 D. 竞价购买

三、判断题

1. 企业发放股票股利会引起每股利润的下降,从而导致每股市价有可能下跌,因而每位股东所持股票的市场价值总额也将随之下降。 ( )

2. 公司分配现金股利的条件是只要盈利就可分配。 ( )

3. 股票分割带来的股票流通性的提高和股东数量的增加,会在一定程度上加大对公司股票恶意收购的难度。 ( )

4. 采用剩余股利分配政策的优点是有利于保持理想的资金结构,降低企业的综合资金成本。 ( )

5. 企业通过经营活动赚取收益,并将其在相关各方之间进行分配。在实际工作中,企业收益分配具体表现为企业一定时期实现的利润总额的分配。 ( )

6. 股利相关论认为,在一定的假设条件限定下,股利政策不会对公司的价值或股票的价格产生任何影响,一个公司的股票价格完全由公司的投资决策与获利能力和风险组合决定,而与公司的利润分配政策无关。 ( )

7. 如果完全遵照执行剩余股利政策,将使股利发放额每年随投资机会和盈利水平的波动而波动。即使在盈利水平不变的情况下,股利将与投资机会的多寡呈反方向变动;投资机会越多,股利越小;反之,投资机会越少,股利发放越多。 ( )

四、案例分析题

1. 未来公司 2017 年实现销售收入 2 480 万元,全年固定成本 570 万元,变动成本率为 55%,所得税税率为 25%。2017 年度用税后利润弥补 2016 年度尚未弥补亏损 40 万元,按

10%提取法定盈余公积,向投资者分配利润的比例为可供投资者分配利润的40%。

请按利润分配程序分配利润,并计算:

(1)2017 年的税后利润

(2)提取的法定盈余公积金。

(3)按5%提取任意盈余公积。

(4)可供投资者分配的利润。

(5)应向投资者分配的利润。

(6)未分配利润。

2. 永利公司2017年提取了法定盈余公积后的税后净利润为600万元,发放股利270万元。目前,公司的目标资金结构为自有资金占64%,2018年拟投资500万元;过去的10年公司按45%的比例从净利润中支付股利:预计2018年税后利润的增长率为5%,该公司决定如果税后净利润的增长率达到5%,其中的1%作为固定股利的额外股利。永利公司如采用下列不同的股利分配或策,请分别计算2018年可发放的股利:

(1)剩余股利政策。

(2)固定股利政策。

(3)固定股利支付率政策。

(4)正常股利加额外股利政策。

附 录

附录一　　复利终值系数表(*F/P* ,*i* ,*n*)

n \ i	1%	2%	3%	4%	5%	6%	7%
1	1.010	1.020	1.030	1.040	1.050	1.060	1.070
2	1.020	1.040	1.061	1.082	1.103	1.124	1.145
3	1.030	1.061	1.093	1.125	1.158	1.191	1.225
4	1.041	1.082	1.126	1.170	1.216	1.262	1.311
5	1.051	1.104	1.159	1.217	1.276	1.338	1.403
6	1.062	1.126	1.194	1.265	1.340	1.419	1.501
7	1.072	1.149	1.230	1.316	1.407	1.504	1.606
8	1.083	1.172	1.267	1.369	1.477	1.594	1.718
9	1.094	1.195	1.305	1.423	1.551	1.689	1.838
10	1.105	1.219	1.344	1.480	1.629	1.791	1.967
11	1.116	1.243	1.384	1.539	1.710	1.898	2.105
12	10127	1.268	1.426	1.601	1.796	2.012	2.252
13	1.138	1.294	1.469	1.665	1.886	2.133	2.410
14	1.149	1.319	1.513	1.732	1.980	2.261	2.579
15	1.161	1.346	1.558	1.801	2.079	2.397	2.759
16	1.173	1.373	1.605	1.873	2.183	2.540	2.952
17	1.184	1.400	1.653	1.948	2.292	2.693	3.159
18	1.196	1.428	1.702	2.206	2.407	2.854	3.380
19	1.208	1.457	1.754	2.107	2.527	3.026	3.617
20	1.220	1.486	1.806	2.191	2.653	3.207	3.870
25	1.282	1.641	2.094	2.666	3.386	4.292	5.427
30	1.348	1.811	2.427	3.243	4.322	5.743	7.612
40	1.489	2.208	3.262	4.801	7.040	10.286	14.974
50	1.645	2.692	4.384	7.107	11.467	18.420	29.457

续表

n \ i	8%	9%	10%	11%	12%	13%	14%
1	1.080	1.090	1.100	1.110	1.120	1.130	1.140
2	1.166	1.188	1.210	1.232	1.254	1.277	1.300
3	1.260	1.295	1.331	1.368	1.405	1.443	1.482
4	1.360	1.412	1.464	1.518	1.574	1.630	1.689
5	1.469	1.539	1.611	1.685	1.762	1.842	1.925
6	1.587	1.677	1.772	1.870	1.974	2.082	2.195
7	1.714	1.828	1.949	2.076	2.211	2.353	2.502
8	1.851	1.993	2.144	2.305	2.476	2.658	2.853
9	1.999	2.172	2.358	2.558	2.773	3.004	3.252
10	2.159	2.367	2.594	2.839	3.106	3.395	3.707
11	2.332	2.580	2.853	3.152	3.479	3.836	4.226
12	2.518	2.813	3.138	3.498	3.896	4.335	4.818
13	2.720	3.066	3.452	3.883	4.363	4.898	5.492
14	2.937	3.342	3.797	4.310	4.887	5.535	6.261
15	3.172	3.642	4.177	4.785	5.474	6.254	7.138
16	3.426	3.970	4.595	5.311	6.130	7.067	8.137
17	3.700	4.328	5.054	5.895	6.866	7.986	9.276
18	3.996	4.717	5.560	6.544	7.690	9.024	10.575
19	4.316	5.142	6.116	7.263	8.613	10.197	12.056
20	4.661	5.604	6.727	8.062	9.646	11.523	13.743
25	6.848	8.623	10.835	13.585	17.000	21.231	26.462
30	10.063	13.268	17.449	22.892	29.960	39.116	50.950
40	21.725	31.409	45.259	65.001	93.051	132.78	188.88
50	46.902	74.358	117.39	184.57	289.00	450.74	700.23

续表

i / n	15%	16%	17%	18%	19%	20%	25%	30%
1	1.150	1.160	1.170	1.180	1.190	1.200	1.250	1.300
2	1.323	1.346	1.369	1.392	1.416	1.440	1.563	1.690
3	1.521	1.561	1.602	1.643	1.685	1.728	1.953	2.197
4	1.749	1.811	1.874	1.939	2.005	2.074	2.441	2.856
5	2.011	2.100	2.192	2.288	2.386	2.488	3.052	3.713
6	2.313	2.436	2.565	2.700	2.840	2.986	3.815	4.827
7	2.660	2.826	3.001	3.185	3.379	3.583	4.768	6.276
8	3.059	3.278	3.511	3.759	4.021	4.300	5.960	8.157
9	3.518	3.803	4.108	4.435	4.785	5.160	7.451	10.604
10	4.046	4.411	4.807	5.234	5.696	6.192	9.313	13.786
11	4.652	5.117	5.624	6.176	6.777	7.430	11.642	17.922
12	5.350	5.936	6.580	7.288	8.064	8.916	14.552	23.298
13	6.153	6.886	7.699	8.599	9.596	10.699	18.190	30.288
14	7.076	7.988	9.007	10.147	11.420	12.839	22.737	39.374
15	8.137	9.266	10.539	11.974	13.590	15.407	28.422	51.186
16	9.358	10.748	12.330	14.129	16.172	18.488	35.527	66.542
17	10.761	12.468	14.426	16.672	19.244	22.186	44.409	86.504
18	12.375	14.463	16.879	19.673	22.091	26.623	55.511	112.46
19	14.232	16.777	19.748	23.214	27.252	31.948	69.389	146.19
20	16.367	19.461	23.106	27.393	32.429	38.338	86.736	190.05
25	32.919	40.874	50.658	62.669	77.388	95.396	264.70	705.64
30	66.212	85.850	111.07	143.37	184.68	237.38	807.79	2620.0
40	267.86	378.72	533.87	750.38	1051.7	1469.8	7523.2	36119
50	1083.7	1670.7	2566.2	3927.4	5988.9	9100.4	70065.	497929

附录二

复利现值系数表(P/F ，i ，n)

n \ i	1%	2%	3%	4%	5%	6%	7%	8%	9%
1	0.990	0.980	0.971	0.962	0.952	0.943	0.935	0.926	0.917
2	0.980	0.961	0.943	0.925	0.907	0.890	0.873	0.857	0.842
3	0.971	0.942	0.915	0.889	0.864	0.840	0.816	0.794	0.772
4	0.961	0.924	0.888	0.855	0.823	0.792	0.763	0.735	0.708
5	0.951	0.906	0.863	0.822	0.784	0.747	0.713	0.681	0.650
6	0.942	0.888	0.837	0.790	0.746	0.705	0.666	0.630	0.596
7	0.933	0.871	0.813	0.760	0.711	0.665	0.623	0.583	0.547
8	0.923	0.853	0.789	0.731	0.677	0.627	0.582	0.540	0.502
9	0.914	0.837	0.766	0.703	0.645	0.592	0.544	0.500	0.460
10	0.905	0.820	0.744	0.676	0.614	0.558	0.508	0.463	0.422
11	0.896	0.804	0.722	0.650	0.585	0.527	0.475	0.429	0.388
12	0.887	0.788	0.701	0.625	0.557	0.497	0.444	0.397	0.356
13	0.879	0.773	0.681	0.601	0.530	0.469	0.415	0.368	0.326
14	0.870	0.758	0.661	0.577	0.505	0.442	0.388	0.340	0.299
15	0.861	0.743	0.642	0.555	0.481	0.417	0.362	0.315	0.275
16	0.853	0.728	0.623	0.534	0.458	0.394	0.339	0.292	0.252
17	0.844	0.714	0.605	0.513	0.436	0.371	0.317	0.270	0.231
18	0.836	0.700	0.587	0.494	0.416	0.350	0.296	0.250	0.212
19	0.828	0.686	0.570	0.475	0.396	0.331	0.277	0.232	0.194
20	0.820	0.673	0.554	0.456	0.377	0.312	0.258	0.215	0.178
25	0.780	0.610	0.478	0.375	0.295	0.233	0.184	0.146	0.116
30	0.742	0.552	0.412	0.308	0.231	0.174	0.131	0.099	0.075
40	0.672	0.453	0.307	0.208	0.142	0.097	0.067	0.046	0.032
50	0.608	0.372	0.228	0.141	0.087	0.054	0.034	0.021	0.013

续表

n \ i	10%	11%	12%	13%	14%	15%	16%	17%	18%
1	0.909	0.901	0.893	0.885	0.877	0.870	0.862	0.855	0.847
2	0.826	0.812	0.797	0.783	0.769	0.756	0.743	0.731	0.718
3	0.751	0.731	0.712	0.693	0.675	0.658	0.641	0.624	0.609
4	0.683	0.659	0.636	0.613	0.592	0.572	0.552	0.534	0.516
5	0.621	0.593	0.567	0.543	0.519	0.497	0.476	0.456	0.437
6	0.564	0.535	0.507	0.480	0.456	0.432	0.410	0.390	0.370
7	0.513	0.482	0.452	0.425	0.400	0.376	0.354	0.333	0.314
8	0.4670	0.434	0.404	0.376	0.350	0.327	0.305	0.285	0.266
9	0.424	0.391	0.361	0.333	0.300	0.284	0.263	0.243	0.225
10	0.386	0.352	0.322	0.295	0.270	0.247	0.227	0.208	0.191
11	0.350	0.317	0.287	0.261	0.237	0.215	0.195	0.178	0.162
12	0.319	0.286	0.257	0.231	0.208	0.187	0.168	0.152	0.137
13	0.290	0.258	0.229	0.204	0.182	0.163	0.145	0.130	0.116
14	0.263	0.232	0.205	0.181	0.160	0.141	0.125	0.111	0.099
15	0.239	0.209	0.183	0.160	0.140	0.123	0.108	0.095	0.084
16	0.218	0.188	0.163	0.141	0.123	0.107	0.093	0.081	0.071
17	0.198	0.170	0.146	0.125	0.108	0.093	0.080	0.069	0.060
18	0.180	0.153	0.130	0.111	0.095	0.081	0.069	0.059	0.051
19	0.164	0.138	0.116	0.098	0.083	0.070	0.060	0.051	0.043
20	0.149	0.124	0.104	0.087	0.073	0.061	0.051	0.043	0.037
25	0.092	0.074	0.059	0.047	0.038	0.030	0.024	0.020	0.016
30	0.057	0.044	0.033	0.026	0.020	0.015	0.012	0.009	0.007
40	0.022	0.015	0.011	0.008	0.005	0.004	0.003	0.002	0.001
50	0.009	0.005	0.003	0.002	0.001	0.001	0.001	0	0

续表

n \ i	19%	20%	25%	30%	35%	40%	50%
1	0.840	0.833	0.800	0.769	0.741	0.714	0.667
2	0.706	0.694	0.640	0.592	0.549	0.510	0.444
3	0.593	0.579	0.512	0.455	0.406	0.364	0.296
4	0.499	0.482	0.410	0.350	0.301	0.260	0.198
5	0.419	0.402	0.320	0.269	0.223	0.186	0.132
6	0.352	0.335	0.262	0.207	0.165	0.133	0.088
7	0.296	0.279	0.210	0.159	0.122	0.095	0.059
8	0.249	0.233	0.168	0.123	0.091	0.068	0.039
9	0.209	0.194	0.134	0.094	0.067	0.048	0.026
10	0.176	0.162	0.107	0.073	0.050	0.035	0.017
11	0.148	0.135	0.086	0.056	0.037	0.025	0.012
12	0.124	0.112	0.069	0.043	0.027	0.018	0.008
13	0.104	0.096	0.055	0.033	0.020	0.013	0.005
14	0.088	0.078	0.044	0.025	0.015	0.009	0.003
15	0.074	0.065	0.035	0.020	0.011	0.006	0.002
16	0.062	0.054	0.028	0.015	0.008	0.005	0.002
17	0.052	0.045	0.023	0.012	0.006	0.003	0.001
18	0.044	0.038	0.018	0.009	0.005	0.002	0.001
19	0.037	0.031	0.014	0.007	0.003	0.002	0
20	0.031	0.026	0.012	0.005	0.002	0.001	0
25	0.005	0.010	0.004	0.001	0.001	0	0
30	0.001	0.004	0.001	0	0	0	0
40	0.001	0.001	0	0	0	0	0
50	0	0	0	0	0	0	0

附录三　　年金终值系数表(F/A ，i，n)

n \ i	1%	2%	3%	4%	5%	6%	7%
1	1.000	1.000	1.000	1.000	1.000	1.000	1.000
2	2.010	2.020	2.030	2.040	2.050	2.060	2.070
3	3.030	3.060	3.091	3.122	3.153	3.184	3.215
4	4.060	4.122	4.184	4.246	4.310	4.375	4.440
5	5.101	5.204	5.309	5.416	5.526	5.637	5.751
6	6.152	6.308	6.468	6.633	6.802	6.975	7.153
7	7.214	7.434	7.662	7.898	8.142	8.394	8.654
8	8.286	8.583	8.892	9.214	9.549	9.897	10.260
9	9.369	9.755	10.159	10.583	11.027	11.491	11.978
10	10.462	10.950	11.464	12.006	12.578	13.181	13.816
11	11.567	12.169	12.808	13.486	14.207	14.972	15.784
12	12.683	13.412	14.192	15.026	15.917	16.870	17.888
13	13.809	14.680	15.618	16.627	17.713	18.882	20.141
14	14.947	15.974	17.086	18.292	19.599	21.015	22.550
15	16.097	17.293	18.599	20.024	21.579	23.276	25.129
16	17.258	18.639	20.175	21.825	23.657	25.673	27.888
17	18.430	20.012	21.762	23.698	25.840	28.213	30.840
18	19.615	21.412	23.414	25.645	28.132	30.906	33.999
19	20.811	22.841	25.177	27.671	30.539	33.760	37.379
20	22.019	24.297	26.870	29.778	33.066	36.786	40.995
25	28.243	32.030	36.459	41.646	47.727	54.865	63.249
30	34.785	40.588	47.575	56.085	66.439	79.058	94.461
40	48.886	60.402	75.401	95.026	120.80	154.76	199.64
50	64.463	84.579	112.80	152.67	209.35	290.34	406.53

续表

n \ i	8%	9%	10%	11%	12%	13%	14%	15%
1	1.000	1.000	1.000	1.000	1.000	1.000	1.000	1.000
2	2.080	2.090	2.100	2.110	2.120	2.130	2.140	2.150
3	3.246	3.278	3.310	3.342	2.374	3.407	3.440	3.473
4	4.506	4.573	4.641	4.710	4.779	4.850	4.921	4.993
5	5.867	5.985	6.105	6.228	6.353	6.480	6.610	6.742
6	7.336	7.523	7.716	7.913	8.115	8.323	8.536	8.754
7	8.923	9.200	9.487	9.783	10.089	10.405	10.730	11.067
8	10.637	11.028	11.436	11.859	12.300	12.757	13.233	13.727
9	12.488	13.021	13.579	14.164	14.776	15.416	16.085	16.786
10	14.487	15.193	15.937	16.722	17.549	18.420	19.337	20.304
11	16.645	17.560	18.531	19.561	20.655	21.814	23.045	24.349
12	18.977	20.141	21.384	22.713	24.133	25.650	27.271	29.002
13	21.495	22.953	24.523	26.212	28.029	29.985	32.089	34.352
14	24.215	26.019	27.975	30.095	32.393	34.883	37.581	40.505
15	27.152	29.361	31.772	34.405	37.280	40.417	43.842	47.580
16	30.324	33.033	35.950	39.190	42.753	46.672	50.980	55.717
17	33.750	36.974	40.545	44.501	48.844	53.739	59.118	65.075
18	37.450	41.301	45.599	50.396	55.750	61.725	68.394	75.836
19	41.446	46.018	51.159	56.939	63.400	70.749	78.969	88.212
20	45.762	51.160	57.275	64.203	72.052	80.947	91.025	102.44
25	73.106	84.701	98.347	114.41	133.33	155.62	181.87	212.79
30	113.28	136.31	164.49	199.02	241033	293.20	356.79	434.75
40	259.06	337.89	442.59	581.83	767.09	1013.7	1342.0	1779.1
50	573.77	815.08	1163.9	1668.8	2400.0	3459.5	4994.5	7217.7

续表

i / n	16%	17%	18%	19%	20%	25%	30%
1	1.000	1.000	1.000	1.000	1.000	1.000	1.000
2	2.160	2.170	2.180	2.190	2.200	2.250	2.300
3	3.509	3.539	3.572	3.606	3.640	3.813	3.990
4	5.066	5.141	5.215	5.291	5.368	5.766	6.187
5	6.877	7.014	7.154	7.297	7.442	8.207	9.043
6	8.977	9.207	9.442	9.683	9.930	11.259	12.756
7	11.414	11.772	12.142	12.523	12.916	15.073	17.583
8	14.240	14.773	15.327	15.902	16.499	19.842	23.858
9	17.519	18.285	19.086	19.923	20.799	25.802	32.015
10	21.321	22.393	23.521	24.701	25.959	33.253	42.619
11	25.733	27.200	28.755	30.404	32.150	42.566	56.405
12	30.850	32.824	34.931	37.180	39.581	54.208	74.327
13	36.786	39.404	42.219	45.244	48.497	68.760	97.625
14	43.672	47.103	50.818	54.841	59.196	86.949	127.91
15	51.660	56.110	60.965	66.261	72.035	109.69	167.29
16	60.925	66.649	72.939	79.850	87.442	138.11	218.47
17	71.673	78.979	87.068	96.022	105.93	173.64	285.01
18	84.141	93.406	103.74	115.27	128.12	218.05	371.52
19	98.603	110.29	123.41	138.17	154.74	273.56	483.97
20	115.38	130.03	146.63	165.42	186.69	342.95	630.17
25	249.21	292.11	342.60	402.04	471.98	1054.8	2348.8
30	530.31	647.44	790.95	966.7	1181.9	3227.2	8730.0
40	2360.8	3034.5	4163.21	5519.8	7343.9	30089.0	120393.0
50	10436.0	15090.0	21813.0	31515.0	45497.0	280256.0	165976.0

附录四

年金现值系数表(*P/A*，*i*，*n*)

n \ i	1%	2%	3%	4%	5%	6%	7%	8%	9%
1	0.990	0.980	0.971	0.962	0.952	0.943	0.935	0.926	0.917
2	1.970	1.942	1.913	1.886	1.859	1.833	1.808	1.783	1.759
3	2.941	2.884	2.829	2.775	2.723	2.673	2.624	2.577	2.531
4	3.902	3.808	3.717	3.630	3.546	3.465	3.387	3.312	3.240
5	4.853	4.713	4.580	4.452	4.329	4.212	4.100	3.993	3.890
6	5.795	5.61	5.417	5.242	5.076	4.917	4.767	4.623	4.486
7	6.728	6.472	6.230	6.002	5.786	5.582	5.389	5.206	5.033
8	7.652	7.325	7.020	6.733	6.463	6.210	5.971	5.747	5.535
9	8.566	8.162	7.786	7.435	7.108	6.802	6.515	6.247	5.995
10	9.471	8.983	8.530	8.111	7.722	7.360	7.024	6.710	6.418
11	10.368	9.787	9.253	8.760	8.306	7.887	7.499	7.139	6.805
12	11.255	10.575	9.954	9.385	8.863	8.384	7.943	7.536	7.161
13	12.134	11.348	10.635	9.986	9.394	8.853	8.358	7.904	7.487
14	13.004	12.106	11.296	10.563	9.899	9.295	8.745	8.244	7.786
15	13.865	12.849	11.938	11.118	10.380	9.712	9.108	8.559	8.061
16	14.718	13.578	12.561	11.652	10.838	10.106	9.447	8.851	8.313
17	15.562	14.292	13.166	12.166	11.274	10.477	9.763	9.122	8.544
18	16.398	14.992	13.754	12.659	11.690	10.828	10.059	9.372	8.756
19	17.26	15.678	14.324	13.134	12.085	11.158	10.336	9.604	8.950
20	18.046	16.351	14.877	13.290	12.462	11.470	10.594	9.818	9.129
25	22.023	19.523	17.413	15.622	14.094	12.783	11.654	10.675	9.823
30	25.808	22.396	19.600	17.292	15.372	13.765	12.409	11.258	10.274
40	32.835	27.355	23.115	19.793	17.159	15.046	13.332	11.925	10.757
50	39.196	31.424	25.730	21.482	18.256	15.762	13.801	12.233	10.962

续表

n \ i	10%	11%	12%	13%	14%	15%	16%	17%	18%
1	0.909	0.901	0.893	0.885	0.877	0.870	0.862	0.855	0.847
2	1.736	1.713	1.690	1.668	1.647	1.626	1.605	1.585	1.566
3	2.487	2.444	2.402	2.361	2.322	2.283	2.246	2.210	2.174
4	3.170	3.102	3.037	2.974	2.914	2.855	2.798	2.743	2.690
5	3.791	3.696	3.605	3.517	3.433	3.352	3.274	3.199	3.127
6	4.355	4.231	4.111	3.889	3.889	3.784	3.685	3.589	3.498
7	4.868	4.712	4.564	4.288	4.288	4.160	4.039	3.922	3.812
8	5.335	5.146	4.968	4.639	4.639	4.487	4.344	4.207	4.078
9	5.759	5.537	5.328	4.946	4.946	4.472	4.607	4.451	4.303
10	6.145	5.889	5.650	5.216	5.216	5.019	4.833	4.659	4.494
11	6.495	6.207	5.938	5.453	5.453	5.234	5.029	4.836	4.656
12	6.814	6.492	6.194	5.660	5.660	5.421	5.197	4.988	4.793
13	7.103	6.750	6.424	5.842	5.842	5.583	5.342	5.118	4.910
14	7.367	6.982	6.628	6.002	6.002	5.724	5.468	5.229	5.008
15	7.616	7.191	6.811	6.142	6.142	5.847	5.575	5.324	5.092
16	7.824	7.379	6.974	6.265	6.265	5.954	5.668	5.405	5.162
17	8.022	7.549	7.102	6.373	6.373	6.047	5.749	5.475	5.222
18	8.201	7.702	7.250	6.467	6.467	6.128	5.818	5.534	5.273
19	8.365	7.839	7.366	6.550	6.550	6.198	5.877	5.584	5.316
20	8.514	7.963	7.469	6.623	6.623	6.259	5.929	5.628	5.353
25	9.077	8.422	7.843	6.873	6.873	6.464	6.097	5.766	5.467
30	9.427	8.694	8.055	7.003	7.003	6.566	6.177	5.829	5.517
40	9.779	8.951	8.244	7.105	7.105	6.642	6.233	5.871	5.548
50	9.915	9.042	8.304	7.133	7.133	6.661	6.246	5.880	5.554

续表

n \ i	19%	20%	25%	30%	35%	40%	50%
1	0.840	0.833	0.800	0.769	0.741	0.714	0.667
2	1.547	1.528	1.440	1.361	1.289	1.224	1.111
3	2.140	2.106	1.952	1.816	1.696	1.589	1.407
4	2.639	2.589	2.362	2.166	1.997	1.849	1.605
5	3.058	2.991	2.689	2.436	2.220	2.035	1.737
6	3.410	3.326	2.951	2.643	2.385	2.168	1.824
7	3.706	3.605	3.161	2.802	2.508	2.263	1.883
8	3.954	3.837	3.329	2.925	2.598	2.331	1.922
9	4.163	4.031	3.463	3.019	2.665	2.379	1.948
10	4.339	4.192	3.571	3.092	2.715	2.414	1.965
11	4.486	4.327	3.656	3.147	2.752	2.438	1.977
12	4.611	4.439	3.725	3.190	2.779	2.456	1.985
13	4.715	4.533	3.780	3.223	2.799	2.469	1.990
14	4.802	4.611	3.824	3.249	2.814	2.478	1.993
15	4.876	4.675	3.859	3.268	2.825	2.484	1.995
16	4.938	4.730	3.887	3.283	2.834	2.489	1.997
17	4.988	4.775	3.910	3.295	2.840	2.492	1.998
18	5.033	4.812	3.928	3.304	2.844	2.494	1.999
19	5.070	4.843	3.942	3.311	2.848	2.496	1.999
20	5.101	4.870	3.954	3.316	2.850	2.497	1.999
25	5.195	4.948	3.985	3.329	2.856	2.499	2.000
30	5.235	4.979	3.995	3.332	2.857	2.500	2.000
40	5.258	4.997	3.999	3.333	2.000	2.500	2.000
50	5.262	4.999	4.000	3.333	2.000	2.500	2.000

会计专业“理实一体”规划教材

- ⊙ 审计基础
- ⊙ 经济法基础
- ⊙ **财务管理实务与实训教程**
- ⊙ 初级财务会计及实训教程
- ⊙ 会计信息化（用友U8V10.1版）

“华泽科教”微信

华泽科教
— 专注·专业·专家 —

策　　划／华　泽
执行编辑／黄颖颖
封面设计／华　泽

微信公众号

天猫旗舰店

ISBN 978-7-5642-3196-5

9 787564 231965 >

定价：45.00元